GOTTESDIENST PRAXIS SERIE A

Arbeitshilfen für die Gestaltung
der Gottesdienste im Kirchenjahr

Herausgegeben von Erhard Domay

Gütersloher Verlagshaus

GOTTESDIENST PRAXIS

IV. Perikopenreihe

Band 3: Kantate bis 9. Sonntag nach Trinitatis

Gütersloher Verlagshaus

Die Deutsche Bibliothek - CIP-Einheitsaufnahme

Gottesdienstpraxis. - Gütersloh : Gütersloher Verl.-Haus.

Ser. A, Arbeitshilfen für die Gestaltung
der Gottesdienste im Kirchenjahr.
Perikopenreihe 4 / hrsg. von Erhard Domay.
Bd. 3. Kantate bis 9. Sonntag nach Trinitatis. - 2000
ISBN 3-579-02950-9

ISBN 3-579-02950-9

Umschlagentwurf: Franz Wollzenmüller, Oberhaching
Umschlagbild: © Johannes Schreiter, Langen, Fragmentraum-Bild 6/1980/GB
Die hier wiedergegebene Reproduktion entspricht dem Original:
Freies Glasbild, 63 x 87 cm
Satz: Fotosetzerei Steggemann, Herford
Druck und Bindung: Těšínska Tiskárna AG Český Těšín

Gedruckt auf chlorfrei gebleichtem Werkdruckpapier

Printed Czech Republic

Inhalt

Kantate

Annäherungen an den Predigttext Apostelinnen- und Apostelgeschichte 16,23-34

Helmut Zeilinger

Auszüge aus schriftlichen Äußerungen von Konfirmandinnen und Konfirmanden nach Skizzierung des Kontextes, also der Vorgeschichte, und gemeinsamer Lektüre des Abschnitts. Die Jugendlichen äußerten sich während einer Unterrichtsstunde meist im Telegrammstil schriftlich zu zehn vorgelegten Fragen.

1. Wie reagiere ich auf den Text? Welches sind meine ersten Gefühle und Gedanken?

- Ich wundere mich, warum der Wächter sich schuldig fühlt und Paulus um Hilfe fragt.
- Ein bißchen unglaubwürdig, daß sich die Fesseln beim Erdbeben lösen.
- Kommt viel zu oft vor - solche Geschichten! Wird langsam unglaubwürdig, daß die Leute immer gerettet werden.
- Ich finde es komisch, daß sich der Gefängniswärter gleich umbringen will.
- Sehr seltsam. Dennoch sehr schöne Geschichte. Macht deutlich, daß man mit der richtigen Einstellung (Singen) alles schaffen kann (→ Mauern).
- Ich glaube, daß wenn man an Gott glaubt, können Wunder geschehen.
- Wenn man fest glaubt, wird einem auch ein Zeichen zur Bestätigung gegeben.
- Der Text ist etwas seltsam, weil auf einmal ein Erdbeben anfängt.
- Es ist ein Wunder geschehen, das kann in Wirklichkeit nicht passieren.
- Warum muß man immer an Jesus glauben, um gerettet zu werden? Kann man nicht an sich selbst glauben? Und warum hat er erst nach der Taufe zum Glauben gefunden?
- Meine ersten Gedanken waren: Wieso gehen Paulus und Silas nicht weg?
- Daß Paulus jedem hilft, dem er helfen kann!
- Ähnlichkeit mit Auferstehung Jesu.
- Warum waren Menschen damals so? Warum sperrten sie Unschuldige einfach ins Gefängnis?

2. Was finde ich interessant und gut?
- Daß sich die ganze Familie taufen läßt.
- Gut, daß Paulus nicht gleich wegrennt, sondern stehen bleibt, um dem Gefängniswärter zu helfen.
- Daß die zwei so viel Hoffnung auf Gott haben, daß sie keine Angst vor dem Erdbeben haben.
- Ich finde die Wendung der Geschichte interessant.
- Daß die Christen (Gefangenen) nicht fliehen, natürlich (ehrlich!). Und daß sie so ehrlich sind, dies dem Wärter mitzuteilen.
- Interessant finde ich, daß »natürlich mal wieder« Juden die sind, die Unruhe bringen.
- Daß Silas und Paulus den Gefängniswärter überzeugen können, sich nicht zu töten; daß Gott die Bitten der zwei Gefangenen erhört.
- Daß der Wächter der Stimme im Dunklen vertraut!
- Ich finde es gut, daß der Aufseher die Gefangenen nicht einfach wieder eingesperrt hat und daß sie Freunde wurden.

3. Das wichtigste Wort, der wichtigste Satz ist für mich: (außer den mehrfachen Hinweisen auf die Verse 30 und 31 wurde hier auch das Folgende notiert:)
- »Tu dir nichts an, wir sind alle noch da!«
- »Und er freute sich mit allen, daß er zum Glauben an Gott gekommen war.«

4. Warum wird dieser Text wohl erzählt?
- Daß man sieht, wenn man etwas wirklich will und daran glaubt: es geht.
- Er soll vielleicht sagen, daß man im Glauben an Gott alles übersteht (was ich nicht glaube).
- Weil sie die Umwandlung von einem »bösen« zu einem »guten« Menschen durch Gottes Hilfe zeigt und daß Glaube stark machen kann.
- Er wird überliefert, weil es, egal wie tief man in der Krise steckt, immer noch ein Fünkchen Hoffnung gibt.
- Weil er zeigt, daß man belohnt wird, wenn man an Gott glaubt und mutig ist und wenn man keine Rachegefühle hat.
- Vielleicht, daß man erst weiß, wie Gott sein kann, wenn man es selbst erlebt.
- Er soll zeigen, daß man mit Glauben auch gerettet werden kann (stimme ich nicht zu).
- Daß man den Glauben an Gott nicht aufgeben soll, egal in welcher Situation man ist und daß Gott uns immer in irgendeiner Art und Weise hilft.

5. Entspricht er meiner Lebenserfahrung? (Ja, denn .../Nein, weil ...)
- Ja, denn ich habe auch an etwas geglaubt, und es hat geklappt (vielleicht durch Gott).

- Nein, weil es in meinem Leben noch keine Wunder gab.
- Nein, weil er ein bißchen unrealistisch ist.
- Nein, weil Gesang keinen Stein bricht, die Gefangenen nicht einfach den Selbstmord des Wärters abwarten, um zu gehen, er deshalb gläubig wird.
- Nein, weil ich gleich wegrennen würde.
- Ja, weil ich normalerweise keine Rachegefühle habe.
- Nein, weil ich eigentlich noch nie im Gefängnis war.
- Nein, weil ich auch an Jesus geglaubt habe, es mir aber meistens nichts gebracht hat, gerade dann, wo es am wichtigsten war!!

6. Was kann ich mit dem Text anfangen? Erinnert er mich an etwas, was ich kenne oder was ich erleben möchte?

- Der Text erinnert mich daran, daß wenn man etwas will, soll man fest daran glauben.
- Ich denke, daß der religiöse Glaube schon viele Menschen vom Selbstmord abgehalten hat.
- Ja, denn der Text macht Hoffnung.
- Ja, er erinnert mich an den Film »Ben Hur«.
- Er erinnert mich an Old Shatterhand oder Winnetou, da sie genauso tapfer waren und keine Rachegefühle hatten.
- Ich möchte es gern erleben.
- Er erinnert mich an den Ehrenkodex der römischen Armee (Wächter).
- Ich würde gerne mehr solche Freunde haben, die mir trotzdem verzeihen, auch wenn ich mal was Schlimmes anstelle (wie die Gefangenen dem Aufseher verzeihen, obwohl er sie ins Gefängnis warf).

7. Was befremdet mich? Wo möchte ich widersprechen?

- Das Erdbeben scheint die Leute nicht dran zu stören, sich taufen zu lassen, nach Hause zu fahren, froh zu sein.
- Ich glaube nicht, daß Gott ein Erdbeben machen kann oder daß er Eisenfesseln lösen kann.
- Mich befremdet, daß der Aufseher vor Paulus und Silas hinkniet und sie anfleht.
- Daß der Wärter sie mit zu sich nimmt, obwohl er sich umbringen will, weil er annimmt, daß sie geflüchtet sind (so verscherzt er womöglich das gerade gewonnene Leben).
- Die Stelle, wo gesagt wird, daß es Juden sind, die die Stadt in Unruhe bringen.
- Wenn die Gefangenen abgehauen wären, bräuchte man sich nicht gleich umzubringen.
- Dem Aufseher wurde doch befohlen, auf die Gefangenen aufzupassen, da konnte er sie ja nicht einfach so gehen lassen. Er konnte nur mit ihnen fliehen.

8. Was finde ich rätselhaft?
- Daß der Gefängniswärter so unterwürfig ist.
- Ich finde es komisch, daß plötzlich die ganze Familie im Glauben an Gott war.
- Daß die Erde bebte durch das Singen.
- Daß es möglich ist, daß die Gefangenen mitsingen und alle dableiben und sogar den Selbstmord des Wächters verhindern.
- Daß ganz zufällig die Mauer einkracht.
- Daß die Ketten von den Gefangenen abfielen durch ein Erdbeben und das Licht noch funktioniert, ist unlogisch.

9. Worüber wünsche ich mir nähere Informationen?
- Was der Wächter dachte, als er Paulus um Hilfe bat.
- Woher und warum das Erdbeben kommt, es kann ja nicht immer ein Gotteszeichen sein.
- Wie geht die Geschichte weiter? Wie lange hält der Glauben an?
- Ich wünsche mir mehr Infos, warum die Türen offen stehen und warum die Gefangenen nicht weglaufen.
- Warum geschah das Erdbeben? War es Zufall?
- Was genau bewegte den Aufseher dazu, sich den beiden vor die Füße zu werfen? Nur weil sie ihm »das Leben gerettet« haben?

10. Was fällt mir sonst dazu ein?
- Zeichen ist irgendwie unglaubwürdig, aber wenn es so gewesen ist, dann ein kleines Wunder.
- Bekehrung ist ziemlich schnell!
- Eher ein Märchen.
- Ich finde die Stelle nicht schlecht.

Zum Gottesdienst

Gudrun Scheiner-Petry, Bernhard Petry

Exegetisch-homiletische Skizze

In vielen Gemeinden steht die Kirchenmusik im Mittelpunkt des Gottesdienstes am Sonntag Kantate. Mehr noch als eine inhaltliche Frage mag dies vielerorts eine Frage des innergemeindlichen Beziehungsgefüges sein. Warum also nicht an diesem Sonntag den Chor/die Chöre der Gemeinde in besonderer Weise einbeziehen und dabei der musikalischen Verkündigung die Federführung über das gesprochene Wort überlassen! Das sonst oft unbemerkte, aber stetige Engagement der Chöre kann so gewürdigt werden. Andere Sinne der Gottesdienstgemeinde werden angesprochen als sonst.

Wo dennoch auch gepredigt wird, macht es der Perikopentext nicht ganz einfach, gesprochenes und gesungenes Wort zu einem stimmigen Ganzen zu vereinen. Unmittelbare kirchenmusikalische Bezüge auf die Perikope sind mir nicht bekannt. Selbst Mendelssohns Paulus-Oratorium muß hier passen. Von daher lege ich einen Gottesdienstentwurf vor, der auf »unmusikalische Weise« mit dem Predigttext umgeht. Erfahrungen mit dem Bibliodrama haben mich darin ermutigt, eine behutsame Form der Umsetzung auf der Kanzel zu wagen. Vielleicht schlagen die Anklänge an die Bühne die Brücke zur Kunst als Form des Gotteslobes. Damit komme ich zur Beschäftigung mit dem Text und zu den Überlegungen, die mich zu meinem Predigtvorschlag geführt haben.

Apg 16,23-34 gehört in den Erzählkontext Apg 16,11-40, der Begebenheiten beim Aufenthalt des Paulus in Philippi berichtet. Unmittelbar voran geht der Exorzismus an einer Wahrsagerin (16-18). Er führt dazu, daß Paulus und Silas angeklagt und in den Kerker geworfen werden (19-24). Durch ihr Handeln im Namen Jesu haben sie die Entrüstung derer provoziert, denen die Quelle ihres bisherigen Gelderwerbs versiegte.

Die Kerkerzone (25-34) verbindet eine Befreiungswundergeschichte mit der Erzählung von der Bekehrung des Kerkermeisters. Auffällig ist, daß die Befreiungswundergeschichte zu einem überraschenden Ziel kommt: Sie führt nicht zur Befreiung der Gefangenen, die völlig aus dem Blick geraten, sondern zu der Begegnung zwischen dem Apostel und dem Gefängniswärter. Seine Befreiung/Rettung wird zum Ziel und gleichzeitig zur überraschenden, exemplarischen Konkretion des Rettungswunders. Von hier aus sind mir folgende Motive der Erzählung theologisch und homiletisch am wichtigsten.

1. Gefängnissituation

Das Gefängnis steht – jenseits der konkreten historischen Situation – für menschliche Grunderfahrungen: sich eingesperrt und unfrei fühlen, in Fesseln leben, ohne Perspektive sein, ungerecht behandelt werden, Gewalt ausgesetzt sein, Nach/Dunkel/Kälte als belastende Dimensionen der eigenen Lebenssituation empfinden.

Diese vielfältigen »Gefängnisse« möchte ich meinen Hörer/innen zur Identifikation und Auseinandersetzung anbieten. Ich werde ansprechen, daß damit nicht die äußere Gefängnissituation der Apostel, auch nicht die vieler anderer Menschen, die hinter Gefängnismauern leben müssen, bagatellisiert werden soll. Aber ich halte diese Fragen für erlaubt: Was ist mein Gefängnis? Wo bin ich unfrei, eingesperrt in meiner Lebenssituation, in meiner Lebensgeschichte? Wo sehne ich mich nach einem »Beben«, das Türen öffnet? Mir geht es darum, deutlich zu machen, daß jedes individuelle Leid sein Recht hat, daß Leid und Schmerz nicht verglichen, nicht gegeneinander aufgerechnet, sondern nur geachtet werden können, wo immer sie begegnen.

2. Mitternächtlicher Lobgesang

Der mitternächtliche Lobgesang ist ein überraschender Umgang mit einer schwierigen, belastenden Situation. Es gibt dafür berühmte biblische und außerbiblische Vorbilder: Der eingekerkerte ägyptische Josef »lobte den Herrn im Haus der Finsternis und pries mit heiterer Stimme freudig Gott« (Test Jos 8,5) und Sokrates schrieb im Gefängnis Lobgesänge (Epikt diss II 6,26).

Andere Reaktionsmuster sind freilich oft naheliegender als der Lobgesang: Klagelieder, Ablenkung, Aggression, Depression. Wir verstummen, uns fehlen buchstäblich die Worte, von Tönen gar nicht zu reden.

Ich möchte den Hörer/innen vorschlagen, auszuprobieren, was Singen, was Einstimmen - und sei es ein noch so verhaltenes Einstimmen - in ein Loblied in einer bestimmten Situation verändern könnte. Dabei ist mir eine behutsame Gedankenführung und Sprache sehr wichtig. Es geht mir nicht darum, eine Beispielgeschichte für positives Denken zu erzählen, also nicht darum, daß man mit der richtigen Einstellung alles schaffen kann.

3. Lobgesang mit Konsequenzen

Zunächst die unscheinbare, unspektakuläre Konsequenz. Paulus und Silas lobten Gott - und die Gefangenen hörten sie. Sind sie befremdet, schütteln sie den Kopf über soviel Naivität? Oder bekommen sie eine Ahnung von einem Du, einen Hoffnungsschimmer, daß es doch einen Ausweg gibt? Ich möchte fragen, was alles passieren könnte, wenn wir als Christ/innen mehr überraschend, auffällig, verblüffend lebten. Ich möchte mir das Bild einer lobenden Kirche vorstellen, einer Kirche, die für eine Weile das Klagen über ihre angespannte Finanzlage und ihren schwinden Einfluß in der Gesellschaft einstellt.

Der Lobgesang der Apostel wird nicht mehr gehört, er erhält von Gott eine Antwort: das Erdbeben, das das Wunder der Öffnung und Befreiung auslöst. Das Erdbeben ist Ort der Epiphanie, der Macht Gottes, es kündigt seine Nähe an. Aber es ist ein heilvolles Erdbeben - von Zerstörung ist nicht die Rede - das Türen öffnet und Fesseln sprengt.

Ähnlich wie das Gefängnis steht für mich auch das Erdbeben für menschliche Grunderfahrungen: es kann zum Symbol einer Krise werden, in der alle Werte und Sicherheiten ins Wanken geraten. Aber aus der Krise, aus der Erschütterung kann Öffnung entstehen, Befreiung, Neuorientierung, neue Begegnung kann möglich werden. Die Psychotherapeutin Verena Kast spricht von der Krise als einem »schöpferischen Sprung«. Ich möchte vom Predigttext aus diese Erfahrung als das schöpferische Handeln Gottes deuten.

Auf wunderbare - manchmal überraschende - Weise trägt Gott hindurch und »rettet«.

4. Der Gefängniswärter
Im Laufe der Erzählung gerät er in die Hauptrolle. Am Anfang bewacht er die Gefangenen. Er ist pflichtbewußt und genau. Ich frage mich, ob ihn die Arbeit/das Leben im Gefängnis mit seinen »eigenen Gefängnissen« in Kontakt bringt? Dann sieht es so aus, als wäre er seiner Aufgabe nicht gerecht geworden, die offenen Türen treiben ihn - wohl aus Angst vor seinem Vorgesetzten - zur Verzweiflung, er will sich selbst töten. Paulus hält ihn davon ab, es wird keine allgemeine Gefangenenflucht geben.
Das Zittern des Kerkermeisters, seine Frage nach »Rettung« zeigen seine Angst, denn jetzt, wo er gemerkt hat, daß hier »Göttliches« im Gange ist, fürchtet er den strafenden Zorn der Götter bzw. des höchsten Gottes dieser Männer. Vor diesem Zorn möchte er gerettet werden.
Vielleicht verbirgt sich unter der Angst auch noch mehr, vielleicht ist da eine umfassendere Sehnsucht nach Rettung, Befreiung, nach einer Wende im Leben. Paulus und Silas verkündigen ihm den Weg der Rettung. Sie liegt in dem Heil, das der Glaube an Jesus, den Herrn, empfängt. Dieses Heil umfaßt geschenktes Vertrauen, geschenkte Zukunft, eine Offenheit für sich selbst, für Gott und die Mitmenschen. Der Kerkermeister will gerettet werden. Er läßt sich und sein ganzes Haus unterweisen und taufen und dann wird ein Freudenmahl gefeiert. Das Befreiungswunder ist an sein überraschendes Ziel gekommen.

Mein Predigtentwurf zielt auf eine Auseinandersetzung der Hörer/innen mit diesen Motiven und Personen. Dabei verstehe ich die Erzählung als eine Verheißung: Gott will befreien aus mancherlei Gefängnissen, er will uns nach Erschütterungen einen Neubeginn schenken, er will, daß wir Rettung und Heil erfahren.

Vorschläge zur Liturgie

Als *Eingangspsalm* bindet Ps 98 das Thema des Sonntags Kantate (»Singet dem Herrn ein neues Lied«) mit dem Predigttext (»denn er tut Wunder«) zusammen.

Kollektengebet
Gott, du hast alle Dinge geschaffen;
um uns herum erweckst du die Natur zu neuem Leben.
Wir bitten dich:
Mache auch uns neu.
Öffne unsere Herzen und Sinne für Jesus Christus, den Anfang deiner neuen Schöpfung.

Laß uns in ihm das Licht sehen, das in unser Dunkel scheint,
laß uns in ihm die Tür erkennen, die in die Freiheit, ins Leben führt.

Mögliche Lesungen
Jesaja 12,1-6
Matthäus 11,25-30

Liedvorschläge
Dank sei dir, Vater, für das ewge Leben (EG 227)
Lob Gott, getrost mit Singen (EG 243, Wochenlied)
Singt, singt dem Herren neue Lieder (EG 286)
Nun freut euch, lieben Christen g'mein (EG 341, Wochenlied)
Aus dem EG, Ausgabe Bayern und Thüringen:
Kommt, herbei, singt dem Herrn (EG 599)
All eure Sorgen (EG 631)
Meine Hoffnung, meine Freude (EG 697, Taizè)

Fürbitten
Gestaltungsidee: Verschiedene Generationen beten füreinander
Liturg/in
Gott der Güte, in deinem Sohn Jesus hast du uns die Tür zum Leben aufgemacht,
du lädst uns ein zu dir, damit unser Leben gelingt und Zukunft hat.
Gott, wir wollen dir trauen, auch wenn wir manchmal hilflos vor verschlossenen Türen unseres Lebens stehen, wir wollen dir auch andere Menschen anvertrauen und bitten dich:
Laß große und kleine Wunder geschehen, laß Türen und Herzen sich öffnen.
Senior/in
Gott, wir bitten dich für Kinder und Jugendliche,
daß sie Liebe und Verständnis finden,
ein offenes Ohr und ein offenes Herz für ihre Nöte und Sorgen,
daß wir Erwachsene ihnen nicht durch unseren Lebensstil Türen zur Zukunft verschließen.
Gemeinsam bitten wir dich: Laß große und kleine Wunder ...
Konfirmand/in
Gott, wir bitten dich für alte Menschen,
daß sie mit ihren Grenzen barmherzig und geduldig sein können,
daß sie dankbar sehen, was ihnen noch möglich ist,
daß die verschiedenen Generationen miteinander im Gespräch bleiben und sich gegenseitig bereichern.
Gemeinsam bitten wir dich: Laß große und kleine Wunder ...
Jugendleiter/in
Gott, wir bitten dich für Menschen, die arbeitslos sind, die immer wieder hören müssen: »Du bist zu alt, du bist nicht gut genug, dich brauchen wir nicht!«

Laß sie die Achtung vor sich selbst nicht verlieren,
bewahre sie vor schlimmer finanzieller Not,
schenke allen, die sich bemühen, Arbeitsplätze zu schaffen, Phantasie und Weisheit, einen langen Atem und einen starken Willen.
Gemeinsam bitten wir dich: Laß große und kleine Wunder ...
Liturg/in
Gott, wir bitten dich für alle Menschen, die leiden,
unter Krieg und Gewalt,
unter Hunger und Krankheit,
unter allem Zerstörerischen, im Kleinen wie im Großen,
daß deine Liebe Täter und Opfer erreicht, die Verantwortlichen und die Gleichgültigen,
daß deine Liebe Türen zur Zukunft öffnet, dort wo Menschen sie zugeschlagen haben.
Gemeinsam bitten wir dich: Laß große und kleine Wunder ...

Vorschlag zur Predigt

Möglicher Anfang
Ich will heute in die Rolle einer Regisseurin schlüpfen. Ich will den Abschnitt aus der Apostelgeschichte, den wir vorhin gehört haben, inszenieren. Vor Ihrem inneren Auge sollen Bühnenbilder entstehen. Ein Hauch von Theateratmosphäre soll heute über unserem Gottesdienst liegen. Ich möchte Sie einladen, mit den Schauspielern mitzufühlen: mit ihnen zu leiden, zu hoffen, zu singen, zu feiern.
Aber mehr noch. Ich lade Sie ein, mitzuspielen in Rollen, die für Sie heute passen. Betreten Sie die Bühne, wenn Sie den Eindruck haben: »Die Szene kenne ich, da kann ich mitspielen.«
Keine Angst, Sie müssen nicht hier vorne agieren. Heute passiert alles in uns: in der Phantasie, im Körper, im Herzen.
Also – Vorhang auf für die erste Szene!

Zum weiteren Verlauf
1. Szene: Gefängnis
Ich beschreibe einen Gefängnisraum. Ich benenne Personen (Paulus, Silas, den Aufseher) und Hintergründe des Gefängnisaufenthalters. Ich beschreibe die Situation von Paulus und Silas einerseits (gefoltert, gefesselt) und die des pflichtbewußten Aufsehers andererseits, der an seiner in seinen Augen wichtigen Aufgabe nicht scheitern darf.
Ich frage meine ZuhörerInnen, ob sie in dieser Szene mitspielen würden? In welcher Rolle? Ich ermutige sie, in der Rolle der Gefangenen mitzuspielen, sich an eigene Gefängnisse, persönliches Dunkel zu erinnern
Ich greife einen möglichen Einwand auf: »Was wir da machen ist eine Bagatellisierung von Leid und Gefangenschaft.«

Die Szene schließt mit einer gemeinsamen Phase der Stille: Für eine kurze Zeit halten wir Leid aus. Das Leid der anderen - der gefangenen Apostel, der Gefangenen überall auf der Welt, das Leid der krebskranken Freundin, das Leid des Nachbarn, der keine Arbeit mehr findet - und unser eigenes Leid, großes und kleines.

2. Szene: Sie beten und singen
Ich spreche über den Schatz des Gebets, das Geschenk, in Angst und Schmerz nicht verstummen zu müssen, sondern Worte an ein Du richten zu können.
Ich denke über das Überraschende nach: Gefangene singen Loblieder ...
Ich bitte die Gemeinde, in ein Loblied einzustimmen.
Verändert das Singen etwas, z. B. die Stimmung, die Körperhaltung?
Ich frage nach der Funktion des Singens im Alltag. (Ich singe manchmal, wenn mich meine Kinder schrecklich nerven ...)
Ich versuche, die Alltagserfahrung weiterzuspinnen und denke über singende Christinnen und Christen als Energiequelle für ihre Umgebung nach. Die 2. Szene schließt mit der zunächst unspektakulären Reaktion der Gefangenen und des Gefängniswärters auf den mitternächtlichen Gesang: Sie hören ihn. Was löst der Lobgesang im Gefängnis bei ihnen aus?

3. Szene: Das Gespräch nach dem großen Beben
Wunder sind nicht erklärbar, nicht greifbar und nicht darstellbar. Aber sie hinterlassen Spuren, sie haben Konsequenzen. In unserem Predigttext ist die eigentliche Konsequenz nicht die Öffnung der Gefängnistüren und eine allgemeine Gefangenenflucht, sondern die Begegnung zwischen den Aposteln und dem Gefängniswärter.
Sie prägt jetzt das »Bühnenbild«, drei Menschen im Gespräch über Rettung, Heil, Sinn, Grund des Lebens, Ziel des Lebens. Daß dieses Gspräch möglich ist, ist die Öffnung. Gott öffnet dem Gefängniswärter das Herz, er eröffnet ihm die Zukunft. Auch die Apostel sind hier nicht nur »Werkzeuge«. Um sich dem ehemaligen Peiniger im Gespräch zu öffnen, sich mit ihm in diese Gesprächstiefe zu begeben, muß Versöhnung geschehen.

4. Szene: Das Fest der Öffnung
Diese Szene stellt das Gegenbild zur Gefängnisszene dar. Wunden werden verbunden, Menschen lassen sich taufen, essen und feiern miteinander.

Möglicher Schluß
Der Gefängniswärter ist nach dem Gespräch mit den Aposteln nicht mehr der Alte. Sein Leben ist umgekrempelt worden in dieser Nacht. Und jetzt wird gefeiert. Er läßt sich und sein Haus taufen und gemeinsam mit den Aposteln wird ein Freudenmahl gefeiert. Auf unserer Bühne findet nun ein Fest statt. Es ist das Gegenbild zum Gefängnis. Da sind keine Mauern

mehr, die einsperren, sondern Menschen feiern gemeinsam - sie beten, reden, essen, lachen. Aus Tätern und Opfern sind Geschwister geworden. Wer wollte da nicht mitfeiern.

Kontexte

»Eine Tür öffnen
Und dann kam der Tag, an dem wir zum ersten Mal ohne Begleitung das Zuchthaus verließen, drei politische Kameraden vom Gefangenenkomitee, Bäckerfranz, Paul und ich. Wir gingen einfach bummeln. Mit federnden, leichten Schritten in weichen Lederschuhen, die unsere eigenen waren. Die Anzüge schmiegten sich uns an und waren leicht und trocken, nicht schwer und immer feucht wie die Zuchthäuslerkluft. Bei jedem Schritt fühlte ich das herrliche Leinenhemd, direkt auf der Haut. Wir waren rasiert, gebadet, trocken und ausgeschlafen. Und das Sonderbarste war, wir wußten nicht richtig zu gehen. Wir wußten nicht, wohin wir gehen sollten. Die kleinen Entschlüsse des täglichen Lebens mußten erst wieder geweckt werden nach jahrelangem Schlaf. Es ging keiner mehr hinter uns her, dessen Weg wir marschieren mußten. Und dann die Zeit, dieser betäubende Reichtum an Zeit, an goldenen Minuten in unserem Gang. Wir konnten stehenbleiben.
Wir konnten an ein Schaufenster treten.
Ich tat es, und irgend etwas in mir wartete mit angelegten Ohren, insgeheim lauernd auf einen Anschauzer. Es kam keiner!
Wir traten in einen Laden, um nach Schreibpapier zu fragen. Es gab sich so, daß ich als erster wieder herausging. Im Laden blieb ich vor der Tür stehen und wartete gewohnheitsmäßig darauf, daß ein Aufseher die Tür aufschloß. Dann erst wurde mir klar, daß ein Mensch seine Türen selbst öffnet.
Dieser himmlische Genuß, eine Tür öffnen zu dürfen.«
(Aus: Günther Weisenborn, Memorial. Verlag Kurt Desch GmbH. München 1948)

»Wir müssen dieses Leben bis zum äußersten verteidigen, denn es gehört nicht uns allein. was auch kommen mag: Kämpft weiter. Lebt: aus Trotz - wenn alle anderen Kräfte Euch versagen und selbst die Freude lahm wird - lebt: aus Wut! ... Seid ungebrochen in dem Willen, die Pest zu überleben.«
(Carl Zuckmayer, zitiert von Hermann Barth, DS 29/98, Seite 25)

(Eine der beiden folgenden Liedstrophen wäre als musikalische Unterbrechung zwischen den Szenen denkbar, analog zur (Umbau)Pausenmusik in kleinen Theatern:)
»Trotz dem alten Drachen, Trotz dem Todesrachen, Trotz der Furcht dazu! Tobe, Welt und springe; ich steh hier und singe in gar sichrer Ruh. Gottes Macht hält mich in acht, Erd und Abgrund muß verstummern, ob sie noch so brummen.«
(Johann Franck, 1653, EG 396,3)

»Es gilt ein frei Geständnis in dieser unsrer Zeit, ein offenes Bekenntnis bei allem Widerstreit, trotz aller Feinde Toben, trotz allem Heidentum zu preisen und zu loben das Evangelium.«
(Philipp Spitta, 1833, EG 136,4)

Rogate

Annäherungen an den Predigttext
Brief an die Gemeinde in Kolossae 4,2–4 (5–6)

Hartmut Stuber

Der Hauskreis muß sich diesmal ohne den erkrankten Pfarrer dem Predigttext annähern. Doch mich erreicht eine Kassette, auf der die 11 Frauen und Männer ihr Gespräch aufgezeichnet haben. Ich schalte die Kassette ein. Nach einer ersten Textlesung zunächst Stille. Was ist hängen geblieben? Das Geheimnis Christi; die starke Betonung des Gebets; eine Tür, die geöffnet wird; der Gegensatz (ist es einer?) zwischen freundlicher und »salziger« Rede.
Ich versuche das Gesagte den einzelnen Versen zuzuordnen und merke: Das Gespräch konzentrierte sich auf die Verse 2 und 6, wobei der Text fraglos als eine Einheit von Vers 2 bis Vers 6 gesehen wurde. Unser Reden mit Gott und unser Reden mit den »Außenstehenden« sind zentral. Gehört das zusammen? Doch der Reihe nach.

Zu Vers 2: Ist Gebet nur Danksagung? Nicht nur, aber zu allererst. Danksagung erkennt an, daß Gott schon unsere ungesagten Gebete erhört hat; daß er schon einiges für uns getan hat. Wo eine Adresse zum Danken gefunden wurde, da hat man auch eine Adresse für Klage und Bitte.
Über das Gebet müßte in der Predigt noch mehr gesagt werden. Auch über die schwierigen Seiten, wenn Resignation sich einschleicht oder Vergeßlichkeit gegenüber Gebetsanliegen. Überhaupt dieses »beharrlich« im Gebet sein: Woher kommt die Kraft dazu? Aus dem Gebet selbst! Das Gebet ist Voraussetzung für unser Glaubensleben.

Zu Vers 3 und 4: Das könnte man – als eine rein private Bitte des Briefschreibers – auch weglassen. Nein, denn hier zeigt sich, daß auch die Fürbitte wichtiger Bestandteil des Gebets ist. Sie hilft Türen zu öffnen. Doch aus eigener Kraft öffnet keiner – auch nicht der Prediger – die Tür für das Wort. Gott ist der eigentliche Türöffner. Zugleich gilt auch: Türen zu öffnen bleibt Gemeindeaufgabe. Die Wortverkündigung (Vers 3 und 4) braucht dabei die Ergänzung durch Lebensverkündigung (Vers 5 und 6); beides ist Mission. Einer hört in Vers 3 auch einen »Hilferuf eines Predigers«, der auch heute die Fürbitte der Gemeinde braucht. Ob der Pfarrer aber davon in der Pre-

digt reden kann? (Mir fällt ein, wie gut mir der kleine Gebetskreis tut, der sich - auch zur Fürbitte für den Prediger - vor jedem Gottesdienst in der Sakristei trifft.)
Das »Geheimnis Christi« wird als dessen Rettungstat für die Welt enthüllt. Aber fühlen Menschen sich heute so verloren, daß sie auf Rettung warten? Muß man ihnen da nicht zuerst Verlorenheit und ein schlechtes Gewissen einreden? Das soll die Predigt keinesfalls tun. Das Geheimnis Christi verschwindet wieder aus dem Gespräch.

Zu Vers 5: Jetzt geht es um unsere Außenwirkung. Aber wer sind die, die »draußen« sind? Nicht-Christen? Nicht-Kirchgänger? Diese Anweisungen gelten doch auch gegenüber denen, die »drinnen« sind. Früher war die Trennung »drinnen-draußen« wohl einfacher. Gerade bei unserem »Mischmasch« ist ein klarer und weiser Standpunkt wichtig.
»Die Zeit auskaufen«; ein fremder Begriff. Ein großer Anspruch: nur erfüllte, ausgefüllte Zeit zu haben. Das ist nicht unser Leben. Eine Übersetzung bietet an dieser Stelle an: »Seid Menschen, die wissen, worauf es ankommt.« Worauf kommt es an? Die Wahrheit weiterzusagen, so wie in Vers 6 beschrieben.

Zu Vers 6: Die Wahrheit Christi, von der wir reden müssen, ist nur freundlich *und* anregend weiterzusagen. Freundlichkeit erreicht das Herz der Menschen. Nur wenn etwas »brizzelt« wie das Salz (mancher wünscht sich auch mehr »Pfeffer«) tut sich etwas. Wichtig ist: beides muß vorhanden sein. Nur freundlich zu sein kann verharmlosen. Nur »salzig« zu reden kann verletzen. Diese Redeanweisungen gelten für alle unsere Gespräche, auch für die Predigt.
Was aber sollen wir antworten? Zuerst einmal müssen wir genau auf die Fragen der Menschen hören. Freundlich auf sie zugehen und ihnen zuhören.
Also, immer nur freundlich sein, das ist nicht mein Stil. Überhaupt diese Beständigkeit: »allezeit« freundlich, »beharrlich« beten. Das ist nicht immer möglich. Wie Mitarbeiter freundlich entlassen? Wie im Gebet nicht nachlassen? Die Forderung nach Beständigkeit verweist darauf, daß ich als ChristIn einen bestimmten Lebensstil entwickeln soll, an den ich mich halten kann und in dem ich für meine Mitmenschen erkennbar bin.
Am Ende wird überlegt, was all dies für die Predigt bedeutet. Die Predigt soll demnach ansprechend sein; mit freundlichen und »gesalzenen« Worten den ZuhörerInnen begegnen. Das Reden mit Gott ist mit dem Reden zu den Mitmenschen in Zusammenhang zu bringen. Das Gebet ist dabei jedoch Grundlage für all unser Reden und unser alltägliches Handeln. Von der Wirkung des Gebets gerade in der Gemeinde wird zu reden sein. Hier darf auch der/die PredigerIn Auskunft geben, woher seine/ihre Kraft zur Verkündigung kommt. (Vom Geist Gottes? Von der Gemeinde? Aus dem Gebet?)

Der Ruf zur Beständigkeit in Beten und Reden soll keinen Druck erzeugen, sondern einen Lebensstil entwerfen, der »einem jeden« zuträglich ist. Die Predigt soll von der Hoffnung getragen sein, daß auch sie Türen für das Wort auftun wird.
Die Kassette ist zu Ende. Ich weiß, sie haben anschließend auch für mich gebetet.

»Danke« an Margot und Helmut Hönes, Brunhilde und Karl Krell, Doris und Rudolf Glocker, Brigitte und Werner Hönes, Otmar Binz, Christine Stukenborg und Gerlinde Großmann.

Zum Gottesdienst

Hans Jürgen Milchner

Exegetisch-homiletische Skizze

In der Tat, das mit dem »Beten« das ist nicht ganz so einfach: Die »Annäherungen« stellen hierzu entscheidende Fragen. »Über das Gebet müßte in der Predigt noch mehr gesagt werden ...«, aber was hilft eine theoretische Abhandlung, wo eher die Praxis des Gebets gefragt ist, eine praxis pietatis? »Gott ist ein Gebet weit von uns entfernt«, so schreibt Nelly Sachs in einer Betrachtung. Der Kolosser-Text will uns ein Stück an die Hand nehmen und uns zum Sonntag Rogate ein paar sinnvolle Gedanken mit auf den Weg geben.
Zunächst zum Text selbst: Die Perikope schließt einen paränetischen Teil des Kolosserbriefes (3,1–4,6) ab. Mit einer Aufforderung beginnt dieser paränetische Abschnitt: »Seid ihr nun mit Christus auferstanden, so sucht, was droben ist ... euer Leben ist mit Christus in Gott geborgen.« Nicht nur dieser Text des Kol, sondern auch unsere christliche Existenz kommt immer von Ostern her. Unser Christ-Sein ist eingehüllt in den Glauben, daß wir schon jetzt in den Glauben zu Christus auferstanden sind und der Auferstehung in die Ewigkeit Gottes eschatologisch entgegenschauen. Die Predigtperikope nimmt diese Reihe der Indikative auf und formuliert ihren Imperativ: Weil Christi Wort reichlich unter uns wohnt (3,16), kann das Gebet als eine dauerhafte Verbindung zu Gott nur eine gute Folge sein. Zweifellos ist das Rogate-Thema hier vorgegeben und nimmt den Imperativ von 1 Thess 5,17 auf: »Betet ohne Unterlaß.«
Aber nicht nur das Gebet wird thematisiert, sondern auch das Verhalten denen gegenüber, die nicht unmittelbar zur Gemeinde gehören. An der freundlichen Lebensführung soll man erkennen können, wie Christi Salz in einem wirkt, wobei die dreierlei Wirkung des Salzes zu bedenken ist: es kann würzen, es kann konservieren, es kann aber auch beißen.

Die eigene Gebetspraxis wird innerhalb der eigenen Existenz kritisch zu bedenken sein. Was haben wir als Protestanten hier einen Nachholbedarf aufzuarbeiten! Oftmals stehen wir da mit den leeren Worthülsen des Gebetes, verlieren in oftmals im Aktionismus unseres Gemeindestrebens- bzw. Lebens und finden irgendwie nicht mehr den Zugang zu der Mitte, um die es eigentlich geht. Die Frage nach der Mitte unseres Glaubens ist aufgeworfen: Wie kann dazu unser Gebet eine Möglichkeit und einen Weg beschreiben, um diese Mitte mehr in das alltägliche Bewußtsein zu holen? Wie kann eine Beziehung zu Christus wachsen, die ohne das Gebet auskommt? Oftmals ist unser Glaube einsam und seicht, fade und zurückhaltend, so daß das »Salz Christi« (V. 6) eine Bereicherung darstellt. Einer Umfrage zufolge betet fast ein Drittel aller Christen irgendwie regelmäßig, aber meist doch für sich allein, still im Kämmerlein, ohne dabei andere anteil haben zu lassen. Die Gebetskultur unserer Kirche müßte dahingehend überprüft werden, wo wir Räume und Möglichkeiten geben und uns schenken lassen, die zu einem Gebet der Gemeinde werden können. Auch hier ist vor einem Aktivismus zu warnen, fromme Formeln und abgehobenes Geschwätz werden hier nicht weiterhelfen können. Eine Gebetsfaulheit scheint nicht vorzuliegen, eher aber ein Suchen, Gebetsformen zu finden, die neue Zugänge zu einer ars spiritualis eröffnen. Jörg Zink beschrieb die Zukunft der Kirche als einen Weg in die Mystik, einer via contemplativa, als eine Sehnsucht eines schauenden Glaubens, der ganz mit dem Herzen dabei ist. Ich denke an die großen Monasten (Benediktus) und den großen Mystiker (Bernhard von Clairvaux) und viele andere mehr, was ihre Texte für eine Gebetspraxis ergeben, auch wenn diese noch die lutherische Imprimatur durchlaufen müssen.

Wenn unser Glaube von Ostern herkommt und uns jetzt schon der Auferstehung teilhaftig macht, so weist Rogate und das Gebet auf das Pfingstfest hin. So kann das Gebet dann als Geschenk des Hl. Geistes verstanden werden, als ein heißer Draht der Verbindung zwischen Gott und Mensch, als eine Aufforderung: Ruf doch mal an – die Verbindung steht, Gott ist immer on-line. Das Gebet braucht Strukturen und Formen, wo man sich zurechtfinden kann, es bedarf auch der Regelmäßigkeit. Beten braucht Stille, Kontemplation, Ruhe – um das zu hören, was Gott einem sagen möchte. Hinhören und Hineinhören in die Stille ist eine Praxis, die wieder neu gelernt werden muß. Unsere Sehnsucht nach einem Leben, das heil und mit Gott verbunden ist, bedarf solcher Strukturen, die wir uns schenken lassen können. Das Taizé-Gebet der Gemeinde, die abendliche Vesper, eine wöchentliche Komplet, ein Gebetskreis, eine Gebetswand im Gemeindehaus, ein Gebetskasten für die sonntäglichen Fürbitten, das Entzünden von Kerzen im Gottesdienst für besondere Anliegen, sind ein kleines Angebot, wieder neue Zugänge zum Gebet und zur Stille des Gebetes zu finden.

Andererseits darf das Gebet nicht nur in der Kontemplation ausharren, sondern muß seine Auswirkung zum Nächsten finden. Oft müßten wir lernen damit zu beginnen, unsere Gebete selbst zu erhören. Beten heißt in diesem Zusammenhang: sich nicht abfinden, theologisch aufmucken, sich zum Tun bereit finden, ora et labora, wie es bei den monastischen Lebensformen abzulesen ist.

Vorschläge zur Liturgie

Liedvorschläge
»Vergiß es nie ...«
In: Meine Lieder, deine Lieder, Hänssler Verlag, 2. Aufl. 1993
»Meine Zeit steht in Deinen Händen ...« EG 644 (Anhang Pfalz)
Zum Ausgang: »Geh unter der Gnade«
Lied 2 und 3 aus: Lebenslieder, ed. vom CVJM Gesamtverband, 2. Aufl. 1993
Sonstige Lieder:
Graduale: EG 133 »Zieh ein zu deinen Toren ...«
Zum Eingang: EG 272 »Ich lobe meinen Gott ...«
ferner: EG 333 »Danket dem Herrn ...«

Votum und Gruß
Von Herzen grüße ich Sie und euch alle zur Feier des Gottesdienstes. Daß für uns alle ein guter und ein schöner Sonntag sein möge, das wünsche ich uns allen zu Beginn unserer gottesdienstlichen Feier. Ich grüße Sie mit den Worten des Wochenspruches aus dem Psalm 66: »Gelobt sei mein Gott, der mein Gebet nicht verwirft, noch seine Güte von mir wendet.« Dieses Wort soll uns heute in den Gottesdienst und in die neue Woche geleiten.

Rüstgebet
P: Im Namen Gottes des Vaters und des Sohnes und des Hl. Geistes.
G: Amen.
P. Unsere Hilfe steht im Namen Gottes.
G: Gott hat Himmel und Erde gemacht.
P: Da wir hier versammelt sind, um miteinander Gottes Wort zu hören, Gott in Gebet und Loblied anzurufen, so laßt uns zuvor gedenken unserer Unwürdigkeit und vor Gott bekennen, daß wir gesündigt haben mit Gedanken, Worten und Werken, auch aus eigener Kraft uns von unseren sündigen Wesen nicht erlösen können. Darum nehmen wir Zuflucht zu der grundlosen Barmherzigkeit Gottes, unseres himmlischen Vaters, begehren Gnade um Christi willen und sprechen: Gott sei mir armem Sünder gnädig!
G: Der allmächtige Gott erbarme sich unser, er vergebe uns unsere Sünde und führe uns zum ewigen Leben. Amen.
P: Nimm von uns, Gott, unsere Sünde und unsere Schuld und verleihe uns, daß wir mit lauterem Herzen und reinen Lippen diesen Gottesdienst feiern und dich somit loben und preisen. Amen.

Hinführung zum Kyrie
Manchmal bleiben wir im Lob stecken, halten an und überlegen, was uns alles von Dir entfernt, wo wir gedankenlos und weit weg waren von Dir. Laß sich das ändern, belebe unseren Sinn und unseren Gottesdienst durch deine Gegenwart im Hl. Geist. Deshalb laßt uns bitten: Kyrie ...

Hinführung zum Gloria in excelsis
»Gelobt sei mein Gott, der mein Gebet nicht verwirft, noch seine Gnade von mir wendet.« Das soll unser ganzer Trost sein, hieran können wir uns halten. Ehre sei Gott in der Höhe.

Kollektengebet
Gott der Güte, wir sind in Dein Haus gekommen, um uns neu von Dir anreden und in Bewegung bringen zu lassen. Du bist die Quelle unseres Lebens, aus der wir reichlich schöpfen dürfen. Laß uns bei Dir bleiben - laß uns Ruhe finden und Glauben in der Gemeinschaft derer, die mit uns in der Gemeinde und in Deiner weltweiten Kirche auf dem Wege sind. Dieses bitten wir Dich im Namen Jesu Christi, unseres Heilandes, der mit Dir in der Gemeinschaft des Hl. Geistes lebt und regieret von Ewigkeit zu Ewigkeit. Amen.

Fürbittengebet
Für die Fürbitten schlage ich vor, den Taizé-Gesang »O adoramus te, Domine« in die Fürbitten einzustreuen, dieses von einem Chor, einer Schola oder der Gemeinde singen zu lassen. Weiterhin paßt das Taizé-Lied: »O Lord hear my prayer, o Lord hear my prayer, when I call, answer me, o Lord, hear my prayer, o Lord, hear my prayer, come and listen to me.«
Gott der Güte, wir danken Dir, daß Du unserem kleinen Leben einen so großen Sinn geschenkt hast. Wir gehören zu Dir und in Deinen Heilsplan. Du schenkst Anfang und Ende. Wir loben Dich als Deine Gemeinde: Liedvers.
Nichts haben wir aus eigener Kraft, vieles erhalten wir von Dir geschenkt. Um ein Zeichen bitten wir Dich: um die Stille, in der Du nahe bist, im Gebet, wo wir einander begegnen. Schenke Deinen lebendigen und deshalb Heiligen Geist. Wir loben Dich als Deine Gemeinde: Liedvers.
Führe uns - guter Gott und leite unseren Willen und all unsere Gedanken, damit wir aufmerksam und bewußt unser Leben gestalten und nicht mitschwimmen im Geist der Zeit. Wir loben Dich als Deine Gemeinde: Liedvers.
Laßt uns einen Augenblick in die Stille hineinhören und versuchen zu hören, was Du uns sagen möchtest: Stille - Ja, Gott, das ist unser Gebet, unser Dank und unsere Klage, unser Lob und unsere Bitte. Wir glauben daran, daß Du auf Deine geheimnisvolle Weise reagieren wirst. Wir loben Dich als Deine Gemeinde: Liedvers.

Möglicher Anfang
In seinem Brief an die Gemeinde zu Kolossae nimmt Paulus eine Reihe von Mahnungen und Empfehlungen auf, die seine Gemeinde bedenken soll. Der Apostel spricht davon, daß wir, die wir an Christus glauben, immer Menschen sind, die wir von Ostern herkommen. Wir tragen einen lebendigen Osterglauben in uns, der uns zu neuen und auch zu liebenswerten Menschen macht. In unserem Abschnitt für den heutigen Sonntag Rogate kommt Paulus zunächst auf das Gebet zu sprechen. Er empfiehlt seiner Gemeinde: »Seid beharrlich im Gebet!« Bleibt dran! Paulus weist darauf hin, daß das Gebet eine Verbindung zu Gott schafft, so daß wir zu Gott reden können, wie zu einem guten Freund. Und diese Verbindung brauchen wir – denn wo diese Verbindung abreißt, da kann unser Leben aus dem Lot kommen.
Ich möchte das mit einer kleinen Geschichte verdeutlichen: Es war einmal eine Spinne. Die saß im unteren Gebüsch und hatte sich tagsüber ein herrliches Spinnennetz gewoben. Das Netz ist gut gelungen, Beute würde sich schon reichlich einstellen, ein wenig stolz war sie schon auf ihre Arbeit. Am Abend, als sie dann an ihrem Meisterstück entlang krabbelte, da entdeckte sie einen Faden, der nach oben ins Gebüsch führte. Sie wußte für ein paar Augenblicke nichts mit dem Faden anzufangen und begann damit, den Faden nach oben abzubeißen. Und was geschah? Das ganze Netz fiel in sich zusammen, und die Spinne war auf einmal Gefangene ihres eigenen Meisterwerkes.
Wir Menschen brauchen den Draht nach oben, wir benötigen eine Verbindung, die geschaltet wird, um unser Leben im Griff zu behalten, um es nicht abgleiten und verkommen zu lassen an irgendwelche Zeitgeister. Wir brauchen das Gebet, um mit Gott in Verbindung zu bleiben. »Ruf doch mal an!« – das war ein Werbeslogan der Deutschen Bundespost, ruf doch mal an – und du wirst sehen, Gott ist immer on-line mit dir, vielleicht nur einen Mouse-Click von dir entfernt. Gott hat Zeit für ein Gebet, den Anfang müssen wir immer selbst machen.

Gedankenskizze zum weiteren Verlauf
Ich würde zwei weitere kleine Geschichten (oder auch nur eine davon) in den weiteren Verlauf der Predigt einstreuen:

1. Ein Schiff geriet in große Seenot. Das Schiff drohte unterzugehen. Das Wasser stand den Leuten beinahe schon zum Hals. Da schreit der Kapitän: »Da hilft bloß noch beten!« »Was?« – fragte ein ganz verängstigter Pfarrer, »ist es schon so weit?«
2. Eine Bäuerin erzählte ihrem Pfarrer, warum sie zur Kirche kommt, obwohl sie von seiner Predigt wegen des Hörschadens kaum etwas mitkriegt. Sie sagte: »Wissen Sie, Herr Pfarrer, das ist wie mit einem drecki-

gen Kartoffelkorb. Gießt man da Wasser rein, so bleibt nichts drin, aber der Korb wird ein Stück weit sauber.«

Ich würde erzählen, daß Menschen gar nicht so ungerne beten, daß mehr Menschen das Gebet praktizieren, als diese es selbst zugeben. Beten viele Menschen meist aber nur dann, wenn Lebenskatastrophen drohen, so sollte Mut gewonnen werden, das Gebet zu festen Tageszeiten zu praktizieren.

Aber das Gebet darf nicht nur eine fromme Pflichterfüllung sein, das Gebet muß auch Folgen haben, zu denen ich auch selbst beitragen kann. Das Gebet kann auch eine eigene Motivation darstellen, das von Gott Gewünschte und Zugesprochene selbst in die Tat umzusetzen. »Wir müssen damit beginnen, unsere Gebete selbst zu erhören!« - da ist schon was dran. Aber Gott ist für viele Menschen ein Wunschautomat, in den man oben 5 Mark reinsteckt und unten das Gewünschte schnell erscheint. So ein Automat ist Gott Gott sei Dank nicht. Wir können Gott aber dabei trotzdem eine Menge zumuten, daß er auf seine Weise auf unsere Gebete reagiert. Manchmal kann das sehr lange dauern, dafür ist Geduld und oftmals Demut angesagt, aber Gott reagiert bestimmt, meist aber auf seine Weise.

Das Gebet ist für uns Christen zwar keine Pflichterfüllung, aber wir brauchen diese ständige Verbindung im Hl. Geist zu Gott. Das Gebet ist der heißte Draht nach oben, die Verbindung, die immer on-line steht, eine Verbindung, die ich für mein Leben sehr brauche. Manchmal fehlen die richtigen Worte - klar - aber beten heißt auch, in die Stille hineinhören und vielleicht kann es manchmal sein, daß wir Gottes Stimme hier in der Stille vernehmen, eine Stimme, die mehr ist als eine bloße Einbildung oder eine innere Stimme, es ist die Stimme des guten Geistes Gottes, die baut und aufbaut, die motiviert und kräftigt, die uns Mut zum Leben schenkt.

Paulus hat dieses Gebet sich von der Gemeinde gewünscht, daß auch ihn dieses Gebet für seine weitere Arbeit begleitet. Haben wir doch alle auch einmal den Mut, für unsere Prediger und Mitarbeiter/innen zu beten, ihnen Kraft und Überzeugung wünschen, für diese so wichtige Arbeit in unserer Kirche.

Möglicher Schluß

Das Gebet kann auch Folgen haben. Keine spektakulären Folgen, aber gute Folgen. Zum Schluß unseres Predigttextes rät der Apostel der Gemeinde: »Verhaltet euch weise gegenüber denen, die draußen sind. Eure Rede sei freundlich und mit Salz gemischt.« Ich denke, das kann eine gute Konsequenz unseres Gebetes sein. Es darf sich nicht nur um uns selbst kreisen, sondern das Gebet kann uns motivieren, in viel Geduld und Freundlichkeit denen zu begegnen, die an uns ablesen möchten, was es heißt, als Christ leben zu wollen. Und da kann mit Freundlichkeit, mit Ehrlichkeit und Heiterkeit eine Menge erreicht werden. »Eure Rede sei freundlich und mit Salz gewürzt«, so rät der Apostel, und viele von uns wissen, daß gerade das Salz eine ganz wichtige Funktion in unserer Ernährung hat. Es kann konservieren, es kann würzen, es kann aber auch brennen. Unser Gebet kann die Folge haben, daß wir Salz werden in einer Gesellschaft, die nach Werten und Normen sucht. Und diese können wir mit aller Freundlichkeit und mit aller Kraft, die wir aus dem Gebet erhalten, leben und vorleben. Idole brauchen wir dabei nicht zu werden, in den kleinen Dingen liegt die Kraft. Und daß wir uns daran erinnern, daß wir in den kleinen Dingen die Freundlichkeit unseres Gottes leben können, möchte ich uns allen am Ausgang ein kleines Salzsäckchen mit auf den Weg geben. Möge uns dieses Salz dann täglich an das Gebet erinnern für uns selber und für andere, und mögen wir erinnert sein, daß wir dadurch viel von der Freundlichkeit unseres Gottes leben können.

Kontext

Wenn wir mächtigen Menschen etwas unterbreiten wollen, wagen wir es nur in Demut und Ehrfrucht. Um wieviel mehr müssen wir zum Herrn, dem Gott des Weltalls, mit aller Demut und lauterer Hingabe flehen. Wir sollen wissen, daß wir nicht erhöht werden, wenn wir viele Worte machen, sondern wenn wir in der Lauterkeit des Herzens und mit Tränen der Reue beten. Deshalb sei das Gebet kurz und lauter; nur wenn die göttliche Gnade und erfaßt und bewegt, soll es länger dauern. In der Gemeinschaft jedoch sei das Gebet auf jeden Fall kurz, und auf das Zeichen des Oberen hin sollen sich alle gemeinsam erheben.
Aus der Regula Benedikti (Kapitel 20).

Christi Himmelfahrt

Annäherungen an den Predigttext Offenbarung 1,4–8

Wolfgang Herrmann

In einer Gruppe von zehn älteren, lebenserfahrenen Frauen lese ich den Text, ohne zunächst zu sagen, für welchen Sonn- oder Feiertag er vorgesehen ist. Eine vermutet sogleich: »Das ist bestimmt für Himmelfahrt oder Pfingsten. Wegen der Stelle mit den Wolken.« Eine andere meint: »Ich habe eher an das Ende des Kirchenjahres gedacht, Ewigkeitssonntag oder so. Da hört man doch das Wort mit dem ›A und O‹; es geht um das letzte Gericht. Hat das nicht auch etwas mit dem Glaubensbekenntnis zu tun? Es heißt doch ›Er wird wiederkommen, zu richten die Lebenden und die Toten‹.« Eine Dritte schließt sich an: »Einiges spricht aber auch für Karfreitag oder Ostern. Da ist doch von ›Durchbohren und Wehklagen‹ die Rede, vom Tod Jesu und daß er der ›Erstgeborene von den Toten‹ ist.«

Von diesen Assoziationen zu den Feiertagen abgesehen herrscht allerdings eine gewisse Rat- und Sprachlosigkeit. Der Text wirkt überladen, fremd und doch – in manchen liturgischen Wendungen – vertraut zugleich. Befremdlich klingt vor allem das Wort von ›sieben Geistern‹ vor dem Thron Gottes. Ich weise auf die symbolische Bedeutung der Siebenzahl hin. »Ach so, wie die Sieben Geißlein«, meint eine. »Oder die Sieben Schwaben.« Ich erläutere, daß der Text als Sendschreiben an sieben Gemeinden gerichtet ist, die ja durch einen Engel repräsentiert werden und daß vor allem hinter dieser Zahl die Aufnahme astralreligiöser Gedanken steht: Die sieben Wochentage repräsentieren ja auch sieben Gottheiten, die hier nun als dienstbare Geister dem Einen Gott unterstellt sind. »Aha«, meint eine, »sowas muß einem aber auch wirklich mal erklärt werden. Darauf wäre ich allein nie gekommen.«

Wir bleiben an den ›Königen und Priestern‹ hängen. »Das sind die Apostel«, meint eine der Frauen. »Aber wieso Könige, gekrönte Häupter?« »Da fällt mir ein, mein Konfirmationsspruch ist doch auch aus diesem Buch: ›Sei getreu bis in den Tod, so will ich dir die Krone des Lebens geben‹«, zitiert sie. Ich erzähle von der Verfolgungssituation der Gemeinde. Johannes schreibt ja als Verbannter der scheinbar allgewaltigen römischen Staatsmacht: ›Treu bis in den Tod‹ bezieht sich auf das mögliche Martyrium. »Da fallen mir die Waldenser ein«, ruft eine Frau aus, der diese Tradition, die auch unsere Gemeinde mitgeprägt hat, sehr bewußt ist. (Die Waldenser folgten dem Wahlspruch »Im Glauben treu«.)

»Treue hat immer etwas mit Schmerzen zu tun ...« sagte eine der Frauen nachdenklich; die anderen stimmen zu. Sichtlich sind unausgesprochene Lebensgeschichten präsent, Geschichten vom Durchhalten und Zusammenstehen, von Schmerz und Erlösung. Was haben sie im Laufe der Jahre aushalten und durchstehen müssen; wieviel Lebensenergien hat das gekostet, – die Pflege kranker und sterbender Angehöriger, die Sorge um Mann und Kinder, die Solidarität mit dem Schicksal anderer. »Dann ist das wohl mehr die Dornenkrone, um die es hier geht.« »Also doch Karfreitag oder Ostern! Es ist hier ja von Erlösung die Rede«, sagt die Frau, die schon zu Beginn in diese Richtung gedacht hat.

»Und wie bringen wir das alles mit Himmelfahrt in Zusammenhang?« frage ich. »Na ja, das Wort ›Himmelfahrt‹, das hat's doch schon in sich«, meint dieselbe Frau. »Aber was heißt denn ›Himmel‹?« »Himmel – das heißt unendlich.« »Überall«, meint eine andere. »Ach so, und weil der römische Kaiser meint, seine Macht wäre überall und unendlich, behaupten die Christen, Gott wäre noch mächtiger ...« »Himmelfahrt meint dann wohl, daß der Glaube an Jesus keine Grenzen kennt.« »Richtig, da steht doch: ›Es werden wehklagen alle Geschlechter der Erde‹. Das ist ganz umfassend; da gibt's keine Ausnahmen.« »Deshalb auch das Wort von ›A und O‹, das meint ja auch ›alles‹.«

Diese Bemerkung lenkt das Gespräch noch einmal auf das Thema »Letztes Gericht«, das durch den Satz ›er kommt mit den Wolken‹ assoziiert wird. »Eigentlich ist das Letzte Gericht immer gegenwärtig, nicht nur beim Weltuntergang. Man geht ja, wie man so sagt, auch ›mit sich selber ins Gericht‹ und nicht nur, wenn es um Mord und Totschlag geht. Man kann ja auch mit Worten töten. Das Wort ›Rufmord‹ drückt das aus.« »Ja, wenn man so richtig giftig ist«, – die Frauen kennen das natürlich allzu gut. »Dabei will man oft gar nichts Böses; aber dann hat's doch wehgetan.« Die Frau, die den Text am Anfang mit dem Ende des Kirchenjahres verbunden hat, fühlt sich nun auch bestätigt. »Himmelfahrt heißt dann nicht nur, daß Jesus irgendwie von der Erde verschwunden ist, sondern auch, daß er immer gegenwärtig ist und wiederkommen wird. Das habe ich bisher so noch nicht gesehen.«

Wie müssen das Gespräch beenden. »Nächstes Mal machen wir aber weiter!« sagt eine.

Zum Gottesdienst

Jutta Konowalczyk-Schlüter

Exegetisch-homiletische Skizze

Die Apokalypse setzt sich mit zeitgeschichtlichen Verhältnissen innerhalb der frühesten Kirchengeschichte auseinander. Konflikte mit dem Judentum, Angriffe auf den Machtanspruch der Herrschenden und Konfrontationen mit der politischen Religiosität dienen dem Verfasser dazu, die Geheimnisse der Endgeschichte prophetisch darzulegen. Gott, der allmächtige Herrscher des Weltgeschehens, ist der Herr der Geschichte. Er thront über allem Weltgeschehen und wird wiederkommen, um die ganze Welt zu richten. Die Versöhnung der Welt durch den gekreuzigten und erhöhten Christus ist ebenso universal gedacht.

Der Introitus (Offenbarung 1,1–8) ist im urchristlichen Briefstil geschrieben, die Namen des Absenders und des Empfängers werden genannt, Gnadengruß und Dankgebet sind enthalten. Zudem klingt die Erinnerung an den urchristlichen Gottesdienst deutlich in liturgischen Formeln an (Offenbarung 1,7 f.), die »Prophetie« und »Herrnwort« enthalten. »Zum königlichen Zeugentum Jesu gehört nicht nur sein geschichtliches Zeugentum, sondern auch Tod, Auferstehung und königlicher Triumph bei seiner Wiederkehr zum Gericht. Vers 7 ist Erfüllung des Herrnwortes aus Matthäus 26,64.« (Hans Lilje, Das letzte Buch der Bibel, Hamburg 1955, Seite 53 f.)

Vers 7 läßt auch am ehesten an den Himmelfahrtstag denken – oder an Pfingsten, wie eine Dame es in den »Annäherungen« bemerkt. Aber anders als das Evangelium für den Himmelfahrtstag (Lukas 24,44–53) bleibt der Offenbarungstext sehr formelhaft und damit unanschaulich, eben »fremd und doch in manchen liturgischen Wendungen vertraut zugleich«. Dies werden auch die wenigen, aber geübten PredigthörerInnen empfinden, die sich am Himmelfahrtstag bei uns zum ökumenischen Gottesdienst einfinden. Es sind durchweg ältere Menschen, die jüngeren nutzen den »Vatertag« zum Familienausflug oder für die Urlaubsplanung. Von diesen Planungen sind meine GottesdienstbesucherInnen von vornherein ausgeschlossen. Sie erwarten Gemeinschaft untereinander und etwas »Erbauliches«, das sie in ihr langes, einsames Wochenende mitnehmen können. Vielleicht liegt es an der eigenen zeitgeschichtlichen Erfahrung dieser Menschen (zwei Weltkriege, Flucht, Verlust von Hab und Gut, des Ehepartners, der Eltern usw.), daß sie ohne weiteres Jesus Christus als Herrn der Geschichte akzeptieren können, als den, »der da ist, der da war und der da kommt«. Sie haben die Kurzlebigkeit politischer Verhältnisse und die Vergänglichkeit unseres irdischen Daseins am eigenen Leibe erfahren. Himmelfahrt bedeutet für sie, daß der Glaube an Jesus Christus eine andere Dimension einschließt, die über das

Erdenleben hinausgeht und auch das »Letzte Gericht« beinhaltet. Ähnlich lautet es in den »Annäherungen«: »Eigentlich ist das Letzte Gericht immer gegenwärtig, nicht nur beim Weltuntergang. Man geht ja, wie man so sagt, auch ›mit sich selber ins Gericht‹ und nicht nur, wenn es um Mord und Totschlag geht. Man kann ja auch mit Worten töten.« Dieser Gedanke gefällt mir gut, weil er von der Erfahrung getragen ist: Gott hat uns erlöst mit seinem Blut, vor ihm – nicht vor der Welt – sind wir zu Königen und Priestern bestimmt. Diese Bestimmung bleibt, auch wenn das Böse in uns gerade die Oberhand hat, wir versagen oder wenn uns immer wieder etwas genommen wird im Leben und unser Glaube auf eine harte Probe gestellt wird.

Vorschläge zur Liturgie

Lieder

EG 123 »Jesus Christus herrscht als König« nimmt die Texte der Offenbarung auf.

EG 121 »Wir danken dir, Herr Jesu Christ« betont, daß Jesus sowohl in den Himmel aufgefahren als auch gegenwärtig ist.

Als moderne Lieder zum Thema Himmelfahrt könnte man den Kanon EG 588 singen, »Der Himmel geht über allen auf« oder »Weißt du, wo der Himmel ist« und »Stadt ohne Tränen«.

Stadt ohne Tränen

2. Stadt ohne Tränen, die endlich Heimat gibt. Stadt ohne Tränen, weil Gott uns Menschen als seine Nachbarn liebt.

3. Stadt ohne Klagen, weil hier das Leben lohnt. Stadt ohne Klagen, weil Gott für immer bei seinem Volke wohnt.

4. Stadt ohne Klagen, die keine Trauer kennt. Stadt ohne Klagen, weil uns kein Abschied, weil uns kein Trod mehr trennt.

5. Kommt her, ihr Völker, in Gottes helles Licht zur Stadt des Friedens. Tragt Jesu Namen und schaut sein Angesicht.

Zu Offenbarung 21,1-5 und 22,1-5. Text und Musik: Dieter Trautwein.

Lesungen

Die alttestamentliche Lesung (1. Könige 8,22-28) spricht von der universalen Präsenz Gottes, die Evangelienlesung (Lukas 24,50-53) beschreibt die Aufnahme Jesu Christi in den Himmel, und die Epistellesung (Apostelgeschichte 1,3-11) betont darüber hinaus noch die Wiederkunft Christi.

Als *Psalmgebet* könnte man Psalm 47 (EG 726) im Wechsel mit der Gemeinde sprechen.

Alternativ dazu könnte man folgende moderne Psalmübertragung vorlesen:

Gott ist die Erde,
Gott ist die Sonne,
Gott ist das Sonnensystem,
und Gott ist das unendliche Vakuum,
in welchem er wie ein Pendel hin- und herschwingt.
Gott ist jenseits des Fassungsvermögens,
Gott ist unbegreifbar,
Gott ist undefinierbar,
Gott ist nicht ein fester Körper,
Gott ist eine Erscheinung.
Gott ist überall, in allem.
Gott wurde niemals geschaffen.
Er wurde niemals geboren;
Er wird niemals sterben.

aus: H. Vonhoff (Hrsg.), Mein neuer Psalm - Texte aus einer Londoner Schule, München 1967, Nr. 8

Kollektengebet

Gott des Himmels und der Erden, wir bitten dich:
Gewähre uns Anteil an der Macht, die du deinem Sohn Jesus Christus verliehen hast.
Laß uns nach dem Himmel Ausschau halten.
Verwandle unser irdisches Leben durch das Licht des Himmels.
Erhöre uns durch Jesus Christus, der mit dir und dem Heiligen Geist Himmel und Erde regiert von Ewigkeit zu Ewigkeit. Amen
frei nach: P. Helbich

Kirchengebet

Du kommst, Gott, du kommst.
Noch ist es nicht so weit, aber jede Stunde bringt uns deine Stunde näher.
Darum laß uns tapfer sein unterwegs,
fröhlich in der Hoffnung, geduldig in Trübsal und anhalten am Gebet.
Laß uns nicht aufgeben, wenn das Warten uns schwer wird.
Laß uns gefaßt sein, weil du uns doch ergriffen hast.
Gib uns die Treue im Kleinen, den Humor in den Widerwärtigkeiten des Lebens, die stille, große Freude darüber, daß alles Unverstandene bald enträtselt sein wird und alles Unerforschliche vor dir die Lösung finden wird.
Bewahre uns vor Trägheit und Gehetztheit,
bewahre uns vor der tödlichen Langeweile und vor der vielbeschäftigten Faulheit.
Sammle uns aus aller Zerstreutheit auf das Eine.
Du willst nicht, daß wir alles wissen, aber daß wir das Eine wissen und festhalten: Die Gewißheit deiner Zukunft!
Gott, warte nicht mehr zu lange. Dein Reich komme. Amen
frei nach: T. Brüggemann, 40 Gebete, Lahr/Schwarzwald 1964, Seite 62 f.

Glaubensbekenntnis

Gemeinsam mit der Gemeinde ist der Satz zu sprechen »Wir glauben an Jesus Christus, der in den Himmel gefahren ist«:
Wir glauben an Jesus Christus, der in den Himmel gefahren ist.
Das heißt für uns: Jesus ist nicht mehr sichtbar auf der Erde.
Wir glauben an Jesus Christus, der in den Himmel gefahren ist.
Das heißt für uns: Jesus ist wirksam auf der ganzen Erde, weil ihm alle Macht im Himmel und auf der Erde gegeben ist.
Wir glauben an Jesus Christus, der in den Himmel gefahren ist.
Das heißt für uns: Jesus ist unser Herr.
Wir glauben an Jesus Christus, der in den Himmel gefahren ist.
Das heißt für uns: Jesu Unsichtbarkeit bedeutet Gegenwart auf der ganzen Erde.
Wir glauben an Jesus Christus, der in den Himmel gefahren ist.
Das heißt für uns: Jesu Herrsein sollen wir überall ausrufen.

Wir glauben an Jesus Christus, der in den Himmel gefahren ist.
Das heißt für uns: Jesus ist immer bei uns und läßt seine Gemeinde nicht allein.
Wir glauben an Jesus Christus, der in den Himmel gefahren ist!
(Aus: K. Rommel, Hrsg., Familienfeste im Kirchenjahr, © Quell / Gütersloher Verlagshaus, Gütersloh, Seite 160)

Vorschlag zur Predigt

Möglicher Anfang
Was ist eigentlich der Himmel, liebe Gemeinde? Irgendetwas ganz besonders Schönes muß er schon sein, denn mit »Himmel« verbinden wir nur Gutes. Und der Himmel begleitet uns ein Leben lang: Kinder spielen »Himmel und Hölle«. Zwei Verliebte sind »im siebten Himmel«; denn die Liebe ist ja bekanntlich eine »Himmelsmacht«. Und in jedem Alter kann man sich durch Torte, Schweinebraten und Schokolade »himmlische Genüsse« verschaffen.
Für Erwachsene und Kinder gleichermaßen ist es tröstlich sich vorzustellen, daß die Verstorbenen nicht einfach irgendwo sind, sondern »im Himmel«. Großeltern, Eltern, Geschwister, Ehepartner, Freundinnen gehören noch dazu, auch wenn sie eben nicht mehr auf der Erde sind, sondern in einer ganz anderen Dimension, die wir »Himmel« nennen. Ein Blick in den offenen, sonnigen Himmel lädt zum Träumen ein: Ich kann den Wolken nachblicken und in Gedanken weit fort reisen. Hinter der Sehnsucht, dem Himmel näherzukommen, steckt auch der Wunsch, an seiner Weite teilzuhaben. »Über den Wolken muß die Freiheit wohl grenzenlos sein« so singt es der Liedermacher Reinhard Mey. Ich glaube, er meint mit »Himmel« auch eine gelingende Wirklichkeit. Die Sehnsucht danach steckt in jedem von uns, Sehnsucht nach Lebenssinn, nach Erfüllung und Geborgenheit. Die Sehnsucht, Gott nahe zu kommen. Von ihm getragen zu werden und an seiner Weite teilzuhaben.

Zum weiteren Verlauf
Hier würde ich an die Erfahrungen der Gottesdienstbesucherinnen erinnern, wie sie im Laufe der vergangenen Jahrzehnte immer wieder geprüft und bewahrt wurden, wie ihnen vieles genommen und auch wieder etwas gegeben wurde, an ihre Erfahrungen mit dem Tod und ihre Ängste vor Pflegebedürftigkeit. Hier fließt unser Predigttext mit einem Stück Zeitgeschichte ein, denn Johannes verfaßte seine Visionen zur Zeit der ersten Christenverfolgungen, als die Menschen Antworten auf ihre Fragen nach dem Heil suchten und zugleich von der römischen Staatsmacht bedrängt wurden. Der Satz aus den »Annäherungen«, Treue habe immer auch etwas mit Schmerzen zu tun, kann hier entfaltet werden. Schließlich kommt es

zu der Erkenntnis, daß wir Gottes Geheimnis nicht im Himmel, sondern mitten unter den Menschen finden. Jesus Christus ist mitten unter uns - und wir haben Teil an der langen Geschichte Gottes mit dieser Welt.

Möglicher Schluß
Gott greift nicht gewaltsam in das Weltgeschehen ein, auch wenn wir uns das manchmal wünschen mögen. Er hat als treuen Zeugen für das, was er will, seinen Sohn Jesus Christus in diese Welt geschickt. Dessen Auftrag an all die Menschen, die an ihn glauben, lautet: »Nicht eure Ängste, Zweifel und Unsicherheiten sind das Wichtigste. Erzählt von mir. Erinnert euch an mein Leiden und an meinen Tod. Und bezeugt, daß ich den Tod überwunden habe. Ruft die Menschen zur Umkehr, erzählt ihnen, daß ihre Schuld vergeben wird. Denn ihr selbst wißt, daß unvergebene Schuld gemeinsames Leben töten kann.«
Hier beginne ich zu verstehen, weshalb die ersten Christinnen und Christen keine Sehnsucht danach hatten, mit Jesus in den Himmel aufzufahren. Denn der Himmel ist zu ihnen auf die Erde gekommen. »Himmel«, das meint neues, gelingendes Leben. Vergebung von Schuld. Und Sieg über den Tod, im Kleinen und im Großen. Etwas vom Himmel sahen sie bereits bei ihrem gemeinsamen Leben mit Jesus, wenn er Außenseiter ansprach, Kinder ernst nahm, Kranke heilte. Da sahen sie neues Leben jenseits eingefahrener, unlebendiger Wege.
Das also ist der »offene Himmel« oder der »Himmel auf Erden«, liebe Gemeinde. Das ist das Reich Gottes, das da unter uns anfängt, wo wir einander verzeihen - gerade dem, der es nach unseren Maßstäben gar nicht verdient hat - einander aufhelfen, miteinander liebevoll umgehen. Jungverliebte Leute erleben ihn, den »Himmel auf Erden«. Sie sind wohl dem Geheimnis am nächsten. Jesu Himmel ist mitten in dieser Welt. Dahin ist er entschwunden, emporgehoben, heimgekehrt.
Himmel und Erde, das sind zwar zwei Welten. Aber da, wo Menschen an Jesus Christus glauben und ihren Glauben leben, da berühren diese Welten einander. Da kommt Bewegung in unser statisches Leben. Und auf einmal ist eine ganz neue Dimension spürbar. Amen.

Kontexte

Die künftige Herrlichkeit, die Gott für uns bereithält, ist so groß, daß alles, was wir jetzt leiden müssen, in gar keinem Verhältnis dazu steht. Alle Geschöpfe warten sehnsüchtig darauf, daß Gott diese Herrlichkeit an seinen Kindern sichtbar macht. In der Hoffnung ist unsere Rettung schon vollendet - aber nur in der Hoffnung. Wenn wir schon hätten, worauf wir warten, bräuchten wir nicht mehr zu hoffen. Aber wer hofft denn auf etwas, das schon da ist? Also hoffen wir auf das, was wir noch nicht sehen und warten geduldig darauf. (Römer 8,18.19.24.25)
(Aus: P. Helbich, Sehnsucht ist wie ein Segel, das auf den Wind der Hoffnung wartet, Verlag Ernst Kaufmann, Lahr 1985, Seite 5)

Wenn Christus einst kommt,
wird er den eisernen Vorhang,
den ihr aufgerichtet habt,
ihr diesseits und ihr jenseits,
beiseiteschieben
und euch sagen,
daß es Erwählte gibt,
diesseits und jenseits.
(Gerhard Rademacher, in: Detlev Block, Das zerreißbare Netz, Hamburg 1968, Seite 22)

Lebenszweck
Ein Mensch, der schon als kleiner Christ
Weiß, wozu er geschaffen ist:
»Um Gott zu dienen hier auf Erden
Und ewig selig einst zu werden!« –
Vergißt nach manchem lieben Jahr
Dies Ziel, das doch so einfach war,
Das heißt, das einfach nur geschienen:
Denn es ist schwierig, Gott zu dienen.
(Eugen Roth, Ein Mensch, Weimar 1938, Seite 27)

Exaudi

Annäherungen an den Predigttext Jeremia 31,31–34

Christoph Schmidt-Ehmcke

15–18jährige Schülerinnen und Schüler aus dem Religionsunterricht kommentieren schriftlich den Text.

Assoziationen
Wer redet da? Muß man einem Propheten glauben? ›Bund‹: Bund fürs Leben, Ehebund, Bundeswehr, Bekenntnis zum Judentum, Taufe. ›Schuld verzeihen‹: »Ich hab' an meine Freundin gedacht«; »Ein trauriger Text, er paßt nicht zu meiner Vorstellung vom ›lieben‹ Gott.«

Wünsche nach weiterer Information
Wenn Gott damals gesprochen hat – warum tut er dies heute nicht mehr? Woher weiß jemand, daß es Gott ist, der gesprochen hat? Was haben die ›Väter‹ damals getan, warum werden sie ›verworfen‹? Tim (18): »Nach fünf Minuten angestrengten Nachdenkens und Konsultation mit Ole (19) kehren dunkle Erinnerungen an den Tanz ums goldene Kalb zurück.«

Der Text in der jugendlichen Kritik
Den härtesten Widerspruch erfährt die Ankündigung Gottes, dem Volk Israel eine »zweite Chance« zu geben, indem er ihm das Gesetz ins Herz schreibt. »Einhämmert«, so übersetzt dies einer. Mehrere fragen: Ist dieser Gott wirklich so »herrschsüchtig«, so »selbstsüchtig«? Macht er damit menschen nicht zu »Marionetten«? Kerstin (17) fragt: »Wollen die Menschen das denn überhaupt? Will ich das überhaupt? Dieser Gott drückt den Menschen sein Gesetz ein und danach können sie nie mehr an ihm zweifeln – das ist ja fast schon Sklaverei!«
Dem Gott, der keine Wahl mehr läßt, wird entgegengehalten, daß ein Bund auf Vertrauen basiere, das wachsen muß und nicht durch einen einseitigen Vertrag hergestellt werden könne. Kristina (15) setzt dazu: »Mein Volk – diese Ausdrucksweise regt mich auf. Da rebelliert alles in mir ... Ich kann nur selber bestimmen, was ich glaube und was ich in mein Herz schließe!«
Gott erfahren diese Schülerinnen und Schüler hier also als den, der ihre gerade aufgebaute oder im Aufbau befindliche Identität verletzt, ja sogar zu zerstören droht. Ist Gott so Gott? Eigentlich, meint Sarah (16), reagiere er hier »beleidigt« wie ein Mensch, der anklagt, sich rächen will, jedenfalls

selbst Fehler hat und haben darf: »Normalerweise wird Gott als ›groß‹, ›gütig‹ oder ›allwissend‹ dargestellt.« Als Fehler Gottes sieht Marit auch die Erwählung an: »Ein Volk wird erwählt und erhebt sich über die anderen. So züchtet man Kriege.«

Die angekündigte versöhnte Zukunft zwischen Gott und Mensch findet bei den Schülerinnen und Schülern ein geteiltes Echo. »›Irgendwann‹ ist mir zu spät, darauf kann ich ja nicht mein ganzes Leben warten, ohne daß was passiert. Ich verlasse mich nicht darauf«, bekennt Laura (15). Alexander (16) faßt seinen Eindruck so zusammen: »Gott hat keines seiner geplanten Ziele erreicht.« Gott sei doch schon längst vom Geld abgelöst, meint Moritz. Kristina, die so sehr auf Selbstbestimmung bestand, nähert sich aber der hellen Seite des Textes so: »Leben ist nun mal das, was einem zustößt, während man auf die Erfüllung von Träumen und Hoffnungen wartet. Wer weder Träume noch Hoffnung hat, ist arm, der kann nicht leben. Ich habe immer Hoffnung. Ohne Hoffnung geht es bei mir gar nicht.«

Hoffnung ist ein Stichwort, das sich auch bei einigen anderen Schülerinnen und Schülern findet – in der ganzen möglichen Polarität: »Ich habe keine Hoffnung« ebenso wie »Hoffnung ist eine der wichtigsten Sachen der Welt«. Catharina (18) wägt so ab: »Den letzten Teil des Abschnittes finde ich sehr schön. Alle werden den Herrn erkennen, ohne darauf aufmerksam gemacht zu werden. In diesen Zeilen wird eine besondere Gläubigkeit, ein tiefes Vertrauen beschrieben. Ob jenes in der Wirklichkeit wiederzufinden ist, ist eine schwere Frage. Ich glaube, daß viele Menschen dieses Vertrauen im Laufe ihres Lebens verloren haben – vielleicht durch schlechte Erfahrungen zerstört wurde.«

Gott, der meine Identität bedroht, und Gott, den ich – ohne eine Geschichte mit ihm gehabt zu haben – beim Wort nehme wie einen Menschen: das sind die beiden Perspektiven, in denen sich die jungen Leute dem Text genähert haben. Daß der Text die Frage nach der Hoffnung stellt, wird einigen bewußt. Sie antworten darauf, ohne weiter auf Jeremias Gottesspruch einzugehen. Der Text wird ihnen zu einem allgemeinen Anstoß, über das eigene Hoffen zu reden.

Zum Gottesdienst

Erhard Domay

Exegetisch-homiletische Skizze

Die Predigtverse stehen in einem sympathischen Kontext, im Trostbuch für Ephraim (Kapitel 30 und 31). Trostzeit ist Wendezeit: »Die Stadt soll neu gebaut werden auf ihrem Schutthügel« (30,18). »Ich will sie zu Ehren bringen, und sie sollen nicht verachtet sein« (30,19). »Ich werde ihre Trauer in Freude verwandeln« (31,13). »Es gibt noch eine Hoffnung für deine Zukunft« (31,17). Solche Verheißungen klingen zeitlos und antworten auf Sehnsüchte, die es solange geben wird als Menschen um ihre Heimat, ihre Ehre, ihren Frieden und um ihr Vertrauen gebracht werden. Es fällt zeitgenössischen Hörerinnen und Hörern derartiger Worte sicherlich nicht schwer mitzufühlen, also mitzubangen und mitzuhoffen. Alle können (ob nun verschuldet oder unverschuldet) in die Situation der inneren oder äußeren Heimatlosigkeit geraten und den Boden unter ihren Füßen verlieren. Alle können unversehens trostbedürftig werden, auch die stärksten, auch die sichersten unter uns. Neben die Erfahrung jedoch, daß wir uns gelegentlich an solche Hoffnungsworte geradezu klammern (müssen), pflegt ab und zu unsere Skepsis zu treten, ob wir da nicht allzu vollmundig vorgetragenen Phrasen auf den Leim gegangen sind. Und wir wollen wissen: Ist es wirklich Trost oder ist es lediglich Vertröstung?

Das *Trostbuch* spricht das versprengte Volk des Nordreichs an. Es hat sein politisches Schicksal als eine verdiente Strafe zu sehen gelernt, weil es gegenüber JHWH abtrünnig geworden war. Das Volk hat den Bund mit JHWH gebrochen. Es tat jedoch Buße, schlug sich an die Brust, schämte sich und war tief zerknirscht (31,19). Es ging also »in sich«. Die Zeit der Trostlosigkeit ist Umkehrzeit. Der neue Bund, der verheißen wird, sieht nicht nach billigem Trost aus. Es steht eine Menge dahinter: die zugefügte Erniedrigung der Heimatlosigkeit einerseits und andererseits die Niederung der Scham (Scham ist bodenlos; wir können in ihr buchstäblich versinken). Die Zeit der Scham ist Hoffnungszeit.

Eine spätere Redaktion hat Juda als Mitadressaten eingefügt, was die Wucht des Textes keineswegs abschwächt oder ihn gar unglaubwürdig macht: Wer immer sich erniedrigt sieht und der Scham über Verfehlungen und Treuebruch fähig ist, bedarf des Trostes und darf sich angesprochen fühlen. Nordreich, Südreich, das ganze Volk und welches Volk auch immer.

Freilich geht es hier zunächst um das *Gottesvolk,* nicht um irgendein Volk sonst. Israel und Juda sind nicht nur historische Größen, sondern ein theologisches Paradigma. JHWH hat das Volk vor allen anderen Völkern erwählt und seinen Bund mit ihm und nicht mit anderen geschlossen. In äußerst eindrucksvoller Weise wird dieser Bund als Liebesbund beschrieben: »Mein Herz stürmt Ephraim entgegen, ich muß mich seiner erbarmen«, sagt JHWH (31,20). Es geht JHWH nicht um kalte Abrechnung, sondern um zukünftiges Leben für das Volk. JHWH straft und verwirft diejenigen, die den Bund brachen, aber die Option Erneuerung bleibt unangetastet. Die göttliche Fantasie, die göttliche Schöpfungskraft, letztlich die konsequente Treue Gottes sich selbst gegenüber führt immer wieder zur Neubelebung des Lebens durch alle Katastrophen (die inneren wie die äußeren) und durch alle Schuld hindurch. Mit dem Volk Israel ist die Göttlichkeit Gottes in diesem Sinne eine geschichtliche Tatsache geworden.

Ebenso hinreißend wie provozierend, Bewunderung und Haß, Hoffnung und Skepsis weckend, aber: unumstößlich.
Die weithin noch immer übliche Rede vom *»Alten« Bund* ist geeignet, diese Unumstößlichkeit in Frage zu stellen, bedeutet »alt« gemeinhin doch abgehakt, passé, so gut wie tot (natürlich kann Altes auch wahnsinnig schick und insofern gut und teuer sein, aber das ist eine andere Geschichte). Die Kernfrage ist also: Schafft der Neue Bund, von dem unsere Perikope spricht, den Alten Bund aus der Welt, ersetzt er ihn oder erneuert er ihn? Und (verschärfte Form der Frage): Was ist mit dem Neuen Bund, der in Jesus Christus geschlossen ist? Schafft der nun seinerseits den alten Alten oder den erneuerten Alten Bund aus der Welt, um ihm die letztgültige religiöse Innovation entgegenzustellen?
Diese Fragen, die ja bekanntlich eine unheilvolle Geschichte haben, spielen bei der Exegese der Perikope eine große Rolle.
Adrian Schenker vergleicht die LXX-Fassung mit der Fassung des masoretischen Textes und stellt für die LXX fest:
»Zusammenfassend: Die Aussagen und Bilder des *Trostbuches* in der LXX entsprechen der Verheißung des neuen Bundes hinsichtlich der schöpferischen Initiative JHWHs, die die ganze israelitische Geschichte neu aufnimmt und wiederherstellt, weil eine Auflösung des Verhältnisses zwischen JHWH und Israel nicht möglich ist.« (s. u. Seite 97)
Der masoretische Text setzt neue Akzente: »In MT tritt die *anthropologische* Seite der Verheißung des neuen Bundes von der *Tora im Herzen* zugunsten der nationalen Verheißungen JHWHs zurück.« (Seite 108) Die Tora JHWHs gehört allerdings wesentlich zum Bund dazu: »Die Annahme des ›Bundes‹ JHWHs auf seiten Israels besteht hier [d. i. in Jer 31,33] in der Möglichkeit und Fähigkeit, die ins Herz geschriebene Tora zu halten, ohne mehr jemals von ihr abzuweichen. Diese von JHWH versprochene und geschaffene Fähigkeit setzt voraus, daß es zur Annahme des Bundes JHWHs durch Israel unabdingbar gehört, die Tora in Denken und Tun zu bewahren. In einem Zustand der Dinge, wo diese Fähigkeiten den Menschen noch nicht verliehen sind, wie es jetzt, vor der Realisierung des neuen Bundes der Fall ist, gibt es nur eine Möglichkeit, die Bewahrung der Tora in Herzen und Leben der Menschen zu sichern: diese ein- für allemal auf die Tora zu verpflichten.« (Seite 110) »Das Neue am Bund von Jer 31,33–34 ist folgerichtig die Vergebung und die ›Impfung‹ Israels (und Judas) gegen den Ungehorsm und Abfall von JHWH. Der neue Bund ist der alte, aber gegen den Abfall gefeite Bund.« (Seite 112) (Adrian Schenker: Der nie aufgehobene Bund. Exegetische Beobachtungen zu Jer 31,31–34. In: Der neue Bund im alten. Studien zur Bundestheologie der beiden Testamente. Hrsg. von Erich Zenger. Freiburg/Brsg., Basel, Wien 1993)
Walter Groß stellt demgegenüber fest, daß »der neue Bund vieles mit dem gebrochenen Sinai-Bund gemeinsam – vgl. Tora und Bundesformel –« hat, »aber der Text legt sein argumentatives Schwergewicht nicht auf Konti-

nuität, sondern auf Diskontinuität.« (s. u. Seite 51) »Die andere Berit wird hier nicht alt genannt; sie ist auch nicht alt, sondern sie existiert nicht mehr, denn sie wurde gebrochen.« (Seite 51) In diesem Zusammenhang merkt Groß an: *»Gebrochener Bund* ist somit kein christliches Klischee, sondern alttestamentliche Redeweise. Zum christlichen Klischee wird diese Formulierung erst, wenn in Umdeutung von Jer 31,31–34 der gebrochene Väterbund den Juden zugeordnet und zugleich der doch Israel verheißene neue Bund für die Christen reserviert wird.« (Seite 56) Dieser neue Bund ist »ein voraussetzungsloser, reiner Gnadenbund« (Seite 60); der Text »diskutiert allein das Gottesverhältnis, das sich ihm in YHWH-Erkenntnis und Tora-Gehorsam aus innerem Antrieb konkretisiert. Sein Hauptproblem ist nicht: Wie kann Israel dazu motiviert und veranlaßt werden, nach seiner Sündengeschichte YHWH wieder zu erkennen und ihm zu gehorchen? Sein Problem geht tiefer: Wie kann Israel allererst dazu befähigt werden? Erst diese radikalere Frage macht die für dtr gefärbte Denkweisen unerhörte Antwort möglich und nötig: YHWH wird einen *neuen* Bund schließen.« (Seite 62) (Walter Groß: Erneuerter oder neuer Bund? Wortlaut und Aussageintention in Jer 31,31–34. In: Bund und Tora. Zur theologischen Begriffsgeschichte in alttestamentlicher, frühjüdischer und christlicher Tradition. Hrsg. von Friedrich Avemaria und Hermann Lichtenberger. Tübingen 1996)
An anderer Stelle (s. u.) untersucht *Walter Groß* dieselbe Perikope und befaßt sich dort ausführlich mit ihrer Auslegungs- und Wirkungsgeschichte. Er schließt mit den Worten: »Mit Hilfe des Bundesbegriffs können Synagoge und Kirche je für sich ihr theologisches Selbstverständnis aussagen, und die Ergebnisse unterscheiden sich dann beträchtlich. Es kann aber von der Struktur und den Verwendungszusammenhängen der biblischen Bundeskonzepte nicht gelingen, mit Hilfe des Bundesbegriffs das nachbiblische Problem zu lösen, wie die gemeinsame Wurzel, die bleibende tiefgreifende Verschiedenheit und die ebenso fortdauernde Verwiesenheit aufeinander von Kirche und Synagoge zu formulieren sind. Bei einem solchen Versuch leidet die Identität zumindest einer der beiden größen Synagoge und Kirche, wenn nicht beider, und es wird ein völlig neuartiges Bundeskonzept entwickelt, das sich bestenfalls hinsichtlich einzelner Elemente, nicht aber hinsichtlich deren behaupteten Zusammenwirkens auf biblische Texte berufen kann. Soweit dieses Problem überhaupt lösbar ist, bedarf es andersartiger begrifflicher Hilfsmittel und fächerübergreifender Zusammenarbeit.« (Seite 187 f.) (Walter Groß: Zukunft für Israel: alttestamentliche Bundeskonzepte und die aktuelle Debatte um den Neuen Bund. Stuttgart 1998)
Diese Zitate machen deutlich, wie problematisch die Bezeichnung und die Verwendung des Begriffes »der neue Bund« ist – schon innerhalb der hebräischen Bibel. Der lukanische Bezug der Jer-Stelle auf das Abendmahl (»Dieser Kelch ist der neue Bund in meinem Blut«), also auf das Herzstück

des Christentums, macht die Sache nicht einfacher. Denn hier wird das jüdische Herzstück Tora von der christlichen Gemeinde offensichtlich ersetzt durch das Mysterium des Todes und der Auferstehung Christi. Solche »Herzstücke« lassen sich nicht einfach gegeneinander aufrechnen. Sie haben ihre unumstößliche Wahrheit, jedes für sich. Sie leben tief im Inneren, in der Mitte der Menschen und sind letzten Endes von Kontroversen und Diskussionen nicht zu erschüttern. Sie leben eben nicht im Kopf, im Wissen und Denken. Ich halte es - vor allem auch angesichts der einleuchtenden Argumentation von Walter Groß - für schwierig, mit der Exaudi-Sonntagsgemeinde die Bundes-Problematik zu diskutieren (dafür sind Gemeindeseminare notwendig). Wichtig ist aber, daß die Gemeinde sich mit der Gültigkeit des alten, von JHWH neu geschaffenen Bundes auseinandersetzt und ihn nicht dem *exklusiv* christlich verstandenen neuen Bund opfert (auch Hebr 8,8 ff. und 9,15 ff., 1 Kor 11,25 z. B. berechtigen dazu nicht). Menschen sollen behalten dürfen, was ihnen heilig ist - die einen wie die anderen. Es gibt nicht die eine Wahrheit, aber es gibt die eine Menschheit, die darauf angewiesen ist, ihren Zukunftsweg gemeinsam zu suchen und zu gestalten.
Insofern kann die eschatologische Perspektive des Jer-Textes durchaus als in Christus repräsentiert verstanden werden. Die *letzte* Erfüllung durch Christus liegt ohnehin im offenen Horizont einer Zukunft, die nicht von Menschen verwirklicht werden wird. Diese Offenheit nimmt andere Hoffnungskonzepte ernst. Das Sprachmuster, der Deutungsrahmen, die Selbstinterpretation der christlichen Gemeinde dürfen also nicht als alleiniger Geltungsanspruch, als Abwehr, als Waffe anderen gegenüber eingesetzt werden. Der schöpferisch-innovatorische JHWH-Impuls »neuer Bund« und die Verheißung »Sie werden mich alle erkennen, klein und groß« sind weitherzig und tendentiell universal. Sie sind auf ein neues Menschenbild und eine neue Welt hin angelegt, deren Entwicklung eine Menschheitsaufgabe ist. Die historische Dimension der Perikope spiegelt nicht nur Urerfahrungen von Menschen mit ihrer Geschichte wider, sondern auch eine Friedenssehnsucht, die weit über faktische Grenzen hinausgeht. Das Neue und erneut Verbindliche wird ein Umgang mit Schuld sein (V. 34), der Menschen entlastet und ihnen nicht ihr Versagen einem Mühlstein gleich um den Hals legt. Kein Mensch muß immer wieder dieselben Fehler machen müssen. Es gibt eine Evolution im Befreien und im Lernen. Ist dies das Gesetz, das Gott uns ins Herz schreiben wird?
Die Schülerinnen und Schüler in den *Annäherungen* haben verständlicherweise ein eher negatives Verständnis des Gesetzes, das da verinnerlicht werden soll. Sie fürchten um ihre Unabhängigkeit und Identität und wehren sich gegen das Bild des »herrschsüchtigen« Gottes. Auch der Zukunftsaspekt erscheint einigen als verdächtig: Ist er etwa Raub an der Gegenwart? Ihre Reaktion zeigt die Problematik eines einseitig vermittelten Gottesbil-

des und berührt den theologischen und den gesellschaftlichen Nerv der Sache: »So züchtet man Kriege.«
Der *Sonntag Exaudi* liegt zwischen Himmelfahrt Christi und Pfingsten. Das ist eine günstige Position, wenn es um die Botschaft der neuen Verständigung geht. Bei seiner Himmelfahrt löst sich Jesus völlig von dem, was seine historische Gestalt war, um den Menschen auf andere Weise nah zu sein. An Pfingsten ergreift der Geist des Verstehens und der Verständigung die Menschen. Beide sind Ereignisse von universaler Bedeutung. Beide sind Zeichen gegen die Trostlosigkeit geistloser, seelenloser und herzloser Zustände. Zeichen auch gegen die Fantasielosigkeit eines an die Allmacht des Faktischen gebundenen Denkens. Zeichen für eine *neue* Gebundenheit, einen *neuen* Bund.

Zur Liturgie

Votum
Im Namen Gottes, im Namen Christi, im Namen heiliger Geisteskraft.

Gebet
Gott, du bist in der Vergangenheit
den Weg mit den Menschen gegangen,
hast ihnen dein Gebot der Liebe gegeben
und hast sie immer wieder
schuldig werden sehen -
an anderen Menschen,
an sich selbst
und an der Welt.
Aber du hast ihnen niemals
deine Treue und deine Liebe entzogen.
Wir bitten dich:
Bleibe für uns die Treue und die Liebe,
die du zu allen Zeiten warst -
heute und in Zukunft.

Lesungen
Johannes 15,16-27; Matthäus 5,17-19; Lukas 10,25-28

Psalm 119,57-64

Fürbitten
Höre, Gott,
die Stimme der Einsamen
und schenke ihnen den Mut,
Schritte nach außen zu tun.

Höre, Gott,
die Jubelrufe der Zufriedenen
und öffne ihnen die Augen
für Menschen, die enttäuscht sind.
Höre, Gott,
die Zweifel der Jugendlichen
und gib ihnen Selbstvertrauen
und Vertrauen in die Zukunft.
Höre, Gott,
die stummen Klagen der Kranken,
gib ihnen Lebenszeichen
und stehe ihnen bei in ihrer Schwäche.
Höre, Gott,
die Wut und die Verzweiflung von Menschen,
die sich voneinander trennen,
erfülle sie mit Verständnis und Geduld.
Höre, Gott,
die Bitten der Hungrigen
um Brot,
die Bitten der Schuldigen
um Vergebung,
die Bitten der Vernachlässigten
um Liebe.
Öffne unsere Ohren und Herzen,
damit wir hellhörig werden
für Menschen im Glück
und für Menschen in Not.
Damit wir teilen,
was wir haben
und einander geben,
was wir brauchen.
Vaterunser

Vorschlag zur Predigt

Predigtanfang
Mario nähert sich mit gemischten Gefühlen dem Korb mit Sonderangeboten vor dem Schaufenster. Ein kurzer Blick über seine Schulter zeigt ihm seine Freunde, die in gehöriger Entfernung in einer Eingangsnische stehen. Sie tun zwar so, als seien sie ganz cool und als ginge sie das ganze Treiben in der Fußgängerzone nichts an, aber daß sie gespannt und ziemlich nervös sind, zeigt sich deutlich an den verstohlenen Blicken, die sie Mario zuwerfen.

Es ist eigentlich gar nichts dabei, sagt sich Mario. Ich schlendere an dem Korb vorbei, nehme diese und jene Diskette in die Hand und tue so, als wollte ich eine aussuchen. Dann lege ich sie wieder zurück, behalte aber eine in der Hand und lasse sie schnell in der Tasche verschwinden. Mein Ärmel ist weit genug, um die Aktion zu verbergen. Ich muß nur aufpassen, daß mich aus dem Laden heraus keine Verkäuferin beobachtet. Die Leute draußen sind eh keine Gefahr, die kümmern sich nicht um so etwas. Das Ganze darf auch nicht zu lange dauern, damit ich nicht auffalle. Gedacht, getan.

Mario bummelt auf den Korb zu und schaut sich die Auslagen an. Er nimmt Disketten in die Hand, liest die Aufschriften, legt sie wieder zurück. Er sieht, daß der Mann an der Kasse im Laden zu ihm hinblickt. Er kriegt einen ziemlichen Schreck und hat das Gefühl, daß er abwechselnd kalkweiß und knallrot wird. Jetzt nur nichts verpatzen. Einen Augenblick lang schießen ihm Fragen durch den Kopf: Was passiert, wenn sie mich erwischen und festhalten? Werden sie die Polizei rufen? Werden die Eltern davon erfahren, vielleicht auch die Schule?

Die Diskette, auf die er es abgesehen hat, hat er schon in der Hand und schwuppdiwupp ist sie in seiner Tasche verschwunden. Als er weitergeht, als wäre nichts geschehen, merkt er, daß er ziemlich weiche Knie hat. Er schaut sich nicht um und geht sehr langsam, obwohl er am liebsten rennen würde. In ein paar Minuten würden seine Freunde ihn mit »Hallo« und »Saugut hast du das gemacht« begrüßen.

So, liebe Gemeinde, beginnt eine ganz alltägliche kleine Kriminalgeschichte.

In der Fortsetzung, die ich gleich erzählen werde, wird sie zu einer ungewöhnlichen und schwerwiegenden Angelegenheit, einer wirklich großen Sache.

Alles ist gut gegangen. Mit jedem Schritt weg von dem Laden werden die Angst und das schlechte Gewissen ein Stückchen kleiner. Das war ein Klacks, sagt sich Mario. Der Laden ist schließlich selber schuld, wenn das Zeug so offen daliegt. Die Diskette fällt bei einem so großen Geschäft nicht ins Gewicht, und versichert sind die sowieso. Immerhin: In seiner Clique ist er jetzt der King. Das bißchen Herzklopfen (das er niemals zugeben würde) hat sich also gelohnt.

Alles in Butter? Leider nein. Denn als Mario am folgenden Morgen runter zum Frühstück kommt, sieht er im Vorübergehen, daß am Garderobenhaken nicht nur sein Anorak, sondern auch ein Zettel hängt. Da steht drauf: Mario stiehlt. Das verdirbt ihm gründlich den Appetit. Zumal ihn niemand daraufhin anspricht. Es ist so, als hätte er nur den Zettel gelesen. Er zieht sich an, packt die Schultasche auf sein Fahrrad und öffnet das Tor. Da fällt ihm ein Zettel vor die Füße: Nur zwei Wörter stehen darauf: Mario stiehlt.

Mario zerknäult den Zettel und wirft ihn in den Kanalschacht.

Wer in aller Welt macht so blöde Witze? Jemand aus seiner Clique? Wollen die ihn durch die Mangel drehen? Aber wie kommt so ein Zettel in die Wohnung?
Er setzt sich aufs Rad und fährt los.
An der Ampel muß er anhalten und den Schalter für den Übergang drükken. Er kriegt einen eisigen Schreck. Ein Kärtchen hängt am Ampelmast. Derselbe Text steht darauf: Mario stiehlt. Die Ampel zeigt Grün für ihn. Aber Mario sieht es nicht. Er steht da wie angenagelt und starrt den Zettel an. Was geht hier vor? An welcher Ecke, an welchem Baum würde ihn der nächste Zettel erwarten?
Die vergleichsweise harmlose Geschichte bekommt eine unheimliche Wendung. Es sieht nämlich so aus, als geriete Mario in das Gefängnis seiner Tat, und zwar unausweichlich.

Schritte zum weiteren Vorgehen
Verschiedene Schwerpunkte sind möglich.
1. Der naheliegenden Geschichte von Mario wird die uns ferner liegende Geschichte Israels gegenübergestellt, wie sie im Licht der Perikope erscheint. Das erfolgt in drei Schritten:
- Die Geschichte des Bundes ist die Geschichte des Bundesbruchs, also der Schuld. Seit dem Bundesschluß am Sinai betrifft das alle Generationen. Es ist nicht nur eine persönliche oder politische Schuld, sondern eine Schuld gegenübewr JHWH. Diese Schuld bedroht das Leben des Volkes in allen Bereichen. Im Licht dieser Erfahrung bewährt sich Glaube oder er bewährt sich nicht. Das Gottesbild ist durchdrungen von Schuldigwerden, Befreitwerden und erneutem Versagen auf Seiten der Menschen und vom strafenden und zugleich liebenden Gott. Eine spannungsvolle und zugleich verhängnisvolle Dynamik mit der Tendenz des ewigen Spiels und Wechselspiels, also des Unabänderlichen.
- Diese Unabänderlichkeit drückt sich aus in Jer 17,1-3 a: »Die Sünde Judas ist aufgeschrieben mit eisenem Griffel, eingegraben mit diamantener Spitze auf die Tafel ihres Herzens und auf die Hörner ihrer Altäre und ihre Ascheren, auf jeden grünen Baum, auf die hohen Hügel, die Berge im Feld.« Die Schuld ist auf unausweichliche, ja brutale Weise öffentlich gemacht und sozusagen fixiert. Sie verfolgt die Schuldigen, wohin sie auch gehen. Es gibt kein Entrinnen - auch nicht vor der Schuld früherer Generationen.
- Die Perikope spricht von einem neuen Bund, also von neuen Verhältnissen zwischen den Schuldigen und JHWH, die nicht mehr der alten harten, sondern einer neuen weichen Linie folgen. Auf der Tafel des Herzens ist nun nicht mehr die Schuld, sondern die Tora geschrieben. JHWH wird die Schuld vergeben - ohne fortlaufende Vorhaltung, ohne ständige Appelle.
2. Es geht um Schuld. Und es geht um Zukunft. Genauer: Es geht um die Zukunft der Schuldigen. Dieses Thema ist zu entfalten, einmal vor dem

Hintergrund der Mario-Geschichte, dann dem der Israel-JHWH-Geschichte.
Ziel: Die Tora als bewußtseinsbildende (nicht nur gewissensbindende), also als lebensbehütende und als herzensbildende Kraft deutlich machen.
3. Wenn diese Kraft in den Menschen stark genug geworden ist (stärker z. B. als Macht- und Prestigestreben), braucht niemand mehr eine besondere Belehrung darüber, was richtig oder falsch ist. Denn Menschen werden ein Gespür, ein feines Sensorium für das menschlich Angemessene und Gebotene entwickeln.
4. Die unerschütterliche Treue JHWHs zu sich selbst, zur schöpferischen und befreienden Kraft ist die Bedingung dafür, daß das neue Gespür der Menschen für das Menschliche nicht versagt. Gott wird für die Menschen eine unerschöpfliche Quelle der Vergebung sein.
5. Der neue Bund befreit das Volk Israel ein zweites Mal in seiner Geschichte. Die Perikope stellt diese Befreiung in den Horizont einer näheren und einer ferneren Zukunft. »Es kommen Tage« - der neue Bund wird angesagt, die frühere Verwerfung wird verworfen. »Nach jenen Tagen« wird JHWH einen neuen Bund schließen - der neue Bund wird für alle Zukunft gelten.
6. Der für alle Zukunft geltende neue Bund hat für das Judentum und die Christenheit sehr unterschiedliche Ausdrucksformen und sehr verschiedene rituelle Vollzüge: verschiedene Herzstücke. Das Verbindende ist JHWH, der Gott Jesu.
7. Was bedeutet der neue Bund (das neue Bewußtsein) für das persönliche und das gesellschaftliche Leben? Diese Frage läßt sich am Beispiel der Geschichte von Mario durch verschiedene mögliche Wendungen darstellen. Auf der theologischen Ebene sollte ein Gottesbild deutlich werden, das weiche Konturen hat, eine Gotteskraft, die in den Menschen lebendig ist und sie von innen heraus durch die Tora bildet. Das neue Gottesbild hat ein neues Menschenbild zur Folge: Die Menschen folgen ihrem inneren Bild (dem, was in ihnen gebildet ist) und nicht mehr in erster Linie äußeren Steuerungen und Leitbildern.

Predigtschluß
Mario hat ein Gefühl dafür, was Recht und Unrecht ist. Er ist kein hartgesottener Routinetäter. Aber das Bedürfnis, für seine Freundinnen und Freunde viel zu bedeuten, ihre Bewunderung und ihr Vertrauen zu haben, ist stärker. Die Sehnsucht nach Anerkennung, letzten Endes nach Liebe, setzt sich über Grenzen hinweg. Mario hat nur noch sich selbst, die Erfüllung eigener Wünsche im Blick. Er ist eine Zeitlang blind für alles, was ihm im Weg steht, natürlich auch für Verbote und Gebote.
Marios Geschichte ist offen. So könnte sie weitergehen:
»Träum' nicht vor dich hin. Siehst du nicht, daß Grün ist?«
Die Stimme der Frau ist ärgerlich, aber nicht unfreundlich. Sie geht an Mario vorbei auf die Straße. Dabei schaut sie ihm kurz ins Gesicht. Mario

dreht den Kopf schnell weg, aber die Frau hat gesehen, daß er Tränen in den Augen hat. Sie kehrt um und läßt Grün grün sein.
»Was ist denn los, mein Junge?«, fragt sie.
Mit ihrer Hand berührt sie leicht Marios Arm. Die Aktentasche, die sie in der anderen hat, stellt sie neben sich auf den Weg. Am liebsten würde Mario sagen »Lassen Sie mich in Ruhe! Ich muß zur Schule« und dann schnell abhauen. Aber dafür ist es eigentlich schon zu spät. Die Frau will ja auch irgendwohin zur Arbeit, aber sie hat ihre Tasche abgestellt.
»Was ist?«, fragt sie noch einmal. Mario hat sie noch nie gesehen. Völlig unüberlegt kommt es aus ihm heraus:
»Ich hab' eine CD geklaut, aber ich bin kein Dieb.«
»Ich sehe, daß du kein Dieb bist. Du siehst wie ein richtig netter Junge aus.«
Mario macht seine Tasche auf und holt die Diskette heraus.
»Du willst sie am liebsten wieder loswerden, was?«
»Ja. Das blöde Ding und die Zettel.«
Die Frau sagt nur »Mmh«. Sie fragt nicht nach. Sie sieht, daß Mario mit sich kämpft.
»Warum fährst du nicht einfach nach der Schule hin und bringst sie zurück?«
»Das kann ich nicht.«
»Natürlich kannst du das.«
»Wenn die mich aber anzeigen?«
»Ich weiß nicht, was sie machen würden. Sie werden sehen, daß es dir leid tut. So wie ich es sehe.«
»Ich kann sie ja einfach unauffällig in den Korb legen.«
Die Frau lächelt. »Das kannst du machen. Du kannst sie auch abgeben. Wie du willst.«
Sie bückt sich und nimmt ihre Tasche wieder in die Hand.
Die Ampel springt wieder auf Grün.
»Mach's gut!«, sagt sie noch. Mario schwingt sich auf sein Rad und überquert die Straße.
Auf dem Weg zur Schule sieht er keinen einzigen Zettel mehr.

Kontext

Aus dem Trostbuch, das Boethius nach seiner Verurteilung zum Tode 524 im Gefängnis geschrieben hat:
Gott schaut das Zukünftige, das aus der Freiheit des Willens hervorgeht, als ein Gegenwärtiges ... Also wird ohne Zweifel alles geschehen, was Gott als zukünftig geschehend zuvor erkennt; aber einiges davon leitet sich aus dem freien Willen ab ... Diese Gegenwart, alles zu umfassen und zu erblicken, besitzt Gott nicht vom Ablauf der zukünftigen Dinge her, sondern aus der Einfachheit seiner eigenen Natur ...

Da dies so ist, bleibt den Sterblichen eine unverletzte Willensfreiheit, und nicht unbillig stellen Gesetze dem von aller Notwendigkeit gelösten Willen Belohnungen und Strafen vor Augen. Auch bleibt, alle Dinge von oben überblickend, ein vorauswissender Gott, und die immer gegenwärtige Ewigkeit seines Schauens trifft mit der zukünftigen Beschaffenheit unserer Handlungen zusammen, den Guten Belohnungen, den Bösen Strafen austeilend. Nicht vergeblich bauen also Hoffnung und Gebet auf Gott. Sie können, wenn sie richtig sind, nicht unwirksam bleiben. Widersteht also den Lastern, pfleget die Tugenden, erhebt den Geist zu rechter Hoffnung, richtet demütiges Gebet nach oben. Euch ist, wenn ihr euch nicht betrügen wollt, eine gewaltige Notwendigkeit, rechtschaffen zu sein, auferlegt, da ihr vor den Augen des alles sehenden Richters handelt.
(Aus: Boethius, Trost der Philosophie.

Pfingstsonntag

Annäherungen an den Predigttext
1. Brief an die Gemeinde in Korinth 2,12-16

Ute Zöllner

Meine Gesprächspartner sind ein mir bekanntes Ehepaar, das sich kritisch wohlwollend der Kirche gegenüber verhält. Besonders die institutionelle Verfaßtheit der Kirche sowie eine gewisse Enge im Gemeindeleben werden als nicht mehr zeitgemäß erlebt; geblieben ist eine Offenheit für das »eigentliche Anliegen« der Kirche und für interreligiöse Fragen.
Nach dem zweimaligen Vorlesen der Perikope äußert sich die Frau mit dem spontanen Satz: »Ist das schon der ganze Text?« Eine gewisse Verblüffung über diese Verse aus dem Korintherbrief ist zu verspüren, gefolgt von Ratlosigkeit. Dieser Text versteht sich nicht von selbst, ist die einhellige Meinung. Man braucht viel Hintergrundwissen, um ihn verstehen und einordnen zu können. Er wird als fremd empfunden, wenig lebensnah. Man kann nur hoffen, daß es der Predigerin oder dem Prediger gelingt, mit vielen Ideen die Predigt lebendig zu gestalten, sonst bleiben die Verse unanschaulich. Allerdings, so wird festgestellt, ist dies die grundlegende Aufgabe jeder Predigt überhaupt: nämlich eine Brücke herzustellen zwischen dem Bibeltext und dem Predigthörer in seiner derzeitigen Lebenssituation.
Es folgen dann eine Reihe von Verständnisfragen:
- Was ist der natürliche Mensch? Was ist der geistliche Mensch?
- Warum wird diese Unterscheidung von natürlichem und geistlichem Mensch getroffen? Und was ist mit dieser Unterscheidung gewonnen?
- Die Unterscheidung wird als nicht wertfrei erlebt; sind geistliche Menschen klüger als natürliche Menschen? Ist nicht sogar eine gewisse Überheblichkeit mit der Aufteilung verbunden, wenn der geistliche Mensch alles ergründet, aber selber nicht mehr ergründet wird? Steht er über den Dingen, oder entzieht er sich dem wirklichen Leben? Gehört der geistliche Mensch zu den Eingeweihten, der natürliche Mensch aber zu den Uneingeweihten?

An dieser Stelle im Gespräch wird der Widerstand massiv. Wenn man sich selber schon in diese Kategorie einfinden soll, dann erscheint es allemal attraktiver, ein natürlicher Mensch zu sein. Er erscheint viel sympathischer, vitaler, lebenserfahrener - auch um den Preis der Torheit, die ihm eigen ist.

Besonders V. 14 ruft Ablehnung hervor, die Negationen werden als ausschließlich und radikal erlebt. Entwicklungsmöglichkeiten und Veränderungsprozesse werden nicht in Betracht gezogen. Wo bleibt der Hinweis auf Zuversicht und Geduld, die Möglichkeit zur Veränderung? Gerade für diese Anstrengung wird Ermutigung aber gesucht. Der natürliche Mensch wird im Stich gelassen, der geistliche Mensch bleibt einer Bewertung entzogen.
Der Zugang zum Text wird leichter, als es um die Überlegung geht, was denn die Weisheit Gottes bedeuten könnte. Eine gewisse Neugier entsteht, der Text nimmt vielleicht doch bezug zum eigenen Leben, auch wenn er in keiner Weise anwendungsorientiert geschrieben ist. Das unterscheidet ihn wohltuend von der »Sprechblasen-Sprache« in Rundfunk, Fernsehen und anderen Medien. Ist die Weisheit Gottes in den uns umgebenden Menschen und Dingen zu entdecken, oder liegt sie im Verborgenen?
Wie in einer Spirale kehrt das Gespräch aber noch einmal zu den Einsprüchen zurück. Die Einwände umkreisen den Text, nehmen schließlich doch eine Art Suchhaltung ein. Die klare Unterscheidung paßt nicht zum Pfingstsonntag. Gerade Pfingsten geht es doch um Verständigung und um die Überwendung von Spaltungen, der Geist soll dazu mithelfen. Das entweder - oder löst die Reserviertheit aus. Sich auf den Text einzulassen, würde bedeuten, sich den Unterscheidungen zu unterwerfen. Da ist die distanzierte dritte Position eine gute Möglichkeit, sich nicht von der einen oder anderen Seite vereinnahmen zu lassen.
Die Überlegung, daß dieser Text am Pfingstsonntag gepredigt wird, führt weiter. Der Geist stellt die Voraussetzung dafür dar, daß Fragen überhaupt gestellt werden können. Der Geist macht zur Selbsterkenntnis erst fähig, ermöglicht das Nachdenken über die Frage: Woher komme ich, wer bin ich?
V. 16 läßt die ersten kritischen Einwände in anderem Licht erscheinen, nimmt die wahrgenommene Anmaßung der Unterscheidung zwischen dem geistlichen und natürlichen Menschen zurück. Der letzte Satz wird zum Ausweg aus der Sackgasse, in die man gerät, wenn an starren Positionen festgehalten wird.
Im letzten Gesprächsgang geht es um die Erfahrungen mit Gruppen- und Parteienbildungen in der Gemeinde. Der christliche Glaube sollte, so ist die Erwartung, einen wichtigen Beitrag zur Verbesserung der Konfliktfähigkeit leisten. Die Art und Weise, wie die Meinungsverschiedenheiten in der Kirche, in der Gemeinde, ausgetragen werden, erscheint allerdings nicht immer als glaubhaft. Fragen zu stellen und die Fähigkeit, die gegebenen Antworten auch hören und annehmen zu können, wird als probates Mittel gesehen, festgefahrene Positionen aufzulösen. Es kann deswegen nicht der Sinn der Predigt sein, Vorurteilen und der Rechthaberei das Wort zu reden. Jede Medaille hat zwei Seiten. Wer meint, die Wahrheit für sich gepachtet zu haben, kann sich nur mit denen verstehen, die derselben

Ansicht sind. Wahrheit ist aber ohne Gespräch und Anstrengung nicht zu erringen. Es bleibt die Hoffnung, daß der Geist das Seine zum Gelingen beiträgt.

Zum Gottesdienst

Reinhard Kirste

Texte und Themen des Sonntags

Die Textschwerpunkte »Heiliger Geist« und »Gottes Weisheit« haben offensichtlich dazu geführt, diesen Predigttext in einen pfingstlichen Rahmen zu stellen. Mit dem Heiligen Geist verbindet sich im Griechischen auch »Sophia« (= Weisheit). So ist z.B. die Hagia Sophia in Istanbul eine (ehemalige) Kirche zum »Heiligen Geist«. Aber das sind mehr formale Verbindungen. Das Herausschneiden (»Perikope«) eines Textes aus dem Gesamtzusammenhang der Situation in Korinth während der 50er Jahre des 1. Jahrhunderts schafft Probleme. Die fehlenden Erfahrungen pfingstlichen Erlebens bei den meisten Christinnen und Christen verhindern einen direkten Zugang zum Text; und die relative Bedeutungslosigkeit des Pfingstfestes im christlichen Jahreskreis (im christlichen wohlgemerkt), macht die Sache noch schwieriger. Das Pfingstfest dürfte zur Fülle der Gottesdienstbesuche am Heiligen Abend eher ein Kontrapunkt sein. So erleben nicht nur die Predigerinnen und Prediger den stillen Abgang des Pfingstfestes aus dem elementaren Glaubensbewußtsein. Dieses Defizit kann auch ein Gottesdienst am Pfingstsonntag nicht auffangen, vielleicht ist Gegensteuern möglich.

Exegetische Skizze

Offensichtlich hat auch der Apostel Paulus Schwierigkeiten, mit dem schwungvollen und manchmal außer Kontrolle geratenen Gemeindeleben in Korinth umzugehen. Darum gibt er sich ziemlich reserviert, seine eigenen ekstatischen Erfahrungen ins Spiel zu bringen (z.B. das sogenannte Damaskuserlebnis in Apostelgeschichte 9 oder seine Vision von der Auffahrt in den 7. Himmel in 2. Korinther 12). Gleichzeitig muß er den Korinthern zugestehen, daß es eine Wirklichkeit gibt, die offensichtlich mit den herkömmlichen Sinnesorganen des Menschen wie Schmecken, Sehen, Hören, Riechen und Tasten nicht zu begreifen sind. Es bedarf eines

»dritten Auges«, wie er in V. 9 auch durch die Berufung auf Jesaja 64,3 bestätigt. So erleben wir seine etwas gespaltene Argumentation, die sich prompt in der Theologiegeschichte wiederholt:
In der lutherischen Theologie (nicht Luther selbst) heißt es: Finitum capax infiniti: Das Endliche ist in der Lage, Unendliches zu erkennen. Dagegen steht die reformierte Tradition: Finitum non capax infiniti: Das Endliche ist nicht in der Lage, Unendliches zu erkennen. Genau in dieser Spannung scheint der Apostel Paulus den Korinthern zu predigen. Dabei gerät er an Geheimnisse, die das Irdische übersteigen. Die Botschaft vom Kreuz wird ihm zum Symbol transzendenten Heils, das durchaus mit den »ekstatischen Konfessionen« (M. Buber) der Korinther mithalten kann. Das gibt Paulus den Mut, die Christen hier Vollkommene zu nennen. In diesem Zusammenhang ist auch das Dämonische für Paulus Realität. In der Kreuzigung Jesu sieht er diese Mächte am Werk, und doch sind diese von Dämonen besessenen Herrscher (wie Pilatus) nur irdische Werkzeuge des Göttlichen, die in ihrer Blindheit Gottes Sohn ermordet haben und damit gegen ihren Willen Gottes Heilsplanung realisiert haben.
Paulus zieht daraus eine dialektische Konsequenz: Christen erkennen in dieser Paradoxie den Weg zum Heil. Damit verändert er einen Ansatz der griechischen Philosophie, die davon ausgeht, daß der irdische Mensch in unterschiedlicher Weise wesensmäßig Teilhaber am Göttlichen ist (V. 10–12). Von daher ist natürlich das »Kreuz als Heilsereignis« eine Torheit (vgl. 1. Korinther 1,23). Paulus argumentiert genau anders herum: Den Geist Gottes hat der Mensch nicht von Natur aus, sondern er empfängt ihn als eine Gabe Gottes angesichts der unmittelbar bevorstehenden Veränderung der Welt auf Gott hin, wie das die Apokalyptik in vielen Farben ausmalt. Er begegnet den Korinthern damit durchaus auf der spirituellen (»geistlichen«) Ebene, die sie auch für die wesentliche halten, zäumt allerdings das Pferd gewissermaßen vom Schwanz auf, weil es »normalerweise« als unsinnig erscheint, daß die Ereignisse am Kreuz irgendwelche Heilsbedeutung haben sollen. Aber so die Argumentationslinie: Wer von der Kreuzes-Botschaft ergriffen ist, wer am Kreuz von Golgatha das Heil für sich entdeckt, dem öffnen sich Türen in bisher unbekannte Sphären. Das haben die Christen den »natürlichen« Menschen voraus.
Im zeitgenössischen Judentum war der Gedanke verbreitet, daß am Ende der Zeiten Gott seinen Erwählten erklären wird, »was die Welt im Innersten zusammenhält«. Paulus fühlt sich bereits in dieser Endzeit, und das verbindet ihn durchaus mit seinen ekstatischen Korinthern. Das könnte ihn auch zum Überschwang führen: »Wir, die wir Gottes Geist empfangen haben, wissen schon, was Gott uns geschenkt hat.« Damit entzieht sich der »geistliche«, der spirituelle Mensch jeder Beurteilung (V. 15).
Jesaja 64,3 ist in diesem Kontext nicht nur eine Anbindung an die jüdische Bibelauslegung, sondern Paulus betreibt auf diese Weise Absicherung ge-

gen überschwengliche Ekstase, um sich doch gleichzeitig auf die Unterscheidung von »spirituell« und »natürlich« einzulassen. Damit entgeht auch er nicht der Einteilung der Menschen in zwei Klassen.
Dahinter steckt positiv etwas, was die Mystiker und Mystikerinnen aller Zeiten mit unzureichenden Worten als unmittelbare Gotteserfahrung, als unio mystico, als die Begegnung mit dem Unendlichen oder mit Erleuchtung beschreiben. Dennoch befindet man/frau sich hier auf einem schmalen Grat der Argumentation.
Paulus macht sich natürlich auch klar, daß er von seiner äußeren Erscheinung nicht gerade als charismatischer Typ wirkt (vgl. 2. Kor 12,7, Gal 4,13 f.), dennoch verläßt er sich auf die göttliche Geistes-Energie, die auch durch unzureichende Möglichkeiten Gottes Wahrheit an den Tag bringen wird. Paulus sieht sich also als Gefäß dieses Gottesgeistes.
Unter Bezugnahme auf Jesaja 40,3 macht Paulus gewissermaßen durch einen »inkarnations-christologischen Schlenker« deutlich, daß Gottes Zielprojektion mit der von Jesus Christus identisch ist. Diese Intentionen beziehen sich auf die Wiederherstellung der gebrochenen Schöpfung und eine die Verletzungen verbindende Harmonie und Versöhnung (Daß Gott sei alles in allem!, vgl. 1. Kor 15,28 und Römer 8,38–39; 11,33–36). Unter diesen Gesichtspunkten ist all das ekstatische Geflatter in der korinthischen Gemeinde imgrunde nichts Spirituelles, sondern ein »fleischlicher«, also extrem natürlicher Versuch, die eigene Identität religiös aufzuwerten. Denn dieser scheinbar so spirituelle Schwung hat die Gemeinde an den Rand der völligen Zerrissenheit gebracht und unversöhnlichen Streit produziert (1. Kor 3).

Zugänge für Predigende und Hörende

Wenn man/frau nicht gerade aus einer charismatischen oder pfingstlerischen Gruppe kommt, dürfte es einigermaßen schwierig sein, sich auf den Gedankengang des Paulus einzulassen. Die Annäherungen vermerken das Ärgerliche dieses Abschnittes: Die Zwei-Klassen-Gesellschaft von Menschen – die Schauenden oder Erleuchteten und die einfach oder gar töricht Glaubenden. Diese Spannung und Spaltung scheint auch die Gemeinde in Korinth zu beherrschen und macht sie uns fremd (selbst wenn wir ähnliche Phänomene in unserer Gemeinde, etwa zwischen Kerngemeinde und »Randsiedlern« entdecken).
Damit aber nicht genug: Durch die Betonung des Kreuzestodes Jesu als Heil für die Menschen bekommt sein Sterben universalen Charakter, soll für alle gültig sein. Könnte da nicht manche/r sagen: Für mich hätte Jesus nicht zu sterben brauchen? (Christa Mulack) Oder: Was ist das für ein brutaler Gott, der ein Menschenopfer braucht, damit Welt und Menschheit wieder versöhnt sind?

So wird es notwendig sein zu fragen, welche Wirkungen die Kreuzigung Jesu im praktischen Handeln zur Folge hat. Darin müßte sich der Sinn des Kreuzes als Heilsereignis glaubhaft und menschenfreundlich spiegeln. Im anderen Falle gerät man/frau in die Tücke dogmatischer Formulierungen zwischen Opfer-, Sühne und Satisfaktionstheorie, als müßte Gott für die Schuld und Verfehlungen jemanden sterben lassen und als gäbe es keinen anderen Weg zum Heil. Der Ausweg kann also nur darin liegen, Gott nicht nur in Hoheit und Majestät zu denken, sondern mit Erniedrigung zu verbinden: Gottes Macht in der Ohnmacht.
Angesichts der Textformulierungen muß in der Predigt schließlich noch die Beziehung von natürlichem Menschen und geistlichem Menschen einer Klärung unterzogen werden, da geistlich nicht »geistig« meint und das dazugehörende Wissen, nicht die Wissenschaft der Universitäten, sondern die Weisheit des Göttlichen ist (göttliche »sophia«, V. 11–12). Ich halte es darum für angebracht, statt von geistlich von »spirituell« zu reden, auch wenn dieses Wort einem inflationären Gebrauch ausgesetzt ist. Um nicht im sprachlichen Nebel zu versinken, empfiehlt sich darum, Orientierung bei »spirituellen« Menschen zu suchen, die über jeden Zweifel erhaben sind und die vielleicht nicht nur bei Christinnen und Christen Konjunktur haben. Das wären Menschen, die authentisch leben, weil bei ihnen Sein und Handeln zusammenstimmen. Ich möchte mich gern auf (christliche) Mystikerinnen und Mystiker beziehen und einige Aussagen des Apostels Paulus in ihren Worten spiegeln, z. B. Meister Eckhart (1260–1327/28):

»Die Leute sollen niemals viele Gedanken darauf verwenden, was sie täten; sie sollten aber Gedanken darauf verwenden, was sie wären. Wären nun die Leute gut und ihre Weise, so könnten ihre Werke sehr leuchten: Bist du gerecht, so sind auch deine Werke gerecht. Man gedenke nicht Heiligkeit auf ein Tun zu gründen; man soll Heiligkeit auf ein Sein gründen, denn nicht die Werke heiligen uns, sondern wir sollen die Werke heiligen. Wie heilig auch die Werke immer seien, so heiligen sie uns allzumal nicht, insofern sie Werke sind. Es gilt vielmehr: Insofern wir heilig sind und (heiliges) Sein haben, insofern heiligen wir alle unsere Werke, sei es Essen, Schlafen, Wachen oder was immer es sei. Die nicht von großem Sein sind, was für Werke sie auch wirken, da wird nichts draus. Merke also, daß man allen Fleiß darauf wenden soll, daß man gut sei, nicht so sehr, was man tue oder von welcherlei Art die Werke seien, sondern wie der Grund der Werke sei.«

(Aus: Günter Stachel, Hrsg.: Meister Eckhart. Alles lassen – einswerden, © Kösel Verlag, München 1992)

Vorschläge zur Liturgie

Eingangsbesinnung

Während dieser Besinnung können sich die GottesdienstteilnehmerInnen erheben und bewußt ein- und ausatmen, um den Lebenshauch im Atem zu spüren. Dazu bedarf es einer kleinen Anleitung und der entsprechenden Hinweise, die ich hier eingefügt habe:

Wir erheben uns, stehen ruhig und gelassen und spüren den Hauch unseres Atems: Ein und Aus ... Pause, dann folgt der Text.

Heute ist zwar Pfingsten,
aber Pfingsten liegt schon lange zurück,
Pfingsten liegt viel zu lange zurück,
als daß es noch jemanden vom Stuhl reißen würde,
zumindest bei uns.

Pfingsten war einmal Anhauch des Geistes,
unwiderstehlich angezogen von der Menschlichkeit Gottes,
Pfingsten -
frischer Wind
in verstaubte Riten und Dogmen.

Pfingsten - Atem des Geistes
und Vielfalt der Geistesgaben.
Charismatiker, Frauen und Männer
unterwegs zur neuen Welt Gottes,
gepackt vom Wehen des Geistes,
geprägt von unendlicher Liebe.

So entstand Kirche,
so wuchs Kirche,
und nun?
Stehengeblieben
vor den verklebten Fenstern unserer Durchschnittlichkeit,
statt die Fensterläden in uns aufzureißen,
statt den göttlichen Atem hereinzulassen,
statt hinauszuschauen über uns selbst,
dorthin, wo der Geist weht.

Darum wollen wir Türen öffnen:
Herzenstüren, Wohnungstüren, Kirchentüren:
Komm, Schöpfer Geist
Veni creator spiritus ...

Wo die räumlichen und sonstigen Gegebenheiten es ermöglichen: Alle geschlossenen Kirchentüren werden geöffnet, die Gemeinde singt das »Veni creator spiritus« aus Taizé und am Schluß spüren beim Verklingen der Orgeltöne die Gemeindeglieder wiederum ihremn eigenen Atem noch eine Weile nach und fühlen vielleicht die Luftveränderung, die durch die geöffneten Kirchentüren erzeugt wird.

Dankgebet

Wir danken Dir, Gott, für Deinen Geist, der uns Leben einhaucht,
wir danken Dir, Gott, für die Liebe, die unsere Herzenskälte aufwärmt,
wir danken Dir, Gott, für den Anhauch Deines Geistes,
der uns aus unserer Unbeweglichkeit herausholt,

wir danken Dir für die Energien, die Du in uns freisetzen willst,
wir danken Dir Gott, daß wir von Deinem Geist nicht nur in alten Texten lesen können,
sondern eingeladen sind, uns heute in Bewegung setzen zu lassen.
Ja. wir hoffen auf die Begeisterung durch Deinen Geist.

Fürbittengebet

Vorschlag zur Gestaltung: Beim »Herr erbarme dich« (das auch gesungen werden kann), fassen sich die TeilnehmerInnen an den Händen, um zu spüren, wie ein pulsierender Lebensstrom durch alle hindurchgeht.

Gott, wir bitten heute besonders um deine Geistes-Gegenwart, um das neue Leben, das Jesus Christus gebracht hat. Es gibt so viele Erstarrungen, Verhärtungen und Verbitterungen unter uns und viele Menschen, die klagen und weinen. Wir bitten um deine Geistes-Gegenwart für ein heiteres Leben. Wir beten gemeinsam: Herr, erbarme dich.

Es gibt so viel Eigeninteresse, Egoismus und Brutalität unter uns und viele Menschen, die anderen das Leben beschneiden. Wir bitten um deine Geistes-Gegenwart, damit wir wieder lernen, miteinander und nicht gegeneinander zu leben. Wir beten gemeinsam: Herr, erbarme dich.

Die Lüge hat schon manchen in Verzweiflung gestürzt. Verstellungen, Verdächtigungen und Verleumdungen regieren unseren Alltag. Wir bitten um deine Geistes-Gegenwart, damit unser Leben wieder wahrhaftig wird. Wir beten gemeinsam: Herr, erbarme dich.

Der Haß auf unserer Welt trennt so viele. Freunde, Familien und Völker werden entzweit und ruinieren sich gegenseitig. Streit vergiftet die Atmosphäre. Wir bitten um deine Geistes-Gegenwart, damit wir in unserem Leben zu Friedensstiftern werden. Wir beten gemeinsam: Herr, erbarme dich.

Überall unter uns meldet sich Angst, in unserer nächsten Umgebung, zwischen Regierenden und Regierten, zwischen denen, die Macht haben und denen, die Macht gewinnen wollen. Wir bitten um deine Geistes-Gegenwart, damit unser Leben ermutigend wird und ermutigt. Wir beten gemeinsam: Herr, erbarme dich.

So vieles scheinbar Attraktive und Wichtige stellt sich als lebensbedrohend und vernichtend heraus. Wir bitten um deine Geistes-Gegenwart für ein lohnendes Leben, dem nicht der Geschmack der Bitterkeit ständig nachfolgt. Wir beten gemeinsam: Herr, erbarme dich.

Dogmatische Enge und gewaltsames Einklagen der Wahrheit haben Menschen ausgebrannt, vertrocknet und kaputt gemacht. Wir bitten um deine Geistes-Gegenwart, daß wir nicht Rituale zu Götzen machen und dabei fanatisch werden. Wir bitten um deine Geistes-Gegenwart für ein mit Liebe erfülltes Leben. Herr, erbarme dich.

Segen
In dieser Weise segne uns Gott, die Ursache der Begeisterung, die Hoffnung machende Menschlichkeit, die Versöhnung stiftende Energie, in dieser Weise segne uns der Vater, der Sohn und der Heilige Geist. Amen.

Liedvorschläge
EG 125: Komm, Heiliger Geist, Herre Gott oder »Veni creator spiritus« (aus Taizé)
EG 134: Komm o komm, du Geist des Lebens
EG 124: Nun bitten wir den Heiligen Geist
EG 571: Unser Leben sei ein Fest (westfälischer Regionalteil)
EG 400: Ich will dich lieben, meine Stärke
EG 178,11: Herr, erbarme dich

Predigtvorschlag
Eins im Sinn, Christi Sinn

1. Die Geistesgaben in Korinth und wir
Was ist das bloß für eine Gemeinde in Korinth? Da sind die spirituellen Überflieger auf der einen Seite, die sich in den göttlichen Rausch, in die Ekstase hineinbegeben. Da passieren spektakuläre Wunder, werden Kranke geheilt, Dämonen ausgetrieben. Da sind aber auch die Gottesdienste nicht langweilig. Da strömen die Massen! Eine ganze Gemeinde fängt plötzlich an, verzückt irgendwelche Worte auszustoßen, ekstatisch zu lallen. Der nüchterne Zeitgenosse würde eher sagen: Jetzt sind sie völlig übergeschnappt!
Wir kennen in unserer Volkskirche solche Gottesdienste kaum noch, haben höchstens von Pfingstgemeinden gehört, wo es dieses göttliche Lallen noch gibt - Glossolalie genannt. Aber auch die Zeitgenossen der Gemeinde in Korinth zu Zeiten des Apostels Paulus waren skeptisch, wenn sie solche Ekstatiker herumwirbeln sahen. Auch der Apostel Paulus versucht ja dämpfend einzugreifen und - rhetorisch nicht ungeschickt - die Torheit der Geschichte von der Kreuzigung als das große Heilsereignis anzubieten. Wir würden heute vielleicht sagen: Die Dummheit, daß einer für andere ans Kreuz geht als Glücksevent in diesem und jenem Leben: Das ist wahrhaftig ein starkes Stück Heilsgeschichte! Aber das ist genausowenig einsichtig, wie die charismatische Begeisterung der Korinther!
Aber es gibt noch einen anderen Gesichtspunkt: In einer durch und durch rationalisierten und vercomputerisierten Welt erstaunt man/frau immer wieder, daß Praktiken religiöser Begeisterung bis hin zur Trance nichts von ihrer Faszination eingebüßt haben. In der esoterischen Szene hat der Schamanismus Konjunktur, d. h. man erinnert sich gern an die Energien der alten Religionen, bei den Indianern in Lateinamerika oder in Sibirien oder bei den Aborigines in Australien. Und Verrückte sind das keineswegs.

Ich versuche noch anders zu fragen: Haben wir überhaupt etwas mit diesen korinthischen Christen gemeinsam, wir, in deren Gottesdiensten, Unvorhergesehenes überhaupt keinen Platz hat? Empfinden wir nicht alles, was Unruhe in unsere sonntägliche Feier bringt, als Störung? Und da macht auch der Pfingstsonntag keine Ausnahme. Und so wird mancher denken, daß ein gezähmtes Christentum der eigenen (Klein-)Bürgerlichkeit viel näher kommt als das Geschrei pfingstlicher Ekstatiker oder lallender Schamenen.

2. Materialisten und Spiritualisten?

Paulus baut eine Spannung zwischen natürlichen, alltäglich normalen und geistlichen bzw. spirituellen Menschen auf, also zugespitzt gesagt - zwischen Materialisten und Spiritualisten. Das klingt religiös sehr abgehoben und auch arrogant. Die einfachen Gemüter mit ihrem Konfirmandenglauben haben das Nachsehen und werden wohl schwer Vollkommenheit erreichen. Die Kreuzigung Jesu für die Welt geht als dogmatisches Versatzstück ungefragt und undiskutiert durch, ohne daß das Ärgernis von Jesu Todesgeschichte überhaupt in den Blick kommt. Das scheint auch der kirchliche Alltag und der übliche Sonntag zu sein.

Doch ich komme ins Nachdenken an anderer Stelle: In vielen sogenannten weltlichen Veranstaltungen wie Sommerfesten, großen Fußballspielen und Pop-Konzerten erleben die Teilnehmer und Teilnehmerinnen Stimmungen, etwas Feierliches, Geheimnisvolles, Aufregendes und Mystisches, das schwer zu beschreiben ist. Beim Hören bestimmter Klänge bricht Begeisterung aus und eine andere Wirklichkeit durch. Nicht zufällig hat auch die Spiritualität Hochkonjunktur: Gruppendynamik, Reinkarnationstherapie, Rebirthing, also wiedergeboren werden (ein gut pietistischer Ausdruck), schamanistische Praktiken, Mandala malen usw. usf.

Für mich heißt das Ergebnis: Es gibt in unserer säkularisierten Gesellschaft einen Kontrapunkt gegen einen übersteigerten Rationalismus und Machbarkeitsfanatismus (alles ist möglich!).

Offensichtlich haben wir beides in uns: den natürlichen Menschen in seiner Alltäglichkeit und Banalität und darüberhinaus die Sinnsuche und der Blick auf das Jenseitige.

3. Christus im Sinn, Christi Sinn

Der Schlüssel zum Verstehen des Textes scheint mir der Schluß von V. 16 zu sein: »Wir aber haben Christi Sinn«. Eine Reihe von Mystikerinnen und Mystikern des Mittelalters haben darum gern von der »imitatio Christi« geredet: Christus nachahmen. Bei allem Tun, auch dem banalsten und einfachsten, wollten sie Christus im Sinn haben und in diesem Sinne handeln. Das heißt letztlich auf derselben Ebene wie Christus zu sein. Wer so im Sinne Christi zu handeln versucht, hat schon Christi Sinn und hat am Geist Teilhabe, der die Herzen verändert. Unter diesem Aspekt verliert auch die

Kreuzigung ihren fremden Charakter: Was ich von Christus verstanden habe, wirkt sich in meinem mehr kontemplativen oder aktiven Lebensstil aus.
Die Schwierigkeit liegt oft darin, daß Menschen, die vom Göttlichen bewegt und begeistert sind, nicht verstanden werden und in die Maschinerie von Machtinteressen geraten. Konkret: Wieviele Mystikerinnen und Mystiker, die doch scheinbar so unpolitisch sein wollten, wurden von der Inquisition verfolgt und beendeten ihr Leben auf dem Scheiterhaufen.
Hier würde z. B. das Zitat Meister Eckhart passen, dem man einige Daten aus seiner Lebensgeschichte und seinem bis heute nicht geklärten Tod hinzufügen könnte.

4. Menschliche Annäherungen an das Geheimnis Gottes
Obwohl vieles fremd bleibt, obwohl die Gefahr der geistlichen Arroganz ständige Begleiter der Überlegungen von göttlicher Weisheit und natürlichem Menschen ist, hat die Unterscheidung des Apostels doch einiges für sich. Wie soll man/frau sonst Dinge benennen? Es gibt Oberflächlichkeit in unserer Gesellschaft, es gibt die Haltung des »just for fun«, es gibt die Mentalität, »Glück« zu kaufen. Gegen die Werte einer konsumorientierten und am schnellen Spaß begeisterten Gesellschaft lohnt es sich, Werte zu benennen, die von einem tieferen Wissen zeugen.
Offensichtlich sind die spirituellen Suchbewegungen bei vielen - auch jüngeren Menschen - ein Signal, daß Geld, Karriere, Konsum, Sonnenurlaub, Alterssicherung nicht alles im Leben sind, daß es Beurteilungsmaßstäbe braucht, die sich aus einer anderen Dimension speisen, nämlich von dieser seltsamen Geschichte, daß Gott menschliche Schwachheit riskiert hat, ja daß an den Hinrichtungspfählen Kraftquellen aufschießen. Diese Kraft hat damit zu tun, daß die Gesetze von Gewalt und Macht, von Unterdrückung und menschlicher Erniedrigung durch manche Pesönlichkeiten außer Kraft gesetzt werden, nämlich durch eine Macht, für die in all den Jahrhunderten kein besseres Wort gefunden wurde als die Macht der Liebe, die sich erstaunlicherweise in der tiefsten Erniedrigung offenbart. Menschen haben aus dieser Kraft gelebt und die Welt verändert, sie haben in Christi Sinn gehandelt, auch wenn sie dies nicht immer so genannt haben und dies vielleicht auch nicht immer so genannt werden muß. Sie hatten nur eines im Sinn, die Kraft, die in den Schwachen und durch die Schwachen mächtig wird: Martin Luther King in den USA, Mahatma Gandhi in Indien, Aung Sui Kyi in Burma, Rigoberta Menchù in Guatemala, Oscar Romero in El Salvador, Nelson Mandela in Südafrika. Viele andere ließen sich noch benennen.
Getragen von einer Weisheit, die man ruhig göttliche Weisheit nennen darf, arbeiteten und arbeiten diese Menschen an einer besseren Welt, die damit ein leichter Abglanz der Vollkommenheit sein könnte, die Gott bereitet hat. Aus dieser Kraft heraus lohnt es sich, in der Gegenwart Veränderungen einzuleiten. Denn der Geist von Pfingsten ist keineswegs tot, er weht ...

Pfingstmontag

Annäherungen an den Predigttext Brief an die Gemeinde in Ephesus 4,11–16

Reiner Jansen

Erste Reaktionen auf den Text

Das tönt wie eine Grundsatzerklärung: Ideale Spielregeln und das Ziel für die Zusammenarbeit in der Gemeinde werden vorgestellt. Jede(r) hat seine/ihre Aufgabe, und wenn alle ihre Aufgabe erfüllen, dann wird der Aufbau des Leibes Christi auch gelingen. Aber – so fragen wir –: Entspricht das auch der Realität? Ob dieses schöne »Leitbild« sich auch in unserer schwerfälligen landeskirchlichen Gemeinde verwirklichen läßt? Sind solche Zielvorstellungen gefragt in einer Gemeinde, wo wir uns oft gar nicht fragen, *wohin* wir wollen und *wie* wir dorthin kommen?

Entdeckungen am Text und Fragen zur Predigt

1. Hier werden verschiedene Aufgaben bzw. Ämter erwähnt, die alle eine wichtige Bedeutung für den Aufbau der Gemeinde haben. Wir möchten uns diese »Ämter« ein bißchen konkreter vorstellen können. Darum haben wir gefragt, welche der hier aufgezählten Aufgaben auch noch in unserer heutigen Kirche vorkommen. Dabei war uns durchaus bewußt, daß es gewaltige Unterschiede zwischen den christlichen Gemeinden der zweiten oder dritten Generation und denen am Ende des zweiten Jahrtausends gibt.

2. Apostel: sie sind für uns die ersten Adressaten der Offenbarung Gottes in Christus, gleichsam die Garanten der Überlieferung der Kirche. Als solche gehören sie der Geschichte an und kommen in der heutigen Kirche direkt nicht vor (anders als etwa in den Neu-Apostolischen Gemeinden).

Bei den Propheten denken wir an besonders sensible Zeitgenossen, die verhängnisvolle Entwicklungen (im größeren oder kleineren Umkreis) spüren oder vorausahnen und vor Irrwegen und Abwegen warnen.

Evangelisten: charismatische Verkünder des Evangeliums in Wort und Tat. (Uns fiel Mutter Theresa ein).

Hirten: Leitungsaufgaben in der Gemeinde bzw. der Gesamtkirche.

Lehrer: alle, die Kinder, Jugendliche und Erwachsene in den christlichen Glauben einführen und unterrichten.

3. Je mehr wir uns diese verschiedenen Ämter vorzustellen versuchten, desto mehr wurde uns bewußt, wie stark bei uns alles aufs Pfarramt konzen-

triert ist. Das Pfarramt soll gleichsam alles abdecken. Werden die Gaben und die in der Gemeinde vorhandenen Energien für den Aufbau des Leibes Christi nicht oft vergessen und übersehen?
Es gibt zwar auch andere Dienste (Ämter und Aufgaben) in den Gemeinden. Aber sie sind in der Öffentlichkeit kaum bekannt und wirken im Verborgenen. »Der Pfarrer kommt, mit ihm das Christentum« sagt Kurt Marti in einem Gedicht. Stimmt das nicht im Blick auf unsere so oft Pfarrer-zentrierte Kirche?
4. Wichtige Worte im Text scheinen uns die Verben zu sein: bauen, wachsen, zusammenfügen, unterstützen, zur Einheit und Erkenntnis gelangen. Wir fragen: Was muß geschehen, daß die verschiedenen Gaben wirklich zusammenwachsen, daß alle spüren, daß niemand allein sein muß oder alles können muß? Bloße Einzelkämpfer sind in dieser Auffassung der Kirche nicht gefragt.
5. Daß Christus das Haupt ist (V. 15), leuchtet uns ein. Ohne ihn würde die Kirche kopflos. Das Bild von V. 16 (vor allem, was die Funktion der Gelenke im Leib bedeutet) können wir nicht recht nachvollziehen. Wie sollen wir uns das vorstellen? Oder ist dieser Vergleich für uns schon rein anatomisch nicht mehr stimmig? Jemand schlägt vor, ein neues Bild an die Stelle dieses Vergleichs zu setzen. Die Gemeinde ist vergleichbar einer Jam-Session (beim Jazz). Jeder bringt sein Instrument mit und gemeinsam wird musiziert. Und dabei entsteht die Melodie, weil jeder auf den anderen hört und seine Tonfolge aufnimmt und weiterführt.
6. Die wichtigste Frage, die sich uns immer wieder stellt, lautet: Was muß geschehen, daß über diesen Text nicht nur gepredigt wird, daß in der Gemeinde immer mehr mündige Christen leben, – und nicht »unmündige Kinder ... ein Spiel der Wellen, hin- und hergetrieben von jedem Widerstreit der Meinungen, dem Betrug der Menschen ausgeliefert« (V. 14 in der Einheitsübersetzung)? Geht ein solches Zusammenwachsen und Zusammenspielen ohne menschliche Leitung? Und wie weit ist eine Hierarchie nötig auf dem Wege zum Leib Christi, in dem wir wahrhaftig sind in der Liebe?
Zusammenfassung eines Gespräches in einer Gruppe zur Vorbereitung von Gottesdiensten in Frenkendorf/Füllingsdorf, Schweiz.

Zum Gottesdienst

Klaus Johanning

Exegetisch-homiletische Skizze

Die »Jam-Session«: Ein schönes Bild aus den »Annäherungen«, bei dem ich als Hobby-Musiker sofort hellhörig werde. Man stelle sich das nur einmal vor: Eine Gruppe Musikerinnen und Musiker kommt zusammen, je-

mand spielt ein Thema an und dann improvisieren alle der Reihe nach. Jedes Instrument, jeder Mensch gibt der Melodie eine persönliche Note und läßt sie trotzdem erkennbar bleiben.
Es ist das Kontrastprogramm zur Geschichte vom »Turmbau zu Babel« (1. Mose 11,1 ff.), dem alttestamentlichen Lesungstext am Pfingstmontag. Während dort die unterschiedlichen Stimmen Verwirrung stiften und die Gemeinschaft zerstören, führt im Predigttext aus dem Epheserbrief die reiche Fülle Christi zur Einheit.
Aus lauter Solistinnen und Solisten wächst ein (Klang-)Körper, der sich beständig weiterentwickelt und neue Talente einbezieht:
»Ich wollte, ich könnte euch ein Bild machen von dem reichen schwelgerischen Leben in dieser Stadt Gottes, wenn ihre Bürger zusammenkommen, jeder voll eigener Kraft, welche ausströmen will ins Freie und voll heiliger Begierde alles aufzufassen und sich anzueignen, was die andern ihm darbieten mögen ... es ist freie Regung des Geistes, Gefühl der herzlichsten Einigkeit jedes mit allem ...« (Friedrich Schleiermacher, Über die Religion, Hamburg 1970, Seite 101).
Ob der Verfasser des Epheser-Briefes sich den »Leib Christi« wohl so ähnlich vorgestellt hat? Zumindest ist das ein verlockender Gedanke, dem der Inhalt des Predigttextes nicht grundsätzlich widerspricht. Denn auch hier ist ja von verschiedenen Charismen die Rede, die dazu dienen, eine Einheit zu formen. Aus vielen Begabungen wächst die »Einheit« des Glaubens und der Erkenntnis heran.
Soweit die Vision. Am Pfingstmontag wäre es vermutlich nicht allzu schwierig, sich ihr anzunähern, da voraussichtlich nur einige Unentwegte aus dem engeren Bereich der Gemeinde in den Gottesdienst kommen, Menschen, die gewissermaßen fortgeschritten sind in der Kunst der geistlichen Improvisation.
Allerdings hat das folgenden Nachteil: Eine schon sehr lange eingespielte Combo tut sich in der Regel schwer, das (musikalische) Thema grundsätzlich zu wechseln. Nur noch selten kommen gewagte Harmonien zu Gehör, alles klingt vielleicht gefällig, aber auch nicht mehr besonders aufregend. Die »Jam-Session« mutiert zum angesagten Tanztee ...
Vielleicht gibt es in Ihrer Gemeinde, liebe Leserin, lieber Leser, an diesem Tag auch Taufen. Dann wären kleine Dissonanzen möglich, die den wohlgeordneten (Klang-)Körper zu phantasievollen Abweichungen vom Repertoire inspirieren. Vielleicht gibt aber auch der nimmermüde Geist des Pfingstfestes einem der anwesenden Solisten eine andere, neue Tonfolge ins Ohr.
Doch welch eine Combo schwebt dem Predigttext vor?
Apostel, Evangelisten, Hirten, Propheten, Lehrer - fünf Ämter, die allein mit dem Wort, dem Ton, der Melodie der neuen Schöpfung zu tun haben! Und die anderen, die kein Amt innehaben, sind nicht einfach passives Publikum, das nur brav applaudiert, sie sind Heilige, die das Konzert aktiv

mitgestalten. Man merkt, hier wird die Musik einer völlig anderen Zeit gespielt.
In meiner Kirche, so lerne ich täglich, gibt es zu viele Theologinnen und Theologen und im Gottesdienst zu wenige Heilige, die deren Existenz rechtfertigen; vielleicht wird aber auch nur das wagemutige Improvisieren des Geistes geflissentlich überhört, der auch noch aus den biedersten Tanzkapellen einen mitreißenden Sound herauskitzeln kann.
»Der Glaube an die heilige, allgemeine christliche Kirche ist brüchig, ist fragwürdig geworden. Ihre Repräsentanten genießen keinen Autoritätsvorschuß mehr, der ihnen Türen, Ohren und Herzen öffnet. Die sonntägliche Verkündigung erreicht mittlerweile nicht einmal mehr fünf Prozent der sogenannten Gemeindeglieder.« (Heinz Hermann Brauer, in: Textspuren Bd. 4, Stuttgart 1993, Seite 128).
Es ist das Pfingstfest des Jahres 2000; sogar in meiner Kirche wird nachgedacht über besondere gottesdienstliche Feiern anläßlich dieses »Jubiläums«. Was soll eigentlich gefeiert werden? Daß es endlich möglich wurde, aus der freien Improvisation ein Spiel nach Noten zu machen?
In meiner Kirche werden Nachwuchs-Pfarrerinnen und -Pfarrer seit kurzem mit Methoden aus der freien Wirtschaft dahingehend überprüft, ob sie geeignet sind, Künstlerinnen und Künstler des Heiligen Geistes zu werden. »Endlich«, sagen einige allen Ernstes. »Komm, Heiliger Geist«, würde der Verfasser des Predigttextes vielleicht rufen ...
Kein Zweifel: Das Gesamtkunstwerk »Gemeinde der Heiligen«, vom Geist beflügelt zu immer neuen phantasievollen Melodien, der Leib, an dem jedes Glied zusammen mit den anderen seinen Dienst tut, sind nicht (mehr?), was sie sein sollen: hier eine kleine abgeschirmte Kammer-Combo, die quasi unter Ausschluß der Öffentlichkeit ihren elitären Klerikal-Jazz aufspielt, dort lauter mehr oder minder begabte Solistinnen und Solisten, die es nicht schaffen, zum Orchester zusammenzuwachsen und wiederum anderswo ein paar biedere Salon-Musikerinnen und -Musiker, die öffentlich bar jeglichen Wagemutes uninspirierte, langweilige Harmonien aufspielen, von denen absolut niemand mehr vom Sessel gerissen wird.
»Einem jeden von uns aber ist die Gnade gegeben nach dem Maß der Gabe Christi«, so heißt es im Vorfeld des Predigttextes (V. 7). Wir sind durch Jesus Christus begabt, miteinander zu spielen. Es ist nicht unsere Aufgabe, uns aus der großen Zahl der Glieder diejenigen herauszusuchen, die unserem Harmoniebedürfnis entsprechen; alle sind unser Orchester.
Jegliche Auswahl, die wir treffen, schmälert die große Fülle, an der wir teilhaben könnten. Und jede Stimme, die fehlt, beraubt natürlich auch den Klangkörper.
Man stelle sich nun vor, welch' eine Musik gespielt werden könnte, wären sonntäglich alle Glieder des Leibes Christi im Gottesdienst!
Nun wäre allerdings Resignation nicht im Sinne des Predigttextes (auch nicht im Sinne unseres Herrn Jesus Christus). Auch wenn wir am Pfingst-

sonntag keine »Bigband« zusammen bekommen, so bringt doch jeder und jede ein unverwechselbares und einmaliges Charisma mit.
Jeder Mensch ist eine Künstlerin/ein Künstler in der Entfaltung und Auslegung der Geistesgaben. Das kann gar nicht oft genug betont werden angesichts einer allgemeinen gesellschaftlichen Stimmung, die Menschen mehr und mehr nur noch als Produktivkräfte und Konsumenten wahrnimmt.
Wir können als Glieder Christi unseren Glauben zum Klingen bringen und dadurch Ermutigung, Trost und Stärkung erfahren, die vielleicht sogar andere mitreißen, wenn wir solchermaßen bereichert aus dem Gottesdienst zurück ins Alltagsleben gehen.
Das Thema unseres Textes ist »aufbauen« und »erbauen«, nicht der alltägliche Kirchenfrust, den alle an der einen oder anderen Stelle mit sich herumschleppen. Aufbau in diesem Sinne geschieht jedoch durch Christus, nicht von Menschenhand.
Was Kirche manchmal zum Frust werden läßt, ist nach dem Kontrastprogramm der Geschichte vom Turmbau zu Babel der menschliche Ehrgeiz, selbst gewissermaßen zum Kopf des Ganzen zu werden und sich den Leib gefügig zu machen und ihn natürlich ordentlich zu trainieren. Wenn anstelle von Christus der Mensch sich zum Kopf des Leibes aufschwingt, entsteht ein totes Abziehbild, das bestenfalls hübsch anzusehen ist: ein strahlender Vorzeige-Body, im Fitness-Center makellos gestählt, so wünsche ich mir als Hauptamtlicher »meinen« Leib Christi, »meine« Gemeinde. Und dann bin ich enttäuscht, wenn kein Glied so will, wie ich will, wenn höchstens eine schöne Fasade herauskommt.
Nur wo ich Christus wirken und bauen lasse, wo ich ihn die unterschiedlichen Gaben zusammenfügen lasse, da wird etwas wachsen, was man immer wieder ansehen und anhören kann, weil es zu lebendig ist, um langweilig zu werden. Wo ich mich selbst so zurücknehme, daß die Musik des Geistes das Thema vorgibt, wird ein Klangkörper entstehen, der diese Bezeichnung im Sinne unseres Predigttextes verdient.

Zur Liturgie

Das Pfingstfest ist ein freudiges Fest, an dem der Heilige Geist die Musik der neuen Schöpfung in Christus aufspielt. Ein kleiner Abglanz davon sollte auch Pfingstmontag noch im Gottesdienst zu spüren sein …
Ich schlage vor, eine Psalmübertragung zum Sonntagspsalm (Psalm 100) zu wählen (falls dafür genug Menschen anwesend sind) und mit der Gemeinde zu beten:
Lobet und preiset Gott
Alle:
Singt und lobt Gott, ihr Menschen,
freut euch, wenn ihr in Gottes Namen zusammen seid.

1. Gruppe:
Von Herzen freuen sollen sich alle Menschen über Gott,
so, daß es ihnen anzumerken ist.
2. Gruppe:
Kommt, laßt uns unseren Gottesdienst
mit wirklicher Freude feiern!
Alle:
Singt und lobt Gott, ihr Menschen,
freut euch, wenn ihr in Gottes Namen zusammen seid.
1. Gruppe:
Wir können es dankbar sagen:
Gott meint es gut mit uns.
2. Gruppe:
Gott hat uns lieb wie Kinder,
Gott fühlt mit uns, lacht mit uns und weint mit uns.
Gott freut sich mit uns und ist für uns da.
1. Gruppe:
Kommt zum Gottesdienst und singt dankbar mit,
kommt in Gottes Haus mit offenem Herzen
und offenen Sinnen.
Lobt Gott und feiert, feiert in Gottes Namen.
Alle:
Singt und lobt Gott, ihr Menschen,
freut euch, wenn ihr in Gottes Namen zusammen sind.

Klaus Bastian, in: Beratungsstelle für Gestaltung (Hrsg.), Halleluja, Gott, ich freue mich! – Psalmtexte für den Gottesdienst, Hefte Nr. 8, Frankfurt/M. 1996, Seite 56; entnommen aus: der gottesdienst (Teil 1). Liturgische Texte in gerechter Sprache, hrsg. von Erhard Domay und Hanne Köhler, Gütersloh (CD-ROM-Ausgabe).

Vorschlag zum Kyrie
Wir beten – auch in den Momenten der Stille:
Ach Gott!
Der Geist dieser Welt stört unser Leben:
der Geist der Gleichgültigkeit und des Egoismus;
der Geist der Täuschung, der Abgrenzung und der Gewalt;
der Geist der Gewöhnung
und der Ohnmacht und der Kopflosigkeit.
Wir können uns
diesem Geist nur schwer entziehen ... (Stille) ...
Gott sei Dank!
Dein guter Geist regt uns immer wieder neu auf:
dein Geist der Wahrheit und der Liebe;
dein Geist der Geduld und des Friedens;

dein Geist des Verzeihens und des Hoffens,
der Freundschaft und des Bündnisses.
Er hat uns schon erreicht ... (Stille) ...
Ach Gott!
Dein Geist heile, was zerbrochen ist - auch in uns;
öffne, was wie abgeschlossen ist - auch zwischen uns;
führe zusammen, was getrennt ist - auch durch uns;
sei schöpferisch und erfinderisch auch gegenüber
allem, was aussichtslos scheint - auch mit uns.
Er bewegt mehr als unsere Schuld bewegt hat ... (Stille) ...
Kyrie eleison!

Helmut Zeilinger, in: Gottesdienstpraxis Serie A, IV/2, hrsg. von E. Domay, Gütersloh 1994, entnommen aus: s. o. beim Psalm.

Kollektengebet

Gott, du willst deine Gemeinde aufbauen - anders, als wir uns das manchmal vorstellen. Du möchtest, daß eine jede, ein jeder die eigenen Begabungen frei entfalten kann zum Wohle aller, die mit uns leben. Schenk uns Geduld, deine Kraft in Ruhe wirken zu lassen. Hilf uns, einander wahrzunehmen als wichtiges Glied deines Leibes und deiner Kirche. Wecke die Fähigkeiten, die in uns schlummern, mach' lebendig, was schon viel zu lange brach gelegen hat.

Fürbitten

Du, Gott, sieh nicht zu, wenn Menschen sich zu Göttern aufspielen.
Segne unsere Arbeit, schenke uns Gemeinschaft, wenn wir den Fortschritt aus dem Tritt bringen wollen, wo er Ungerechtigkeit festschreibt, Menschen entwürdigt, Leben zerstört.
Segne unsere Arbeit, schenke uns Gemeinschaft, wenn wir den Sprechchören ins Wort fallen, die die einfachen, teuflischen Parolen brüllen, wenn wir für den schwierigen, den menschlichen Weg streiten.
Segne unsere Arbeit, schenke uns Gemeinschaft, wenn wir den Gleichschritt stören, den Marsch der Zweidrittelgesellschaft und fragen: Über welche Leichen geht dieser Zug, wer bleibt auf der Strecke, wer zahlt die Zeche?
Segne unsere Arbeit, schenke uns Gemeinschaft, wenn wir gegen die Welt des schönen Scheins die Wirklichkeit unseres Lebens setzen:
belastet und beschenkt - strahlend und gezeichnet
betrübt und glücklich - mutig und verängstigt.
Segne uns und schenke uns Gemeinschaft.
Als die, die du wunderbar geschaffen hast, beten wir gemeinsam:
Vater unser im Himmel ...

(Aus: Martin Ahrens, u. a. (Hrsg.): Mensch Gott!, © Gütersloher Verlagshaus, Gütersloh 1997.)

Lieder
Im neuen Evangelischen Gesangbuch findet sich unter Nummer 178 eine Fülle schöner Kyrie-Verse, aus der man einen passenden wählen kann. Weitere Liedvorschläge: O herrlicher Tag, o fröhliche Zeit (Nr. 560, westfälischer Anhang) – es ist zwar ein Osterlied, paßt jedoch gut zum Inhalt des Predigttextes; O komm du Geist der Wahrheit (Nr. 136); Nun jauchzt dem Herren, alle Welt (Nr. 288); Ich lobe meinen Gott von ganzem Herzen (Nr. 272); Hört, wen Jesus glücklich preist (Nr. 670, westfälischer Anhang).

Vorschlag zur Predigt

Möglicher Anfang
Liebe Gemeinde! In unserem Buch für den kirchlichen Unterricht (H. M. Lübking, Kursbuch Konfirmation, Düsseldorf 1995, Seite 87) ist ein Foto abgebildet. Es zeigt einen jungen Menschen, der ein Pappschild vor sich hält mit der Aufschrift: »Ich bin eine Sehenswürdigkeit, made by god« (von Gott gemacht).
Die Konfirmandinnen und Konfirmanden blättern zu Anfang der Unterrichtszeit das Buch durch, und wenn sie dann bei dieser Seite ankommen, geschieht immer dasselbe: Ein verlegenes Lachen, die Nachbarin, der Nachbar wird angestubst. Unter Kichern hört man Sätze wie: »Guck 'mal, hast du das schon gesehen?«
Was ist so komisch daran, daß ein Mensch sich selbst so plakativ als Sehenswürdigkeit bezeichnet? Ich vermute, wir sind es einfach nicht mehr gewohnt, etwas Besonderes zu sein, ohne dafür vorher eine Leistung erbracht zu haben. Sehenswürdigkeiten, das sind Claudia Schiffer oder Tom Cruise; wir anderen sind allenfalls noch »kleine Sehenswürdigkeiten«, wenn es uns gelungen ist, uns einen guten Platz in dieser Gesellschaft zu sichern ...
Unser Predigttext aus dem Epheserbrief sieht das ganz anders. Wir sind Heilige, sind zur Vollendung fähig, sind schlichtweg notwendig für den Aufbau von Gottes neuer Welt, dem Leib Christi ...
(Vorlesen des Textes)

Mögliche Fortsetzung
Überall ist in diesen Versen vom Wachstum der Gemeinde die Rede und davon, daß wir durch die Gaben Christi dazu beitragen. Unsere Erfahrungen sind dagegen ganz anders: Die Gemeinde schrumpft, auch heute sind nur wenige im Gottesdienst zusammengekommen ...
Jedes der Glieder am Leib Christi soll zur Vollendung gelangen, gewissermaßen für sich eine Sehenswürdigkeit sein – aber wenn wir uns mit kritischen Blicken ansehen: Wie wenig sehenswert ist unsere Gemeinde und das, was sie in der Öffentlichkeit bewirkt.

Woher nimmt der Verfasser des Predigttextes diese ungetrübte Zuversicht vom Wachstum im Glauben und in der Erkenntnis?
Vielleicht liegt unsere Mutlosigkeit ja darin begründet, daß wir zuviel Verantwortung auf unsere eigenen Schultern laden und zu selten Christus den Kopf sein lassen, der uns vor trügerischer Selbstüberschätzung warnt und bewahrt. Denn nicht wir sind es, die Gemeinde aufbauen, Christus ist es ...

Möglicher Schluß
Der Künstler Joseph Beuys hat einmal gesagt: »Jeder Mensch ist ein Künstler.« Er meinte damit, daß jede und jeder in dem persönlichen Bereich Künstlerin und Künstler ist. Diese Aussage hätte auch in unserem Predigttext stehen können. Jesus Christus hat uns allen große Begabungen geschenkt, durch die seine Gemeinde wachsen und zur Vollendung gelangen kann. Wir selbst können nicht mehr geben als wir von ihm empfangen haben. Aber wo wir auf diese Gaben vertrauen, wird auch Sehenswertes entstehen.

Kontext

Ich kenne nichts, was Gott auf Erden näher kommt als Archie Fair. Er spricht, als stünden seine Worte bereits irgendwo geschrieben. Jedes Wort hat Gewicht, jeder Satz hat eine tiefe Bedeutung. Seine Predigt ist wie Musik, und seine Musik – sowohl der Gesang aus seinem Mund als auch der Klang seiner Gitarre – packt mich so sehr, daß ich aufstehen und tanzen will. Er sagt etwas, und die Gemeinde erwidert es, hin und her, hin und her, bis wir uns zusammen in einem nicht enden wollenden Rhythmus wiegen. Seine Stimme ist tief und rauh, seine Gitarre ist hoch und rein; sie scheinen einander zuzusingen, sich miteinander zu unterhalten in einer Art himmlischer Sprache, die ich unbedingt lernen muß. Der Chor fällt ein, die Gemeinde schließt sich dem Chor an, und ich bin inmitten einer Welt voller Musik, die erfüllt ist von reinstem Geist.
(B. B. King, Ein Leben mit dem Blues, Palmyra Verlag, Heidelberg 1998, Seite 32 f.).

Trinitatis

Annäherungen an den Predigttext
Brief an die Gemeinde in Ephesus 1,3–14

Ludwig Burgdörfer

In einem Kreis vertrauter Bibelkundler, die sich im 14tägigen Rhythmus zu Bibelgesprächen treffen, haben wir diesen Text besprochen.
Zuvor aber eine allgemeine Gesprächsrunde über den Stellenwert des Briefes. Welche Assoziationen haben Sie, was fällt Ihnen zum Brief ein – ganz allgemein. Freude, Spannung, Erwartung, Lebenszeichen, gute Wünsche, handgeschrieben, Liebesbriefe ... Durchweg positive Anklänge, kaum Negatives!
Nach dem ersten Verlesen des Textes spontane Reaktionen: »Den Brief haben die Leute in Ephesus nicht so schnell aufgemacht.« »Den muß man mehrmals lesen.«
Reihum suchen wir Signalwörter oder besondere Versteile, die uns spontan entgegenwinken:
- in seiner Liebe dazu bestimmt, Kinder zu sein
- erwählt
- ehe der Welt Grund gelegt war

Erste Kommentare zu der Wirkung dieses Briefes:
Dieser Brief ist nicht gleich schön, sondern erst einmal schön schwierig! Er enthält lauter verschlossene Schubladen, viele selbstverständliche Unverständlichkeiten. Aber das Motiv Gnade ist dominant. Paulus versucht zusammenzubringen, was zusammen gehört: Himmel und Erde.
Fazit: Von diesem Brief muß sich jeder einen kleinen Zipfel vornehmen, ihn mit nach Hause nehmen, ihn immer wieder anschauen und den Rest erst einmal den anderen überlassen.
Im Hinblick auf eine entstehende Predigt empfiehlt die Gruppe, der Prediger/die Predigerin möge ebenfalls nur Teile anschauen und gar nicht erst mit dem Anspruch auf die Kanzel gehen, diesen ganzen Brief erschöpfend auslegen zu wollen.

5 Vorschläge werden für mögliche Fokussierung gemacht:
1. Vers 14: Erlösung, Freiheit
2. Vers 7: Vergebung

3. Vers 13: Heiliger Geist, der glauben hilft
4. Erwählt, vorherbestimmt, Kinder zu sein und Erben
5. Himmel und Erde zusammenbringen, Vers 10.

Nach gut 1 1/2 Stunden stellte die Gruppe einvernehmlich fest, daß wir mit diesem Brief vorerst nicht fertig werden. Er enthält zu viele Rätselworte, die für uns neu in ihrer dogmatischen Substanz und in ihrer theologischen Bedetung wiedergewonnen werden müssen. Ein Alphabetisierungsprogramm, das das Credo durchbuchstabiert, könnte leicht zu einer anstrengenden Gripsgymnastik werden und in der Tendenz seine Menschenfreundlichkeit verlieren.

Die Gruppe war nach dem Besprechen dieses Textes sichtlich erschöpft und manche sagten sogar, sie seien erschlagen von soviel theologischem Insiderwissen, das Paulus hier präsentiert, ohne es zu dechiffrieren. Ein Brief mit 7 Siegeln, der mindestens 7 mal anders gelesen und gepredigt und gehört und entdeckt werden kann. Ihn kommentarlos vor der Gemeinde zu verlesen, birgt schon die Gefahr einer kollektiven Disqualifizierung. Distanzierte, kirchenferne oder auch nur sporadisch anwesende GottesdienstbesucherInnen müssen angesichts dieser theologischen Dichte automatisch ihre eigenen defizitären Befindlichkeit in Sachen Glaubenswissen bewußt werden. Da aber ein Brief, eine Predigt, ein Gottesdienst vor allem eine Brücke des Verstehens und der Verständigung bauen möchte, braucht es in der Kraft und Dynamik des Heiligen Geistes einer gehörigen Portion neuer Übersetzung und Suche nach adäquaten Vokabeln, die das Geheimnis lüften.

Schlimm wäre, wenn der uneinholbare Vorsprung der Wissenden durch diesen Text gestärkt und andererseits die Unzugänglichkeit der Outsider manifestiert und bestätigt wird. Insofern ist dieser Predigttext eine echte Herausforderung für das Dolmetschinstitut unserer Predigtwerkstatt.

Idee: Wir schreiben Paulus eine Brief und antworten ihm direkt und deutlich!

Zum Gottesdienst

Traugott Schächtele

Exegetisch-homiletische Skizze

Kein Wunder, daß es das Trinitatsfest so schwer hat! Den Hauptfesten des Kirchenjahres liegen Geschichten zugrunde, unglaubliche manchmal, aber immer getragen von unserer Sehnsucht, es möchte so sein, wenn es denn (noch) nicht so ist. Die Geburt eines Kindes an Weihnachten knüpft an alltägliche Erfahrungen an. Ostern ist der Präzedenzfall der Überwindung des Todes, vorweggenommen in der Lebensgeschichte des Menschen Jesus aus Nazareth. Pfingsten - das Fest der Begeisterung - hat seinen Ort am Ursprung der Geschichte der Kirche und von dort an - durchlaufend, wenn auch nie wirklich »mehrheitsfähig« - vielfach gebrochen, aber immer präsent in jeder Phase der Kirche - und manchmal darüber hinaus.

An Trinitatis steht ein topos der Dogmatik im Mittelpunkt und der wohl geheimnisvollste dazu. Auf das Fest der Dreieinigkeit oder der Dreifaltigkeit Gottes ist beinahe die Hälfte der Sonntage des Kirchenjahres bezogen, doch ist dies kaum in der Hochschätzung des Themas dieses Sonntags begründet. Das Bekenntnis zum Glauben an Gott in drei Personen ist das Ergebnis eines theologischen Denkaktes. Es ist der Versuch, die innere Dynamik - das Gott immanente Kommunikationsgeschehen - mit seiner Außenwirkung in Entsprechung zu bringen. Augustinus hat 20 Jahre an seinem Werk »De trinitate« gearbeitet (399 bis 419). Der Streit, ob der Geist nur vom Vater oder zugleich vom Vater und vom Sohn ausgeht - die Auseinandersetzungen um das »filoque« - ist bis auf den heutigen Tag ein theologischer Konfliktpunkt zwischen Ost- und Westkirchen geblieben. Ob heute von Gott überhaupt noch in der Sprache der hellenistischen Philosophie - etwa in der Unterscheidung von »Personen« innerhalb der Gottheit - gesprochen werden könne, ohne die Rede von Gott dadurch zugleich zu verdunkeln, ist ebenso strittig wie die den gewählten trinitarischen Unterscheidungen zugrundeliegenden männlichen Personen-Bilder.

Der vorgeschlagene Predigttext zum Trinitatisfest komplettiert die eben beschriebenen Schwierigkeiten; ja er steigert sie in ein auf den ersten Blick unerhörtes Maß trinitarischer Verirrungen und Verwirrungen. Das Thema der Trinität taucht bestenfalls indirekt auf; dafür in 12 Versen ein Feuerwerk urchristlich-systematischer Rede, die jüdische Sprachformen (die Beracha als Segenswort) mit paulinischen Theologie-Anteilen vermengt, die zugleich von hellenistisch-gnostischem Gedankengut geprägt sind.

Den Hörerinnen und Hörern dieses Textes wird es in unseren Gottesdiensten vermutlich noch schlechter ergehen als den ursprünglichen Leserinnen des Epheserbriefes damals, die zumindest noch im zugrundeliegenden religiös und populär-philosophisch buntgemischten Denkhorizont beheimatet waren. So sind alle Voraussetzungen gegeben, dem Thema der Trinität seine der theologischen Fachgelehrsamkeit zugeschriebene Geheimnisumwobenheit und scheinbare Unverständlichkeit zu belassen und auf diese Weise das dazugehörige Fest dem Dornröschenschlaf mitnichten zu entreißen. Die Reaktionen des Kreises »vertrauter Bibelkundler« in den Annäherungen tut ein übriges, um diese Behauptung zu bestärken.

Dabei ist die Perikope durchaus ein Lehr-, ja sogar ein Glanzstück nicht nur der neutestamentlichen Literatur. Ihr überschäumender, durch kein Satzzeichen wirklich zu brechender Wortfluß, ihre theologische Dichte und die Unverblümtheit, mit der Paulus - und dessen Interpretation im Kolosser-

brief - weiter hellenistisch be- und verarbeitet und derart »nachpaulinisch« wird, verdient zweifellos unsere Bewunderung und zeigt, daß theologisches Nachdenken bereits in der Anfangsphase der Kirche (konkret in der zweiten bzw. dritten Generation) auf hohem Niveau angesiedelt war.
Der vorgeschlagene Text stellt sich in der dem damaligen Briefmuster vertrauten Form der Eulogie (= Wohlrede) vor. Möglichkeiten, das überfließende Lob Gottes zu gliedern, gibt es gleich mehrere. Man könnte die vier Strophen, die mit dem auf Christus bezogenen »in ihm« eingeleitet werden (Verse 4,7,11 und 13), ebenso als Strukturmerkmal heranziehen wie den Verweis auf das »Lob seiner Herrlichkeit« (Verse 6,12 und 14). Mir selber erscheint es am schlüssigsten, wenn man den Text als eine wie eine Perlenkette aufgereihte Entfaltung des Stichwortes »segnen« (Vers 3) versteht. So ergibt sich im Grunde eine »kleine heilsgeschichtliche Theologie«, die nicht nur die vertrauten Themen benennt (Erlösung, Vergebung, Einsetzung zu Erben usw.), sondern in Aufnahme von Gedanken des Kolosserbriefes auch den kosmischen, unsere Welt zum Himmel transzendierenden Christus mit reflektiert.
Auf diese Weise wird der Text in seiner Buntheit und Fülle nicht nur der theo-kommunikativen Absicht des Themas der Dreifaltigkeit Gottes am ehesten gerecht. Man kann durch den Verweis auf das der »Grundlegung der Welt« vorausgehende Schöpferwirken Gottes (Verse 3 f.), das »erlösende Wirken« Christi (Vers 7) sowie die »Versiegelung« mit dem Heiligen Geist (Verse 13 f.) eine legitime und theologisch sachgerechte, wenn auch gewiß nicht zwingende Brücke zur Trinität schlagen, die tragfähiger ist als eine ausschließlich sekundär-assoziative Verbindung.
An keinem Trinitatisfest sollten wir die Gelegenheit ungenutzt vorübergehen lassen, dieses Fest zurückzugewinnen. Es kann doch gar nicht sein, daß wir bereits eine Woche nach Pfingsten in einen mehr als zwanzig Sonntage dauernden Kirchenschlaf versinken. Wie Quasimodogeniti (der »weiße« Sonntag) mit dem Taufthema die Ostererfahrungen durch das Zeichen der Taufe im Leben der Christinnen und Christen verankert, so müßte Trinitatis das Fest des Heiligen Geistes - und das Gottesfest schlechthin - ins Leben ziehen. Trinitatis müßten wir als ein fröhlich-schwingendes Fest im Kirchenjahreskalender etablieren, als christliche »Simchat-Tora«, als ein Fest der überfließenden und überschäumenden Gottesfreude - mit Musik, Tanz und Worten, die etwas von der Bewegtheit des Ephesertextes widerspiegeln. Nur so können wir wirklich bis zum Ende des Kirchenjahres davon zehren.

Vorschläge zur Liturgie

Lieder
EG 139: Gelobet sei der Herr
EG 140: Brunn alles Heils

EG 268: Strahlen brechen viele aus einem Licht
EG 499: Erd und Himmel sollen singen
EG 579 (Regionalteil Baden): Die Gnade unseres Herrn Jesus Christus
EG 617 (Regionalteil Baden): Kommt herbei, singt dem Herrn

Eingangsgebet

Gott, in Vielfalt von Leben durchpulst, nahe willst du uns sein.
Voller Erwartung sind wir: dir heute zu begegnen, deine Wunder zu entdecken, wo wir gar nicht mehr mit dir gerechnet haben;
deine Gegenwart zu spüren, wo wir uns so gerne hinter der ach so heilen Vergangenheit verschanzen;
dein Wort herauszuhören aus den vielen Worten, die wir machen.
Spüren, wie deine Hand sich auf uns legt und uns ruhig macht - und zum Jubeln bringt,
ja, das wollen wir, weil du uns hörst, wenn wir zu dir rufen.
Verbirg dich nicht hinter Formeln und klugem Wortgeklüngel.
Reiß die Mauern nieder, die wir um dich herum gebaut haben.
Kyrie, eleison!

Tagesgebet

Gott, du bist Ein und Alles in der Dreiheit.
Um ein Dreifaches bitten wir dich:
Um die Bewahrung deiner guten Schöpfung.
Um Frieden zwischen den Menschen auf dieser Erde
und Frieden in uns selbst,
Frieden auch mit der Natur, von der wir leben.
Und um Gerechtigkeit bitten wir dich,
die wächst aus der Kraft des Verzichtes
bei denen, die aus der Fülle schöpfen,
und die denen zum Leben verhilft,
die längst noch nicht genug zum Leben haben.
Nach einer Welt sehnen wir uns, erfüllt von deinem Geist -
heute und für alle Zeit.
Gemeinde: Amen.

Fürbittengebet

Gott, Grund der Schöpfung,
du bist irdisch und zugleich himmlisch,
deine Welt rufen wir dir ins Gedächtnis, die vielfach geschundene,
und doch Ort des kleinen und großen Glücks,
das Menschen auf ihr finden können.
Nimmst du sie noch wahr,
die kleine, unscheinbare Kugel im großen All?
Groß bist du, weil du das Kleine groß machst!

Gott, du bist Mensch geworden, Nachbarin und Nachbar in Christus,
dem wir Schwester und Bruder werden können.
Das Feuer muß dir in den Augen brennen,
mit dem Menschen diese Welt tagtäglich überziehen;
die Gewalt muß dir weh tun,
die aufkeimendes, blühendes Leben austrocknen will
in unsäglichen Katastrophen.
(Hier kann auf Ereignisse der jüngsten Vergangenheit eingegangen werden!)
Menschlich bist du, weil wir dir abspüren können,
wie du uns haben willst!

Gott, du weckst Begeisterung,
du bringst uns in Bewegung,
ja hebst uns empor, engelgleich -
wie wenn wir Flügel hätten.
Unsere Geistlosigkeit muß dich verstummen lassen -
oder verführen zur Barmherzigkeit,
indem du uns neuen Atem einhauchst.
Pulsierendes Leben bist du,
das uns aufweckt, ansteckt
und uns erst wirklich leben läßt!

Gott, in Dreieinigkeit, in Vielfalt,
mache die vertrauten Worte lebendig,
mit denen wir jetzt zu dir beten: *Vater unser*

Grundsätzlich sollte man an Trinitatis die Möglichkeit nutzen, die trinitarischen Bezüge der Gottesdienstliturgie ins Bewußtsein zu rücken: insbesondere 1. eröffnendes Votum und 2. kleines Gloria zum Abschluß des Eingangspsalmes, 3. eventuell großes Gloria, 4. Glaubensbekenntnis, 5. Kanzelgruß und 6. trinitarisch aufgebaute Gebet sowie 7. trinitarische Formulierungen in den ausgewählten Liedern.

Vorschläge zur Predigt

Modell 1

Der »Kreis vertrauter Bibelkundler« (vgl. »Annäherungen«) entschließt sich, einen Brief an Paulus (besser an den Autor, der sich auf die Autorität des Paulus beruft) zu beschreiben. Ein solcher Brief darf sich aber nicht darin erschöpfen, dem Autor seine unverständliche Rede respektive Schreibe vorzuwerfen. Dies wäre im Sinne des Trinitatisfestes eher kontraproduktiv. Zum Ausdruck gebracht werden müßte eher die staunende Anerkenntnis, daß Gott - und die Rede von Gott - unsere vernunftgeprägten Zugänge oft übersteigt. Wir sollten in diesem Brief eher davon erzählen, wie wir heute von Gottes Vielfalt reden, welche Rolle Gott in unserer Welt, in unserem Leben spielt - und vor welche Schwierigkeiten uns das Gottesthema heute stellt; dies alles nach dem biblischen Predigtmodell, das Walter Hollenweger so beschreibt: »Die biblische Predigt legt selten einen Predigttext aus. Sie legt die Fragen der Zuhörer/innen aus« (Boldern-Morgengruß, 1. Juli 1999, Boldern-Selbstverlag, Männedorf, Zürich). Ein gutes trinitarisches Themenmodell geben die Themen des konziliarischen Prozesses (Gerechtigkeit, Frieden, Bewahrung der Schöpfung) ab.

Modell 2
Eine eher »klassische« Predigt könnte folgendermaßen entfaltet werden.

Einstieg/Beginn:
Gerade eine Woche ist es her, da haben wir das Pfingstfest gefeiert - das Fest des Heiligen Geistes. Mit einem Mal war sie da: die Kirche als Gemeinschaft der Geistbegabten. Die eben noch so mutlosen Anhänger/innen Jesu verspüren wieder Rückenwind - im wahrsten Sinne des Wortes. Dieser Wind - so kommt es mir heute vor - hat sich gedreht und weht uns ins Gesicht - so kräftig und mächtig wie schon lange nicht mehr! - Jetzt Beispiele der grundsätzlichen und der aktuellen Kirchenkritik entfalten - wehleidiges Lamentieren hilft allerdings nicht weiter. Wir sind ein - wenn auch ein nach wie vor beachtlicher und beachtenswerter - Anbieter auf dem religiösen Markt. Hilfreich ist dabei die Konzentration auf das Wesentliche. Das heutige Trinitatisfest könnte sich dafür als sehr hilfreich erweisen. Der Predigttext aus dem Epheserbrief ermöglicht einen unkonventionellen und nicht immer leichten, aber dem Trinitatisfest angemessenen Zugang. Jetzt folgt Verlesung des Predigttextes.

Hauptteil
Hier beispielhaft auf einige »Perlen« des Textes eingehen, dabei vor allem den kosmischen Bezug (Vers 10) nicht übergehen. In diesem Zusammenhang können die an den Himmel gerichteten Sehnsüchte und Hoffnungen (vgl. Hale Bopp, Sonnenfinsternis, Horoskope) problematisiert und mit der All-Herrschaft Christi in Beziehung gesetzt werden.
Jetzt müßte der Versuch einer verantwortbaren Rede von der Drei- bzw. der Vielfaltigkeit Gottes gewagt werden: Das Bekenntnis zu der Dreieinigkeit Gottes ist dogmatische Rede, Rede in den Formeln der Tradition (möglich wäre ein Verweis auf die Synoden von Nicaea und Konstantinopel). - Der Autor des Epheserbriefes wählt einen anderen Weg. In überschäumenden Formulierungen entfaltet er die Relevanz und die Schönheit des Gottesglaubens im »Evangelium von eurer Seligkeit« (Vers 13).
Kommunikation ist ein Zauberwort der Gegenwart. Ohne Kommunikation gibt es keine gelingenden Beziehungen. Im World Wide Web ist die Gleichzeitigkeit der Kommunikation eine totale.
Das Bekenntnis zum drei-einigen Gott weitet und begrenzt zugleich die Kommunikation der Liebe Gottes - nach außen wie nach innen. Gott bindet sich an die Schöpfung, zeigt sein Gesicht im Menschen Jesus aus Nazareth und bewahrt, beflügelt und begeistert die Gemeinschaft derer, die

nach ihm fragen durch seinen Geist der Zuwendung und der Menschen- bzw. Schöpfungsfreundlichkeit.

Schluß
(dem Anlaß Trinitatis und dem Text angemessen in zeitgemäß-doxologischer Sprache formulieren): Von Gott reden heißt seine Gegenwart feiern. Gottes Gegenwart feiern heißt, den Ort seiner Lebendigkeit unter uns zu entdecken und öffentlich zu machen. Wir alle sind von Gott Begeisterte. Gottes Vielfalt bricht sich in der Vielfalt seiner Schöpfung. In unserem Singen und Feiern. In der Liebe, die uns einander anvertraut und die uns schön macht. Gottes Dreieinigkeit macht uns Mut, unsere Vielfalt zu entdecken und ins Spiel des Lebens einzubringen. Mehr als die nächsten zwanzig Sonntage - ja ein Leben lang - haben wir dafür Zeit.

Modell 3
Eine Predigt über die drei Artikel des Apostolicums oder des Nicaenums - unterteilt durch Liedstrophen oder improvisierend-interpretiernde Zwischenspiele der Orgel oder anderer Instrumentierungen - könnte Teile des Predigttextes jeweils einem Artikel zuordnen: Verse 3-6 (1. Artikel), Verse 7-10 (2. Artikel) und Verse 11-13 (3. Artikel). Bei in Vielfalt vorhandenen Instrumentalisten wären nach meinem Empfinden (anderes ist hier erlaubt und wird ausdrücklich angeregt) dem 1. Artikel Blechbläser, dem 2. Artikel Streicher und dem 3. Artikel Holzblasinstrumente zuzuordnen.

Kontexte

Die Trinität - verstanden als die Lebendigkeit Gottes nach innen und außen - erschließt sich wohl am besten in zeitgenössischen und verständlichen Glaubensbekenntnissen. Ansonsten zeigt sich der Inhalt des trinitarischen Dogmas selbst bei ansonsten auch in einer breiteren Öffentlichkeit rezeptierten und akzeptierten Theologen als nur schwer zu erschließen. Dazu nur zwei Beispiele:
Hans Küng, Christ sein, © Piper Verlag GmbH, München 1974, Seite 582: Die Einheit von Vater, Sohn und Geist ist als Offenbarungsgeschehen und Offenbarungseinheit zu verstehen: In trinitarischer Betrachtungsweise muß über die christologische hinaus das Verhältnis von Gott und Jesus im Hinblick auf den Geist reflektiert werden; eine Christologie ohne Pneumatologie (Lehre vom Geist) wäre unvollständig.
Jürgen Moltmann, Der gekreuzigte Gott, © Chr. Kaiser/Gütersloher Verlagshaus, Gütersloh, 6. Auflage 1993: Denkt man die Dreieinigkeit als ein Geschehen der Liebe im Leiden und im Tode Jesu (...), dann ist die Trinität kein in sich geschlossener Kreis im Himmel, sondern ein für die Menschen offenbar eschatologischer Prozeß auf der Erde, der vom Kreuz Christi ausgeht.

1. Sonntag nach Trinitatis

Annäherungen an den Predigttext Jeremia 23,16–29

Dieter Schupp

Unterwegs auf der A 6.
Ich gebe ihr eine Bibel und bitte sie, den Textabschnitt zu lesen.
»Was werden die Leute denken, wenn sie mich in der Bibel lesen sehen?«, sagt sie.
»Ich weiß nicht.«
Dann nimmt sie die Bibel in die Hand und schlägt im Inhaltsverzeichnis nach, um Jeremia zu finden. Sie sucht eine gute Weile, findet dann endlich die Stelle und beginnt zu lesen.
Dann sagt sie: »Was jetzt?«
»Sag mir, was dir dazu einfällt.«
»Nichts Neues! Es haben schon immer in der Geschichte der Menschheit die ›wahren‹ Propheten vor den ›falschen‹ Propheten gewarnt. Das wird auch weiterhin so sein und bis in Ewigkeit so bleiben. Und es wird immer auch genug Leute geben, die stolz darauf sind, wenn sie sich zum Kreise der ›wahren‹ Propheten rechnen dürfen.«
»Und wie kann man die ›wahren‹ Propheten von den ›falschen‹ Propheten unterscheiden? Was meinst du?«
Sie lacht. »Genau das habe ich mir auch überlegt. Keine Ahnung! Ich weiß nur, daß schon immer die ›wahren‹ Propheten behauptet haben: Zu den ›falschen‹ Propheten gehören alle, die nicht zu uns gehören. So einfach ist das.«

Ich beschimpfe den BMW-Fahrer, der mich mit der Lichthupe auffordert, die linke Fahrbahn freizumachen.
Sie: »Ich bin umgeben von ›wahren‹ und von ›falschen‹ Propheten, das weiß ich. Und auf beide bin ich schon hereingefallen!«
»Hereingefallen?«
»Ich meine, das habe ich schon erlebt, daß ich dachte, die oder jene Person sei ein ›wahrer‹ Prophet, verließ mich auf ihn bzw. sie und es stellte sich später heraus: Ich habe mich bzw. sie haben mich getäuscht.
Und umgekehrt: da glaubte ich, es mit einem ›falschen‹ Propheten zu tun zu haben. Aber dann lernte ich ihn näher kennen, und ich ließ mich vom

Gegenteil überzeugen. Verstehst du, was ich damit meine? Geht es dir nicht auch so?«
Ich nicke.
Sie setzt sich zurecht. »Für mich sind das die ›wahren‹ Propheten, die das weissagen und aussprechen, was in etwa auch meinem Denken entspricht. Sie geben mir und ich gebe ihnen recht.«
»Gibst du ihnen recht, nur weil sie dir recht geben?«
»Du, die Frage ist mir zu kompliziert!«

Ich überhole einen weißen Peugeot 205 mit einem französischen Kennzeichen. Zwei junge Männer winken, sie winkt zurück.
»Kann es sein«, fragt sie mich, »daß ich manchmal beiden recht gebe, ohne zu wissen, ob sie überhaupt recht haben?«
»Das kann sein.«
»Aber ich kann ihnen auch widersprechen. Mal leise und mal ganz laut! Dann nämlich, wenn ich etwas für mich als richtig erkannt habe und die Propheten um mich herum dies nicht auch so sehen und gelten lassen wollen.«
»Dann sind das also die ›wahren‹ Propheten, die das sagen, was du für dich als richtig erkannt hast?
»Quatsch! Natürlich nicht!«
Sie ist beleidigt und schweigt eine Weile.
Dann fordert sie mich auf: »Sag du doch auch mal 'was!«
»Für Jeremia ist Widerspruch dann geboten, wenn das, was ist, nicht mit Gottes Wort und Willen in Einklang zu bringen ist. Ich glaube, freilich ohne es beweisen zu können, daß diejenigen ›Propheten‹, die mich ruhig stellen und zum Nicken bringen wollen, die ›falschen‹ Propheten sind. Allerdings weiß ich auch: Mit ihren beruhigenden Worten im Ohr schläft es sich besser.«

Sie gibt mir einen Kuß.
Dann liest sie wieder in der Bibel und sagt: »Das hier kann ich bestätigen, weil ich's schon selber erlebt habe. Ein einziges Wort kann wirklich wie ein Feuer sein und wie ein Hammer. Versengen und verbrennen, verbeulen und in Stücke hauen.«
»Und dann leben müssen mit den Folgen –«
»Klar. Mit Fetzen, Asche, Löchern, Sprüngen, Rissen und so.«
»Nur negative Assoziationen ...?«
»Ja und nein. Manchmal tut ein Riß sehr weh, manchmal aber ist er auch nötig und heilsam.«
»Jeremia redet an gegen die, die stets versuchen, zu kitten und zu kleben.«
»Er soll sie zum Teufel schicken! – Aber Moment 'mal, es ist ja auch vom Feuer die Rede. Warum nur habe ich dabei bloß an Zerstörerisches gedacht!? Feuer, das kann doch auch heißen: Feuer unterm Hintern, also

Bewegung, Unruhe, knisternder Schwung. Anfeuern, genau! Ein Wort kann anfeuern ...«

Am Autobahnkreuz Frankenthal muß ich bremsen, weil ein Viehtransporter zum Überholen ansetzt.
Sie fragt: »Wie kommst du eigentlich mit einem Gott zurecht, der von sich behauptet, 'mal dir nahe und 'mal dir fern zu sein?« Sie schaut mich an.
»Damit müssen wir fertig werden. Gott, einmal der Vertraute, der uns ganz nahe ist, und dann wieder der Ferne, der uns scheinbar nicht kennt.«
»Kein protestantisches Entweder - Oder?«
Sie ist katholisch.
Ich antworte ihr: »So nahe, daß er mir bedeutet: Ich habe mir schon etwas bei mir gedacht, als ich dir das Leben gab. Und nichts weiter will ich sehen als deine Person, die ich berufen habe in deiner Art. Und so fern, daß er mir zu verstehen gibt: Richtig ist das nicht, was du gerade aus deinem Leben machst. Ich kann dir in diesem Augenblick nur so nahe sein, daß ich dich wissen lasse, wie weit du dich von mir entfernt hast.«
»Jetzt redest du wie ein Pfarrer am Sonntag.«

Am Viernheimer Kreuz muß ich die Fahrbahn wechseln.
Ich frage sie danach und sie erwidert: »Was für mich die Hauptsache ist? Vielleicht daß ich genauer hinhören sollte, um den falschen Propheten nicht auf den Leim zu gehen. Und für dich?«
Ich sage: »Du sollst nicht länger im Widerspruch zu Gottes Plan und Willen leben, dir und deinen Gefühlen entgegen.«
»Mit allen Folgen? Ohne Bedenken?«, fragt sie. »Was aber, wenn's schief geht?«
»Gott läßt uns durch seinen Propheten Jeremia wissen: Wenn du mich suchst, so will ich mich von dir finden lassen.«
Sie gibt mir die Bibel zurück mit der Bemerkung: »Gottlob, das ist ein grades Wort.«

Kurz hinter der Autobahn-Abfahrt Lorch liest sie mir aus einer Zeitschrift diesen Satz vor: »Von entscheidender Bedeutung ist die Fähigkeit vorauszusagen, daß manche Dinge nicht voraussehbar sind.«
Rousseau hat ihn sich erdacht.
Bis Darmstadt reden wir über diesen Satz.
Dann fragt sie mich: »Wieso sind wir eigentlich von Jeremia weg und auf Rousseau gekommen? Sag!«
»Manche Dinge sind eben auch nicht erklärbar.«

Zum Gottesdienst

Helmut Gröpler

Reaktion auf die »Annäherungen«

Danke, lieber Dieter Schupp, für Dein Gespräch auf der A 6. Es scheint mir bereits eine kleine »erzählende Predigt« über unseren Text zu sein. Ein paar Sätze der »Hinführung zum Predigttext« habe ich mir für die Predigt angestrichen: »Ich meine, das habe ich schon erlebt, daß ich dachte, die oder jene Person sei ein ›wahrer‹ Prophet, verließ mich auf ihn bzw. sie und es stellte sich später heraus: Ich habe mich bzw. sie haben mich getäuscht. Und umgekehrt: da glaubte ich, es mit einem ›falschen‹ Propheten zu tun zu haben. Aber dann lernte ich ihn näher kennen und ich ließ mich vom Gegenteil überzeugen. Verstehst du, was ich damit meine? Geht es dir nicht auch so? ...« – Das Problem der »falschen« und »richtigen« Propheten möchte ich noch weiter bedenken.
Angestrichen habe ich mir auch die Umschreibung von Kap 23,29. Ich finde sie gelungen und möchte in der Predigt darauf zurückkommen: »Ein einziges Wort kann wirklich wie ein Feuer sein und wie ein Hammer. Versengen und verbrennen, verbeulen und in Stücke hauen« –
»Und dann leben müssen mit den Folgen –«
»Klar. Mit Fetzen, Asche, Löchern, Sprüngen, Rissen und so.«
»Nur negative Assoziationen ...?«
»Ja und nein. Manchmal tut ein Riß sehr weh, manchmal aber ist er auch nötig und heilsam.«
... »Aber Moment mal, es ist ja auch vom Feuer die Rede. Warum nur habe ich dabei bloß an Zerstörerisches gedacht!? Feuer, das kann doch auch heißen: Feuer unterm Hintern, also Bewegung, Unruhe, knisternder Schwung. Anfeuern, genau! Ein Wort kann anfeuern ...« Sie gibt mir die Bibel zurück mit der Bemerkung: »Gottlob, das ist ein gerades Wort.«
»Das ist ein gerades Wort« – auch die exegetisch-homiletische Skizze wird's zeigen.

Exegetisch-homiletische Skizze

Treffend sagt G. v. Rad (Theologie des Alten Testaments II, Seite 217): »Die Auseinandersetzung mit seinen eigenen Berufskollegen gehört wohl zum Schwersten, was Jeremia durchzukämpfen hatte. Tatsächlich scheint er sich auf diesem Gebiet durch die Problematik zuweilen nicht durchgefunden zu haben. Man sieht ihn förmlich auf der Suche nach praktischen Kriterien, an denen der falsche Prophet zu erkennen sei.«
Jeremias weiß: Es geht ihm um den lebendigen Gott, der nicht bloß Luftspiegelung ist, sondern Realität. In ihm brennt es wie Feuer. Er muß reden.

Wie gern würde er schweigen. Ich denke an Karl Barth, der aus Texten wie diesem, sagen konnte: Deus dixit! Gott spricht, alles andere hat zu schweigen. Alles Eigene und Selbstersonnene. Jeremia kommt auf den Inhalt des Wortes zu sprechen. Gottes Wort ist Klarheit. Falsche Prophetie vernebelt. Jeremia warnt vor den Heilspropheten: »Sie betrügen euch.« Das Hebräische ist noch deutlicher. *Häbäl* = Windhauch, Dampf, Nichts, Täuschung.
»Sie verführen euch zum Götzendienst. Sie führen euch ins Nichts, in den Nebel.« Martin Buber übersetzt: »Sie umdunsten euch.« Man will nach dem greifen, was sie sagen, aber es erweist sich als nichtig und trügerisch. Gottes Wort gibt Klarheit; falsche Prophetie vernebelt. Was von den Heilspropheten weisgemacht wird, hält nicht stand.
Es gibt solche Maßstäbe, an denen sich alle Verkündigung des Wortes Gottes messen lassen muß. Kriterien für unser Urteil über rechte und falsche Verkündigung sind von diesem Jeremiatext her zu nennen. 1. Uns muß jedes Reden von Gott verdächtig sein, in dem mit frommen Worten nur bestätigt, untermauert oder verklärt wird, was andere Menschen schon von sich aus wünschen, planen oder sagen.
Deshalb heißt es 2. V. 16: »Diese Propheten (nämlich die falschen) verkünden euch Geschichte aus ihrem Herzen und nicht aus dem Munde des Herrn.«
Generalsuperintendent Günter Jacob hat 1971 in einer Predigt in der Klosterkirche in Cottbus gesagt: »Gott darf nicht vor den eigenen Wagen, nicht vor den Wagen des Kapitalismus, aber auch nicht einfach vor den Wagen des Sozialismus gespannt werden. Da droht falsche Verkündigung, und da muß dann widerstanden werden, wo man grundsätzlich bestreitet, daß ein Konflikt möglich ist zwischen dem, was Gott gemäß seinem Wort heute von uns fordert, und dem, was Partei, Staat und Öffentlichkeit von dem einzelnen Christen und von der Kirche fordern.«

Vorschläge zur Liturgie

Lieder
EG 326 Sei Lob und Preis dem höchsten Gut, besonders Vers 8: Die falschen Götzen macht zu Spott …
EG 124 Nun bitten wir den Heiligen Geist
EG 140 Brunn alles Heils, dich loben wir

Kollektengebet
Allmächtiger, ewiger Gott,
du hast uns in dem Wort der Apostel und Propheten deinen Willen gegeben. Gib uns deinen Geist, daß er uns das Leben aufschließe und wir es gewinnen durch unseren Herrn Jesus Christus. Amen.

Wegweiser

Weh, wenn die Erfahrungen
über die Hoffnungen siegen.
Ohne Hoffnungen
keine Erfahrungen mehr.
Und,
wo die Erfahrungen enden,
beginnt der Glaube.
Aber genau das ist die Stelle,
an der auch die Zukunft beginnt.

(Aus: Heinz Kahlau: Flugbrett für Engel. © Aufbau-Verlag, Berlin/Weimar 1974)

Fürbittgebet

Gott, in jedem guten Wort, das Angst überwindet und Mut macht zu leben, bist du uns zugewandt;
und so können wir uns einander zuwenden - in Liebe.
Gib uns Einfälle der Liebe, damit was von dir gesagt wird, Menschen mit Wärme umfängt.
Laß es uns nicht lästig werden, Menschen aufzusuchen und - betroffen von ihrer Last - das Leben mit ihnen auszuhalten.
So beten wir für Bedrückte, für Behinderte, für Kranke, für Gefangene.
Laß uns erfahren, wie der Mensch den Menschen braucht.
Gott, bleibe uns zugewandt, und gib uns deinen guten Geist.

Vorschlag zur Predigt

Möglicher Predigtanfang

Hand aufs Herz, was erwarten Sie von Ihrem Pfarrer? Worin soll vor allem seine Funktion bestehen? Einige von Ihnen sind vielleicht der Meinung: Wir mögen ihn, wenn er niemandem wehe tut, wenn er bei jeder Grabrede fleißig lobt und den alten Adam streichelt. Ein anderer sagt vielleicht: Ich mag ihn als Prediger, wenn er genau das sagt, was ich mir schon immer gedacht habe!
Bei einer Pfarrwahl soll vor kurzem die Gemeinde erklärt haben, sie wünsche einen Pfarrer, der sie in Ruhe läßt.
Karl Barth hat einmal gesagt: »Der falsche Prophet ist der Pfarrer, der es den Leuten recht macht. Er ist dafür da, um von Gott zu zeugen; aber er sieht Gott nicht und will ihn nicht sehen, weil er zuviel anderes sieht. So sieht ein falscher Prophet aus, und ich weiß, daß ich eure Gedanken ausspreche, wenn ich sage: Ihr habt den Wunsch an mich, ein solcher falscher Prophet möchte ich sein.«
Es gibt richtige und falsche Propheten. Jeremia versuchte ein richtiger Prophet zu sein. Er hat den Leuten nicht nach dem Munde geredet. Er hat die

Lage nicht verharmlost. Aber er hat die Hoffnung für das Volk nicht aufgegeben.

Zum weiteren Verlauf

Jeremia warnt vor den Heilspropheten. »Sie betrügen euch.« Sie verführen euch zum Götzendienst. Sie führen euch ins Nichts, in den Nebel. Sie vernebeln das Gelände und führen euch dann hinein.

Falsche Prophetie vernebelt. Gottes Wort gibt Klarheit. Jeremia tritt für sie ein.

Es geht um die Frage, die uns als Prediger und als Predigthörer des Jahres 2001 auch umtreibt. Es gibt so viele zum Teil entgegengesetzte Äußerungen zu brennenden Problemen in der Kirche! Dennoch wird überall der Anspruch erhoben, Gottes Wort für die Menschen unserer Tage auszulegen. Die Frage ist für jeden von uns bedrängend genug: Gibt es überhaupt Maßstäbe, damit wir entscheiden können, ob uns z. B. in einer Predigt Gottes unbestechliche Wahrheit oder vielleicht nur die persönliche Ansicht einer Pastorin oder eines Pastors begegnet?

Gott fragt: »Bin ich etwa ein Gott aus der Nähe? Bin ich nicht vielmehr ein Gott aus der Ferne?« (23). Hier sind wir nicht mehr bei uns selbst, hier redet mit uns »der ganz andere«. Eben der Gott, der ganz anders ist als wir. Er ist Feuer. Er feuert uns an. Er gibt uns knisternden Schwung, Bewegung, Unruhe. Sein Wort kann anfeuern, uns den nächsten Schritt zeigen.

Wir können uns immer wieder erschrocken fragen: Wo ist die Wahrheit Gottes, und wo ist die Lüge? Wo ist das echte prophetische Zeugnis, und wo sind jene falschen Propheten?

Alle rechte Predigt gibt Klarheit. Sie will nicht Situationen der Geschichte »religiös untermauern« oder Trends bestätigen, sie hat den Mut, die Wahrheit zu sagen, auch wenn es unbequem wird.

Vielleicht haben Sie inzwischen schon an persönliche Erfahrungen in der Begegnung mit falschen Propheten und Heilspropheten gedacht. Aus der Zeit des Dritten Reiches füge ich noch einiges an: Zum Erntedankfest 1939 heißt es in einer Kanzelabkündigung des »Geistlichen Vertrauensrates der Evangelischen Kirche«: »Wir danken Gott, daß er unseren Waffen einen schnellen Sieg gegeben hat. Wir danken Gott, daß jahrzehntealtes Unrecht durch das Geschenk seiner Gnade zerbrochen und die Bahn freigemacht ist für eine neue Ordnung der Völker, für einen Frieden der Ehre und Gerechtigkeit. Wir loben dich droben, du Lenker der Schlachten und flehen, mögst stehen uns fernerhin bei.« Wir können uns im Rückblick nur tief schämen, daß solche schamlosen Stimmen einer falschen Prophetie einmal unsere Kirche so haben beherrschen und die Gemeindeglieder so haben verführen können.

Martin Niemöller saß schon seit Jahren im KZ Sachsenhausen. Er hatte, solange er auf der Kanzel in Berlin-Dahlem stehen konnte, eine andere Wahrheit Gottes verkündet, die ihn in schärfsten Gegensatz zu den damaligen Propheten brachte. Vor seiner Verhaftung 1937 sagte er in einer Predigt: »Wir haben eine Zeit der Gefährdung, wo man uns sagte: Es wird alles anders, wenn ihr aufhört, eine Verkündigung zu betreiben, die im Gegensatz zu dem steht, was die Welt um euch her verkündigt. Ihr müßt eure Botschaft der Welt anpassen. Wir dürfen aber aus dem Evangelium kein deutsches Evangelium machen, wir dürfen aber aus der Kirche Christi keine deutsche Kirche machen.«

Möglicher Schluß

Welch ein Predigttext heute! Möchten wir uns alle, Prediger und Hörer, neu zu der Sache rufen lassen, durch die wir alle angerührt werden und eine Existenzberechtigung haben:
WER MEIN WORT HAT, DER PREDIGE MEIN WORT RECHT.

Kontexte

Du, mein Gott, es ist nicht das erste Mal, daß mich die geheime Angst beunruhigt, der Schreck durchfährt. War ich, wenn ich das Evangelium des gnädigen Gottes zu verkündigen glaubte, nicht doch nur ein betrügerischer Heilsprophet, ein bequemer Kultdiener, der es seinen Hörern recht machen wollte? Gab ich dein Wort unverfälscht weiter, ungeschminkt, ungepanscht, so ärgerlich und unbequem, wie du es mir aufgetragen hattest?
Gebe ich *dein* Wort weiter - oder nur *meine* Geschichte, meine Sicht der Dinge, meine privaten Anschauungen? Kommt das, was ich sage, aus deinem Munde - oder doch wieder nur aus meinem Herzen (16b), den Istzustand bestätigend, schmerzstillende Beruhigungspille statt bittere, aber heilsame Medizin? Habe ich, bevor ich zu reden begann, »im Rat des Herrn», also vor dir gestanden und zugehört (22) - oder kolportiere ich nur unbestätigte, unautorisierte, verfälschte Nachrichten aus dritter Hand, Theologentratsch? Bin ich von dir autorisiert zu reden - oder maße ich mir nur an, dein Sprecher zu sein? ... Bist du nicht ein Gott, der Abstand zu wahren weiß, nicht auf schnellen »Schulterschluß« aus ist, sondern uns aus der Distanz gegenübertritt, in die Augen sieht, liebevoll, aber prüfend, forschend?
Verwechsle ich meine Träume mit deinen (25)? Ist meine Vorliebe mit Martin Luther Kings »I have a dream« womöglich verdächtig? Verwechsle ich meine Utopien nicht zu oft mit deinen Zukunftvisionen und Verheißungen? Wahrhaftig: »Stroh reimt sich nicht auf Weizen«. Dreschen meine Predigten leeres Stroh? Oder säe ich nahrhaften, fruchtbaren Weizen, reiche ich »Brot des Lebens«? Gott, dein Wort: »wie Feuer und Hammer« (29) - verzehrendes Feuer, zerschmetternder Hammer? Bist du, Schöpfer, denn zuletzt doch nur der Zerstörer und Vernichter deiner Werke? Oder ist der Hammer, der Felsen zerschmettert, der Hammer des Bergmanns, Schlegel und Eisen, die wertvolles Gold und Silber, nützliches Kupfer und Eisen aus dem Fels zu gewinnen wissen?
... Oder bist du nicht auch dann Schöpfer, wenn du mit Feuer und Hammer - wie der Schmied - das widerspenstige harte Eisen neu formst, damit endlich aus todbringenden Schwertern Pflugscharen werden, aus Gefängnisgittern Eggen und aus Spießen und Bajonetten Rebmesser?

Auch Nägel werden mit Feuer und Hammer geschmiedet. Nägel, wie die, mit denen Jesus ans Kreuz geschlagen wurde. Kannst du, Gott, nicht sogar aus den Nägeln und Hammerschlägen des Karfreitags österlich neue Schöpfung entstehen lassen? Kann der »Hammer, der Felsen zerschmeißt«, nicht auch den Stein zertrümmern, der vor dem Grab liegt, in dem ich eingeschlossen bin? Und kann, wenn du, Gott, am Werke bist - das verzehrende Feuer nicht zum Feuer des Pfingstfestes werden, mit dem du deine neue Schöpfung belebst?
(Klaus Zillessen in ZGP 3/94, Seite 38)

Für Karl Barth war in einer Predigt der Fall klar: »Der falsche Prophet ist der *Pfarrer*, der es den Leuten recht macht. Er ist dafür da, um von Gott zu zeugen; aber er sieht Gott nicht und will ihn nicht sehen, weil er zu viel anderes sieht ... Er träumt davon, er rede im Namen Gottes; aber er redet ja doch nur im Namen der Kirche, im Namen der öffentlichen Meinung, im Namen der ›anständigen‹ Leute, im Namen seiner eigenen kleinen Person ... So sieht ein falscher Prophet aus, und ich weiß, daß ich eure Gedanken ausspreche, wenn ich euch sage: Ihr habt den Wunsch an mich, ein solcher falscher Prophet möchte ich sein.«
(K. Barth: Der Pfarrer, der es den Leuten recht macht, aus: ders.: Gesamtausgabe, Bd. 29: Predigten 1916, © Theologischer Verlag, Zürich 1998.)

Aber es ist immer eine gefährliche Sache, im Auftrag Gottes die Wahrheit zu sagen. Wem zittern nicht die Knie, wenn er die Treppe zur Kanzel emporsteigt, um »Gottes Wort« zu verkündigen?
(Wilhelm Stählin, Predigthilfen III, Seite 242)

2. Sonntag nach Trinitatis

Annäherungen an den Predigttext
2. Brief an die Gemeinde in Korinth 14,1–3.20–25

Bärbel Schäfer-Goetz

Den Text habe ich in zwei Gruppen zur Diskussion gestellt: in der traditionellen Bibelstunde und im Gesprächskreis Junger Erwachsener.
In vier Schritten jeweils versuchte ich, die Gesprächsteilnehmenden an den Text heranzuführen:
1. Die Stufe der Wahrnehmung; Was habe ich gehört?
2. Die Stufe der Gefühlsäußerung: Was habe ich für Empfindungen, Gefühle verspürt?
3. Die Stufe der Einfälle: spontane Ideen, ungeordnet zu den biblischen Sätzen.
4. Die Stufe der Schlußfolgerung: Wir bündeln und sortieren das Gespräch.

In der Bibelstunde
versammelte sich eine kleine Gruppe älterer Menschen. Sie sind wenig eingeübt in einem kritischen Umgang mit biblischen Texten. Grundsätzlich sind sie eher gewohnt zu hören als selbst Stellung zu beziehen. Sie
1. nahmen war: nach der Liebe streben, prophetische Rede, Zungenrede
2. äußerten als Gefühl (zögernd): Distanz
3. sammelten als Einfälle: Pfingsten, Pfingstler, glauben und verstehen
4. kommentierten zusammenfassend: »Im Text wird über das Zungenreden verhandelt. / Er ist ein Plädoyer, wie eine Gemeinde reden soll. / Da war ein Mißstand – welcher? / Der Leitfaden ist das »prophetische Reden«.

Im Kreis Junger Erwachsener
treffen sich ca. 30- bis 35jährige, meist akademisch gebildet, im Frömmigkeitsstil sehr unterschiedlich. Das Gespräch war von Anfang an rege und intensiv. Sie
1. nahmen wahr: Liebe – bemühen – streben – Zungenrede – überführen – Aufruf zur prophetischen Rede an alle – Vers 20 wird 2mal wiederholt.
2. äußerten als Gefühle (spontan, schnell): anstrengend, peinlich, verunsichernd, unheimlich, Distanz, positiv herausgefordert, angeregt zu verstehen.
3. sammelten als Einfälle: Der Text ist faustisch. Er ist in der Schulsprache geschrieben (z. B. bemühen, streben, seid vollkommen). Die Frage: Was ist

eigentlich Zungenrede?, führte zu einem sehr persönlichen Bericht einer Teilnehmerin, die selbst Zungen reden kann, was aber noch niemand wußte. Dies gab eine Wendung im Gespräch. Die Rest-Distanz zum Text schwand: Wir reden nicht mehr nur über »irgendetwas« als Aufgabe, sondern dieses, um was es geht, geschieht unter uns!
Der Vers 25, das Überführtwerden, wurde stark hinterfragt und kritisch beleuchtet. Das Mißverständnis, hier würde jemand entblößt, entlarvt, wurde ausgeräumt. Es geht um ein inneres Gepacktwerden ...
4. diskutierten im freien Gespräch über die heutige und direkte Gemeindesituation vor Ort. Wie wird der Gottesdienst erlebt? Wie nah und intensiv sind in dieser »Gemeindeversammlung« die Gespräche? Gibt es bei uns Zungenreden, gibt es prophetisches Reden? Wie sähe ein Gottesdienst aus, wenn davon etwas geschehen würde?
Wie echt beten wir? Wie ernst nehmen wir Fürbitten? Aufgrund von Erfahrungen aus den USA, wie dort gebetet und Fürbitten geäußert werden, wurde erwogen, ob diese Art auch bei »uns« praktiziert werden könnte. Wieder Rätseln um den Vers 25, was heißt das überführt werden? Die Bitte an die theologische Leitung, dies im griechischen Text nachzuschlagen. Ebenso die Bitte, um theologische Information zum Stichwort »prophetisch reden«.

Mein Eindruck
Der Text hat die jüngere Gruppe sehr angesprochen. Es konnte das Bedürfnis geäußert werden nach engagiertem, aber nicht spießigem und engem Christsein. Und das Bedürfnis: Wir wollen die unterschiedlichen Arten zu glauben und den Glauben ins Wort zu fassen, die es bei uns, unter uns gibt, ernst nehmen.
Der Text regte die Teilnehmenden an, konkrete Änderungen in der Gemeindepraxis zu erwägen.
Das lebhafte, engagierte Gespräch brachte es mit sich, daß bereits in der dritten Ebene, der Stufe der Gefühle, weitergehend diskutiert wurde.

Zum Gottesdienst

Ludwig Burgdörfer

Exegetisch-homiletische Skizze

»Es geht um ein inneres Gepacktwerden ...«
Mit diesem zentralen Satz aus den »Annäherungen« läßt sich gut und motiviert einsteigen. Wir machen uns auf die Suche nach Haltwertzeit und Verfallsdatum gottesdienstlicher Praxis bei den Korinthern und Gotteskin-

dern, überall und anderswo, dort und damals und hier und heute. »Wie nah und intensiv« sind unsere Gespräche und Gemeindeversammlungen und Predigten? So und ähnlich wurde im Kreis junger Erwachsener laut »Annäherungen« gefragt. Wir werden dieser Frage folgen und sie nicht nur auf das Zungenreden im eigentlichen Sinne, sondern auch im übertragenen Sinne beziehen. Die in 1. Korinther 14 von Paulus diskutierte Rangordnung der Geistesgaben steht ganz im Kontext von Kapitel 13 und wird mit dem 1. Teilvers auf den Punkt gebracht:
»Jagd der Liebe nach!« (nach der Einheitsübersetzung)
Jetzt geht es darum, unter diesem Vorzeichen der Liebe alles zu sortieren. Sie ist die conditio sine qua non allen Handelns. Erst recht im Gottesdienst. In Korinth ist man begeistert und vor allem nach innen orientiert. Aus der paulinischen Argumentationsreihe läßt sich unschwer schließen, daß die Prophetie nicht an 1. Stelle der Beliebtheitsskala aller Begabungen steht. Es gilt vielmehr als Maßstab die Intensität ekstatischer Verzückung. D.h.: je unverständlicher, desto höher und angesehener. Dagegen argumentiert Paulus außenorientiert, weil nach seiner Überzeugung die Verständlichkeit der Rede Voraussetzung für gelingende Kommunikation und gelingenden Gemeindeaufbau ist. (vgl. Hans Conzelmann, Der 1. Brief an die Korinther, Kritisch-exegetischer Kommentar über das NT, Seite 274 ff.)
Es ist deutlich, daß die Zungenrede von dem Apostel nicht gänzlich disqualifiziert wird, aber sie hat eindeutig die Tendenz zur Egozentrik unter Ausschluß der Öffentlichkeit. Sie hält der Anfrage »Wozu dient das Ganze dem Ganzen?« nicht stand. Ihr fehlt das dialogisiernde Basiselement, sie ist eine religiöse Selbstbefriedigung. Anders die Gabe der Prophezeihung. Sie ist eindeutig auf Kontakt und Kontroverse zum Zwecke einer hereinlockenden Kommunikationskultur aus.
Ihr geht es übrigens nicht primär um Vorhersage von Zukünftigem, sondern um zugewandte und angewandte Menschenfreundlichkeit (vgl. Exegetisches Wörterbuch zum NT, Band III, Seite 441 ff.) – und das mit allen Risiken und Nebenwirkungen, inklusive Trost und Kritik und Offenheit und Klarheit. Weg vom korinthisch-chronischen Individualismus, hin zu einem common sense, einem Gewinn für das Ganze.
Mit Vers 20 beginnt ein neuer Abschnitt mit neuer Anrede an die – aus paulinischer Sicht – wohl recht kindlich geprägte Insidergemeinde von Korinth. Glossolalie und Prophetie müssen sich erneut messen lassen an der positiven Außenwirkung. Gottesdienstliches Handeln muß transparent sein und zu einer gewissen Transparenz führen, muß enthüllen, statt verschleiern, ans Licht bringen, anstatt andere im dunkeln tappen zu lassen. Am Ende steht die Anbetung und das Zustimmen und Anstimmen und Einstimmen in das gemeinsame Credo: Gott ist gegenwärtig ...
Abgesehen von der aktuell praktizierten Zungenrede in pfingstlich bewegten Kirchen und Gemeinden, in denen damit immer eine gewisse Klassengesellschaft von Insidern und Outsidern propagiert und manifestiert wird,

gibt es auch in der Volkskirche das Problem der »Zungenrede« im Sinne einer Sondersprache, die »Sprache Kanaans« genannt. Demnach haben wir das Problem von »Drinnen« und »Draußen«, von Wissenden und Unwissenden nicht nur in Freikirchen, sondern auch in der real existierenden Volkskirche. »Ich weiß etwas, was Du nicht weißt...«. Das ist die erste und erdrückende Botschaft, die die sogenannten »Kirchendistanzierten« bei uns machen.
Dagegen steht ja ausgerechnet das Pfingstereignis selbst sozusagen urheberrechtlich dafür ein, daß es eben keine Barrieren der Sprachlosigkeiten mehr gibt, sondern das verblüffende Anti-Babel-Rezept heißt: Jeder und jede versteht die frohe Botschaft von Jesus Christus in der eigenen Muttersprache. Die Vokabeln aus dem eigenen Wörterbuch genügen als Transportmittel und Medium. Niemand muß zuerst eine neue Fremdsprache erlernen, ehe zu verstehen und zu begreifen und zu fühlen ist, was »ein inneres Gepacktwerden« meint. Es geht also um eine »Hermeneutik des Einverständnisses« (P. Stuhlmacher), wobei sich aus der Gottesgeschichte und meiner Geschichte eine Schnittmenge ergibt, die mich hereinholt, ohne mich aus meinem Koordinatensystem vollends hinauszuwerfen.
Es geht auch um das berühmte homiletische Dreieck, in dem ausbalanciert werden muß, welche Worte tragen, welche Sprache Speicherkapazität genug hat, um liebevoll zugewandt von hier nach da zu vermitteln, was Gott uns sagen will.
Daraus ziehe ich folgende Konsequenzen:
1. Wenn Gott eine Botschaft an seine Menschen senden will, dann darf diese nicht ausgerechnet in den Reihen der Botschafter bis zur Unkenntlichkeit verklausuliert werden.
2. Wenn wir der beglückenden Pfingsterfahrung nicht im Wege stehen wollen, dann dürfen unsere Gottesdienste keine Zeremonien liturgischer Sachverständiger sein, die die »Chancen des Alltages« (E. Lange) ausblenden.
3. Bedingungslose Zuneigung Gottes kann unmöglich an die Bedingungen dogmatisch definierter Sprachregelung geknüpft sein.
4. Wir dürfen das Evangelium nicht ausschließlich in einer christlichen Sonderwelt mit christlicher Sondersprache, christlichem Sonderritus lieblos sterilisieren, sondern müssen lernen, wie Jesus in den Bildern und Wörtern und Klängen des täglichen Lebens ausdrücklich und eindrücklich von der Liebe Gottes zu reden.

Vorschläge zur Liturgie

Wochenspruch

Matthäus 11,28: Jesus Christus spricht:
»Kommet her zu mir alle, die ihr mühselig und beladen seid.
Ich will euch erquicken!«

Wochenlied
EG 250 (Ich lobe dich von ganzer Seelen) vor allem Strophe 3: »Du Gott hast dir aus vielen Zungen der Völker eine Kirch gemacht ...«

Weitere Liedvorschläge
EG 165 (Gott ist gegenwärtig)
EG 613 Regionalteil Baden, Elsaß und Lothringen, Pfalz (Zwei Ufer, eine Quelle)
EG 608 ebenda (Ubi caritas et amor)
EG 611 ebenda (Freut euch, wir sind Gottes Volk)
EG 612 ebenda (Damit aus fremden Freunde werden)

Wochenpsalm 36
Herr, deine Güte reich so weit der Himmel ist ...

Eingangsgebet
Gott,
so ein schöner Sonntagmorgen:
ausgeschlafen, aufgewacht
hergekommen, Platz genommen
hier bei Dir;
wir danken Dir für diesen Sonntagmorgen;
was jetzt geschieht,
was wir denken und sagen,
hören und fragen,
laß nicht egal sein,
sondern wichtig und ehrlich,
endlich verständlich,
daß wir spüren und ahnen und glauben können,
daß Du wirklich da bist, dabei, unter uns –
durch Jesus unseren Bruder und Freund,
der mit Dir und dem Heiligen Geist
lebt und versteht
heute und morgen und immer.
Amen

Lesungen
Alttestamentliche Lesung: Turmbau zu Babel, 1. Mose 11,1-9
Neutestamentliche Lesung: Pfingstgeschichte oder Philippus der Dolmetscher, Apostelgeschichte 8,26 ff.

Fürbittengebet
Wenn du mir die Gabe des Wortes schenkst,
dann sei die Rede von dir,
Gott,

und von den Menschen, die mir nahe sind.
Wenn du mir Hände
zum Heilen schenkst,
dann gib sie mir stark und sanft zugleich.
Ohne zu lagen,
möchte ich gastfreundlich sein,
denn mein Glaube
braucht die Gemeinschaft der anderen.
Um eine besondere Gnade bitte ich dich,
Gott,
daß ich nicht nachlasse
in der Liebe.
Denn die Liebe
macht viele Versäumnisse wieder gut.
Denn für alles, was geschieht,
ist das Ziel nahe.

(Heidi Rosenstock, aus: H. Rosenstock/H. Köhler: Du Gott, Freundin der Menschen. Neue Texte und Lieder für Andacht und Gottesdienst, Seite 107, Kreuz Verlag, Stuttgart 1994.)

Vorschlag zur Predigt

Die Predigt kann in diesem Kontext durchaus einmal von der traditionellen Form abweichen und sich in verschiedenen Ebenen und unter Beteiligung verschiedener Sprechrollen bunter darstellen als sonst. Ich schlage deshalb folgendes Raster vor:

1. Hinführung (möglicher Anfang)
2. Textpräsentation (zum weiteren Verlauf)
3. Zwischentöne
4. Interview
5. Konsequenzen (möglicher Schluß)

Möglicher Anfang

Liebe Gemeinde!

Können Sie mich verstehen? Ich meine, hören Sie mich gut? Schön, das ist schon mal sehr wichtig. Oft sagen ja die Leute, man würde in der Kirche so schlecht verstehen. Das soll uns heute nicht passieren. Laut genug sprechen, das kann aber wohl noch nicht alles sein. Ich meine, verstehen Sie mich bitte nicht falsch, aber es wird ja da noch einen Unterschied geben, zwischen Hören und Verstehen, zwischen akustisch verstehen und inhaltlich begreifen. Das verstehen Sie doch bestimmt.

Also, heute geht es um das Verstehen in der Kirche. Ja, Sie haben richtig verstanden, wir machen uns heute Gedanken, ob und wie wir uns hier miteinander verständlich machen können. Mißverständnisse gibt es schon ge-

nug. Die Verständigung unter den Menschen klappt immer weniger. Wir reden zwar miteinander, aber wir verstehen uns so schlecht. Das verstehe, wer will, aber es ist halt einmal so. In der Kirche auch. In der Kirche kein bißchen anders als sonst. Dabei bringen wir schon jede Menge Verständnis auf und gehen bis an der Schmerzgrenze, wenn wir versuchen, einander in unserer Verschiedenheit zu begreifen. Darum machen wir heute einen »Verstehen-Sie-das-Gottesdienst«, lassen Verständnisfragen zu und versuchen dazu nicht nur unseren Verstand zu benutzen, ohne denselben werden wir aber auch nicht ganz auskommen.
Als erstes präsentieren wir Ihnen jetzt den heutigen Predigttext aus dem 1. Brief des Paulus an die Gemeinde in Korinth. Wir tun es in verschiedenen Variationen.

Zum weiteren Verlauf
Mögliche erlebnisorientierte Präsentationen des Predigttextes durch mehrere Sprechrollen:
1. Verlesen in einer Fremdsprache (englisch, französisch o. ä.) und versweise Übersetzen ins Deutsche.
2. Verlesen in einer Fremdsprache ohne Übersetzung, um die Notwendigkeit derselben provokativ zu demonstrieren.
3. Verlesen in einer Übertragung in Mundart (vgl.: Frithjof Gräßmann, Spricht Gott nur Hochdeutsch?)
4. Verlesen zunächst in Deutsch bis zu Vers 23 (nach der Einheitsübersetzung).
Ab dieser Stelle folgt jetzt religiöser Wortsalat mit verteilten Rollen, nacheinander einsetzend und dann durcheinander sprechend von verschiedenen Orten der Kirche aus. Danach Vers 23 noch einmal wiederholen und den Text zu Ende lesen.

Zwischenbemerkung
Die babylonische Sprachverwirrung setzt ein, wenn jeder nur noch in seiner Sprache spricht. Aber welche Sprache sollen wir denn sonst sprechen? Wir haben doch nur die eigene. Es wird immer so sein, daß wir erst einmal reden, wie uns der Schnabel gewachsen ist, mit unserem Verständnis, mit den Vokabeln aus dem Wörterbuch unserer Biographie.
Wenn es um unseren Glauben geht, dann wird es ganz persönlich. Jeder und jede von uns macht da ganz eigene Erfahrungen. Das ist auch gut so und ganz wichtig. Ohne persönliche Versuche kann ich über das Christsein nichts sagen. Aus zweiter Hand kann man ein Auto kaufen, second hand gibt es ganz brauchbare Klamotten, aber ohne Erfahrungen aus 1. Hand fährt kein Mensch auf den Glauben ab und ohne An- und Ausprobieren findet niemand 'was darin anziehend. Trotzdem genügt es nicht, wenn ich darin nur mir selbst genüge. Es gibt Leute, die sprechen von ihrem Glauben so exklusiv und ausschließlich, daß jedem klar wird, da komm ich nicht mit,

das erreiche ich nie, diese Erfahrungen bleiben denen vorbehalten, die einfach ganz besonders fromm oder heilig sind. In Korinth war das die ekstatische Zungenrede, das verzückte Selbstgespräch als demonstrative Offenbarung des direkten heißen Drahtes zum Himmel ohne Anteilnahme derer auf der Erde.
Das hat ziemlich viel Ärger gegeben, weil es da auf einmal eine 2-Klassengesellschaft gab, Insider und Outsider, Wissende und Unwissende, Eingeweihte und Außenstehende. Auch wenn es sich in unserer ziemlich rationalen und besonnenen volkskirchlichen Frömmigkeit weniger als Zungenrede anhört als in den Pfingstgemeinden, bei anderen Gotteskindern wie den Korinthern, wir haben auch unsere Codewörter, mit denen wir intern kommunizieren und die womöglich kein Mensch mehr versteht. Machen wir doch jetzt einmal einen Test. Sie hören ganz normale innerkirchlich vertraute Begriffe und das, was einem ganz normalen Zeitgenossen dazu einfällt.

Interview

2 Rollen - eine fragende - eine antwortende
Fragende:
Gestatten Sie, daß ich Ihnen ein paar Begriffe aus dem kirchlichen Leben nenne, und Sie sagen mir bitte dann, was Ihnen ganz spontan dazu einfällt.
Haben Sie mich verstanden?
Antwortende:
Bis hierher ja!
Fragende:
Gut.
Dann fangen wir jetzt an.
Heute haben wir den 2. Sonntag nach Trinitatis.
Was fällt Ihnen denn zu Trinitatis ein?
Antwortende:
Nicht viel, vielleicht Arthritis, Rheuma, Krankheit?
Fragende:
Trinitatis heißt Dreifaltigkeit, aber dafür sind Sie wohl zu einfältig.
Machen wir einen zweiten Versuch.
Was fällt Ihnen ein, wenn ich CREDO sage?
Antwortende:
Credo - das ist ein Deodorant, das einen nicht im Stich läßt. Jawoll!
Fragende:
Sie setzen allerdings ihre Duftmarken ziemlich daneben.
Credo heißt ICH GLAUBE und das CREDO ist unser Glaubensbekenntnis.
Das können Sie mir glauben!
Nächster Versuch: Matthäus!
Antwortende:
Lothar, Sie meinen sicher Lothar Matthäus, ja den kenne ich natürlich. Der hat auch schon mal Trinitatis gehabt, er ist ja auch nicht mehr der Jüngste, aber ein Fußballer von Weltklasse. Vor dem hab ich Respekt, sag ich Ihnen.

Fragende:
Jetzt hören Sie aber auf, wir sind doch hier nicht auf dem Sportplatz.
Was ich meinte, ist das Evangelium nach Matthäus, das ganz vorne als erstes im Neuen Testament steht.
Übrigens Testament sagt Ihnen aber was - oder?
Antwortende:
Natürlich, sein Testament macht ja jeder irgendwann, wenns zum Ende hin geht.
Fragende:
Ich weiß nicht, ob ich das noch lange durchhalte.
Passen Sie auf. Wir machen das jetzt kurz und schmerzlos.
Ich nenne einen Begriff nach dem anderen und Sie sofort dazu Ihre Erklärung.
So bringen wir das jetzt schnell hinter uns.
Haben Sie mich verstanden?
Antwortende:
Jetzt auf einmal wieder ganz genau!
Fragende:
Gut! Also aufgepaßt:
Inkarnation - *Antwortende:* Vollkasko
Sünde - Liebe
Fasten - Schlankheitskur
Beichten - Seitensprung
Gloria - Kino um die Ecke
Halleluja - Hallo Julia!
Wallfahrt - Betzenberg (Stadion des 1. FC Kaiserslautern)
Jüngstes Gericht - Nudeln mit Sauce
Amen - Ja und?
Fix und fertig

Möglicher Schluß

Was sollen wir nun dazu sagen?
In unserem »Verstehen-Sie-was?«-Gottesdienst heute zeigt sich, wie viele Worte und Begriffe aus unserem kirchlichen Alltag kaum noch im Bewußtsein der Leute ist. Auch wenn wir jetzt ein bißchen übertrieben haben, es ist schon was dran.
Die Leute wissen gar nicht mehr so recht, woran sie glauben und woran sie zweifeln. Was wir bräuchten ist so etwas wie ein Alphabetisierungsprogramm. Aber nicht nur für die anderen, sondern auch für uns Kirchenleute selbst.
Manchmal sagen mir Leute, die sich ein bißchen von der Kirche und vom Gottesdienst entfernt haben oder wir von ihnen: »Bei euch muß man ja erst einmal eure Fremdsprache lernen, eh man was versteht!« Und wenn wir ehrlich sind, dann haben die Leute so unrecht nicht. In unserer Liturgie - das ist unser Gottesdienstablauf und die Teile, die dazu gehören, verwenden wir mitunter eine Geheimsprache für geweihte Eingeweihte, für kundige Sachverständige, für Insider. Mitkommen tut nur, wer nie aufgehört hat, zu kommen. Einmal aus dem kirchlichen Sprachlabor ausgestiegen und du verstehst nur noch Bahnhof - oder Friedhof. Die zentralen Begriffe

wie Sünde und Gnade, Erlösung und Gerechtigkeit, Friede und Liebe Gottes, Gemeinschaft der Heiligen, der eingeborene Sohn, hinabgestiegen in das Reich des Todes, aufgefahren in den Himmel, Wiederkunft, Endgericht, Versöhnung ... wir kommen ganz schön ins Stottern, wenn wir das alles so übersetzen sollen, daß es unsere Zeitgenossen und wir selbst auch wieder besser verstehen.
Da leiden wir unter chronischen Wortfindungsstörungen, und das bekommen wir nicht ausschließlich mit Gripsgymnastik auf die Reihe, sondern dazu brauchen wir den guten und heiligen begeisternden Geist Gottes, der uns hilft, so von unserem Glauben und von unserem Zweifel zu reden, daß andere es wiedererkennen in sich. Dann werden wir wieder lernen, den Glauben in das gemeinsame Leben zu konjugieren, dann werden wir liebevoll und behutsam buchstabieren lernen, wie sich unser Glaube erleben läßt, so daß andere in unserer Umgebung nicht isoliert und ausgeschlossen werden, sondern voran gebracht, prophetisch wohltuend nach vorne blikken können, getröstet, aufgerichtet, ermutigt, gesegnet, mit sich und der Welt versöhnt, selbstbewußt und Gott-vertraut.
Ich hoffe, ich habe mich jetzt für Sie verständlich ausgedrückt.
Im übrigen müssen Sie sowieso nicht zu allem Ja und Amen sagen.

Deshalb besteht jetzt noch die Möglichkeit während der jetzt folgenden Musik Verständnisfragen zu notieren und zu überlegen.
Wir machen dann vor dem Fürbittenteil noch eine kleine Frage-Runde ...

Kontexte

»Denn muß man nicht die Buchstaben in der lateinischen Sprache fragen, wie man deutsch reden soll, wie diese Esel tun; sondern man muß die Mutter im Hause, die Kinder auf der Gasse, den einfachen Mann auf dem Markt danach fragen und denselben auf das Maul sehen, wie sie reden ...«
(Dr. Martin Luther in Luther Deutsch, Aland, Bd. 5, Seite 85)

»Es ist nicht unsere Sache, den Tag vorauszusagen – aber der Tag wird kommen, an dem Menschen berufen werden, das Wort Gottes wieder so auszusprechen, daß sich die Welt darunter verändert und erneuert. Es wird eine neue Sprache sein, vielleicht ganz unreligiös, aber befreiend und erlösend, wie die Sprache Jesu ...«
(D. Bonhoeffer, Widerstand und Ergebung [KT 100]. © Chr. Kaiser/Gütersloher Verlagshaus, Gütersloh, 16. Auflage 1997)

»Unsere Gottesdienste müssen diesem Evangelium von der Liebe Gottes entsprechen, nicht nur mit dem, was sie bewußt ausdrücken, sondern auch mit dem, was sie etwa unbewußt transportieren. Negativ formuliert bedeutet das: Man kann Liebe nicht auf lieblose Weise verkündigen.«
(Aus: Christoph von Lowtzow, Mit lieblosen Gottesdiensten Gottes Liebe feiern?, Seite 26, Kreuz Verlag, Stuttgart 1990.)

»Ich möchte hier einen Grund nennen, warum ich die Kirche brauche und ihre Tradition liebe. Sie ist ein Raum langfristiger Erinnerung der Geschichten vom möglichen Leben ... Die Kirche stellt einen Raum dar, in dem solche Geschichten erzählt werden. Ich muß mich nicht nur auf meine Hoffnung verlassen, nicht nur meine Glaubenskraft stark machen. Über 2000 Jahre lang werden buchstäblich Tag für Tag in den Einrichtungen der Synagoge und dann der Kirche die Geschichten vom Geist Gottes erzählt, vom Charme der Gnade, vom Gott der Armen, von der Bergung verlorenen Lebens.«
(Dorothee Sölle: Mutanfälle. Texte zum Umdenken, © Hoffmann & Campe Verlag, Hamburg 1993.)

»Alles, was in einem Gespräch (nicht) geschieht, (nicht) gesagt oder (nicht) gehört wird, bestimmt sich aus der Beziehung zwischen dem Sprecher und dem Zuhörer: Sie bestimmt die Bedeutung der Worte und der Verhaltensweisen, das Scheitern oder den Erfolg. Man akzeptiert etwas von einer Person, der man vertraut, man fühlt sich schon besser, indem man sich angenommen, verstanden und manchmal getröstet fühlt.«
(Aus: Harry Stroeken, Kleine Psychologie des Gesprächs. Ein praktischer Ratgeber, Vandenhoeck & Ruprecht, Göttingen 1993, Seite 9)

3. Sonntag nach Trinitatis

Annäherungen an den Predigttext 1. Johannes 1,5–2,6

Bernd Giehl

Drei Menschen treffen sich, um miteinander über diesen Text zu reden. Jutta Götz, engagiert in einem Hauskreis, der sich regelmäßig zu gemeinsamer Bibellektüre und Gebet trifft und Mitarbeiterin in der Jungschar, sodann Renate Schneider, die in der Kirchengemeinde als Sekretärin arbeitet und Bernd Giehl als Gemeindepfarrer. Drei Menschen mit sehr unterschiedlichen Biographien, zwischen Mitte Dreißig und Mitte Vierzig. Zunächst einmal sehen wir uns den Text daraufhin an, was uns auffällt, was uns persönlich wichtig ist, bzw. was wir nicht verstehen.
Äußerungen der Teilnehmer:

- In 2,1 gibt es einen Widerspruch. Einerseits sagt Johannes: Das schreibe ich euch, damit ihr nicht sündigt und sofort danach sagt er: »Wenn aber jemand sündigt ...«
- Der Satz »Gott ist Licht und in ihm ist keine Finsternis« faßt die Botschaft des gesamten Abschnitts zusammen.
- Am wichtigsten sind mir die Sätze »Wenn wir aber im Licht leben, haben wir Gemeinschaft untereinander« und »das Blut Jesu, seines Sohnes, macht uns rein von aller Sünde«.

Danach sprechen wir über die Frage, was das wohl bedeute: »im Licht leben«.

- Ich stelle mir vor: »im Licht leben« heißt, Jesus das zu bringen, was an Ärger, Sorgen, Angst und Zorn in mir ist. Wenn ich ihm das vor die Füße lege, dann nimmt er es mir weg, und so kann ich wieder Gemeinschaft mit anderen haben. Die Gemeinschaft mit ihm hilft mir in Bezug auf die Gemeinschaft mit anderen.
- Wenn Jesus mir seinen Geist schenkt, erkenne ich, wo ich mich an anderen versündige.
- Sich an die Gebote zu halten ist die Voraussetzung für das Leben mit Gott.
  »Im Licht leben« heißt: meine Fehler und Schwächen zu erkennen und offen mit ihnen umzugehen.

Im nächsten Gesprächsgang geht es um die Frage, ob es schon ausreiche, wenn man sich an die Zehn Gebote hält. Das, so meint eine der beiden Frauen, sei doch eher noch einfach. Wer töte denn schon, wer stehle oder breche die Ehe. Andererseits habe aber Jesus doch die Gebote verschärft, indem er zum Beispiel zum Thema Ehebruch gesagt hat: »Wer eine Frau ansieht, ihrer zu begehren, der hat in seinem Herzen schon die Ehe mit ihr gebrochen.« Also gelte es, sich an alle Aussagen der Bibel zu halten, nicht nur an die Zehn Gebote.

- Es kommt also darauf an, so zu leben, wie Jesus gelebt hat.
- Morgens denke ich über all das nach, was mich beschäftigt oder an diesem Tag auf mich zukommt. Auch unser Hauskreis hilft mir, mich selbst zu erkennen und anzunehmen, weil ich die Liebe der anderen spüre. Dann kann ich mir selbst vergeben.
- Aber wie ist es denn nun mit der Forderung, die Johannes aufstellt: »Dies schreibe ich euch, damit ihr nicht sündigt«?
- Auch Johannes weiß zu unterscheiden zwischen dem Ideal und der Wirklichkeit. Er sagt ja selbst, niemand sei sündlos. Deshalb brauchen die Menschen die Vergebung.
- Johannes will wachrütteln. Er will uns auf unsere verborgenen Sünden hinweisen.
- Bei dem Begriff »Finsternis« fallen mir die »Altlasten« meines Lebens ein. Ich bin mit fünf Jahren in die Schule gekommen und war immer die Jüngste in der Klasse wie auch später im Beruf. Manches, was die anderen schnell lernten, fiel mir schwer. Deshalb traute man mir wenig zu, und so fing auch ich an, mir wenig zuzutrauen. Schnell fühlte ich mich überfordert. Andererseits hatte ich immer den Eindruck, ich müsse das machen, was die anderen von mir wollen. Das hängt mir bis heute nach. Oft bin ich hin- und hergerissen: hier mein Engagement in der Gemeinde und andererseits mein Mann und die Kinder. Und manchmal muß ich mich abgrenzen, aber das belastet mich.
- Das ist ein typisches Problem von Frauen. Ein Mann würde nie auf die Idee kommen, seine Familie brauche ihn dringender als der Verein, zu dessen Sitzung er heute abend unbedingt gehen muß.
- Es fällt mir schwer, das, was Sie da erzählt haben, mit dem Begriff »Sünde« zu belegen. »Sünde« – das Wort hat für mich immer noch einen moralischen Klang. Zumindestens hat es etwas mit meiner eigenen Verantwortung zu tun. Aber das, was Sie erzählt haben, fällt doch eher in die Verantwortung anderer als in Ihre eigene.
- Das Verständnis von »Sünde« hat sich in den letzten dreißig Jahren sehr verändert. Heute sündigt man, wenn man ein Stück Torte zu viel ißt.
- Vor dreißig Jahren war Geschlechtsverkehr vor der Ehe Sünde. Heute kann man das nicht mehr so einfach sagen.
- Und was ist, wenn jemand nicht nur mit der eigenen Frau schläft, sondern auch mit einer anderen? Ist das dann »Sünde«?
- Das Wichtigste ist die Beziehung zu Jesus im Gebet. Wenn die stimmt, bekommen wir auch die Maßstäbe, um zu urteilen, was richtig ist und was nicht richtig ist.

- Aber bestimmte Regeln müssen dennoch sein, sonst geht alles drunter und drüber.
- Wenn ich Probleme habe, hilft es mir, die vor Gott auszusprechen. Dann kann ich mit den anderen besser umgehen.
- Du kannst die anderen nicht ändern, wohl aber dich selbst.
- Ich denke, Sünde unbedingt vermeiden zu wollen, wäre selbst schon Sünde. Dann würde man Gott und sich selbst gar nichts zutrauen, sondern beständig in der Angst leben, einen falschen Schritt zu tun.

Zum Gottesdienst

Heinz Behrends

Exegetisch-homiletische Skizze

Welch ein Aufgebot an Substantiven, an dogmatischer Begrifflichkeit! Und dabei hat sich der Briefeschreiber in einem unerklärten »Wir« gerade erst als jemand beschrieben, der das Wort mit den eigenen Augen gesehen und mit seinen Händen betastet habe.
Viele Einzelgedanken stehen locker verbunden, erklärt Ekkehard Stegemann (GP IV/4, 1987). Wie wahr! Von Licht bis Finsternis, von Sünde über Blut zu Versöhnung ist alles aufgeboten. Hier muß jemand alles auffahren, weil er von der Selbstsicherheit einer gnostisch geprägten Lebenswelt umgeben ist. Im Akt der Erkenntnis ist der Mensch schon seiner Welt und ihren Bedingungen enthoben, sagen und leben sie. Dem stemmt er mit voller Kraft die Theologie vom Gekreuzigten entgegen. Er leugnet aber nicht die Korrumpierbarkeit des Glaubens. Wer redet, und nicht handelt, der lügt (1,6). Der Konflikt scheint in das Herz der Gemeinde eingedrungen zu sein. Die Fülle der Gedankenstränge verschüttet die klare Spur des Autoren. Der Predigthörer ist in der ersten Begegnung allemal mit diesem Text überfordert: Auf Gemeinschaft reimt sich Vergebung, auf Gebote die Wahrheit. Ein Regen pastoraler Beredtsamkeit prasselt hier auf den Hörer oder Leser nieder.
Ich suche einen Faden in der Folge der Verse: Gott ist im Licht, die Erde liegt in der Finsternis (1,5), nur in der Gemeinschaft mit Christus kann Licht in das Leben kommen, elementarisiert im lichtvollen, klaren Wandel des Menschen (1,6 f.). Aber der Wandel im Geiste Christi bedarf der vorherigen Entsündigung (1,8–10). Doch damit ist der Prozeß nicht abgeschlossen, der Wandel noch nicht vollkommen (2,1 f.). Man hört die Mahnung an die Gnostiker. Wir brauchen weiterhin den Fürsprecher. Der Schreiber steuert auf die Konkretion des Wandelns zu: Erkennen heißt Gebote hal-

ten, heißt lieben. Der Briefeschreiber hat sein Haupt-Thema erreicht: das Lieben. Wer schließlich im Licht Gottes wandelt, der ist in Gott. Ernst Käsemann meint sogar, »der 1. Johannes-Brief entfaltet zum ersten Mal in der Kirchengemeinde thematisch das Motiv des simul iustus, simul peccator« (Ex. Versuche und Besinnungen, Bd. 1).
Ich versuche mit Hilfe einer Wortfeld-Untersuchung einen zweiten Zugang, um neben dem inhaltlichen Strang des Textes die Beziehungsebene zu erfassen. In der Spannung von Licht und Finsternis stehen Wahrheit, Gemeinschaft, Sünde, Vergebung, Versöhnung, Gebote und Liebe. Das sind Begriffe, die Beziehungen beschreiben. Die Verben verstärken dieses Ergebnis: Es geht um glauben und lernen, wandeln und lügen, sündigen und vergeben, sich selbst betrügen und gereinigt werden, kennen und halten, erkennen und schließlich lieben. Aus einer wahrhaftigen Beziehung wächst die wahrhaftige Tat.
So steht die Aufgabe für die Predigt fest: Das alte Thema mit den alten Worten neu auslegen und eine neue Sprache für ihn finden. »Sünde« und »Blut« sprechen nicht mehr eindeutig für die Hörer. Das machen schon die Gesprächspartner in den »Annäherungen« deutlich. Sünde ist Beziehungslosigkeit, aus der unwahrhaftiges Handeln folgt. Gott schafft das Licht, die Gemeinschaft und den Fürsprecher. Die Tat ruht auf dem Wissen um die Vorgaben Gottes. Aus dem Wandeln kann die Verwandlung wachsen.
Die Predigt könnte deshalb ein weiteres Mal die Rechtfertigung des Sünders entfalten und elementarisieren helfen. Ich entscheide mich für den Einzelaspekt des Textes: In Wahrheit und Lüge leben.
Als Gemeinde habe ich eine aufgeschlossene Vorstadt-Gemeinde vor Augen. Sie ist aufgrund der Ferien-Zeit etwas ausgedünnt, aber Menschen mittleren Alters und Studenten sind noch unter ihnen. Die Hörer sind aufgeschlossen und wollen keine aufgewärmte Kost, keine Begrifflichkeit mit hohem Erwartungswert, sondern eine neue Sprache.
Und wenn es um Wahrheit geht, wollen sie keine sich selbst schützenden Gedanken, keinen abwägenden Geist kirchlicher Denkschriften. Darum riskiere ich mehr als sonst, erkannte, aktuelle Wahrheiten auszusprechen, ohne mich selber herausziehen und über die Dinge zu stellen.

Vorschläge zur Liturgie

Kollektengebet
Komm in mich. Nimm. Entwaffne mich. Sieh mich. Rühr mich an, Gott. Besteh mich. Triff mich. Wart auf mich. Und tau mich auf. Enträtsle, was ich bin.
Komm in mich. Mach Geräusch in mir. Tief sitzt Tod in mir. Versteint mein Wort. Entspring in mir. Tu weh. Durchglüh mich. Leb mich. Leucht in mir.

Komm aus mir. Kind du. Reiß mich auf. Mensch, in mir erwacht. Empfange mich. Überschatte mich. Und geh mit mir, wo niemand mit mir geht.

(Huub Oosterhuis, Auf halbem Weg. Verlag Herder, Wien/Freiburg 1975)

Herr, jedem schenkst du dein Licht und dein Wort, wenn er nur will, und dein Reich gibst du den Armen und Sündern - so wirst du auch uns gnädig sein. Schick uns nicht fort mit leeren Händen, sondern erfüll uns mit Jesus Christus, deinem Wort der Treue und deinem lebendigen Licht für diese Welt und alle Zeiten.

(Huub Oosterhuis, Ganz nah ist dein Wort. Verlag Herder, Wien/Freiburg 1972)

Fürbittengebet

Der du »Licht« gerufen hast, und das Licht war geboren; der sah, daß es gut war, das Land des Morgens, alle Gewölbe aus Feuer und Meer. Der du »Mensch« gerufen hast, und der Mensch ward geboren. Der du mich gesehen hast, trostlos einsam, der du mein Leben so bis hierher geführt hast, daß ich noch lebe.

Vollende und segne mich, laß mich mehr und mehr Mensch werden und ihm gleichen, der dein Bild ist, dein Sohn, Jesus von Nazareth, der neue Mensch; der mir vorgelebt hat, was Liebe tut, was Leben ist; der ein Mensch für andere geworden ist und der sich mit ganzem Herzen ausgegeben hat an diese Welt.

O, der du größer bis als jeder Tod, der du den Menschensohn hast auferweckt; Willst du mich je verloren gehen lassen?

Laß nicht verloren gehen den Menschen, der dich liebt. Halt mich im Leben, laß den Tod, der alles trennt und leer und dunkel macht, nicht kommen über mich. Denn du bist Liebe, tiefer als das Meer, zuckend wie Feuer, stärker als der Tod.

(Huub Oosterhuis, Dein Trost ist nah. Verlag Herder, Wien/Freiburg 1978)

Gott, nichts brauchen wir, was wir nicht schon längst von dir empfangen haben. Du gabst uns Leben und Zeit, gabst uns Menschen zur Seite. Dafür danken wir dir.

Du hast uns in Christus deinen Willen gezeigt.

Nun bitten wir dich für alle, die Verantwortung in der Politik haben: Kläre alle ihre Gedanken. Gib ihnen Erkenntnis dessen, was gut ist. Stärke ihren Mut zu Entscheidungen. Wir bitten Dich für deine Kirche. Vertreibe in der Kraft deines Heiligen Geistes alle Verzagtheit und Ängstlichkeit. Öffne alle Herzen und schenke Phantasie.

Wir bitten für uns selbst. Du siehst alle unsere Schwachheit, unseren Eigensinn. Laß deine Liebe in uns eindringen, daß wir frei werden. Offen mach uns für die Menschen, die uns anvertraut sind.

Denn in Christus bist du der Weg, die Wahrheit, das Leben geworden. In seinem Namen beten wir gemeinsam für diese Welt: Vater unser ...

Lieder
EG 136,1 O komm, du Geist der Wahrheit; EG 158 O Christe Morgensterne; EG 295 Wohl denen, die da wandeln; EG 404 Herr Jesu, Gnadensonne; EG 613 Liebe ist nicht nur ein Wort; EG 783,3 Niedersachsen Weise mir, Herr, deinen Weg.

Vorschlag zur Predigt

Möglicher Anfang
Mögen Sie Mutter Teresa? Mögen Sie Albert Schweitzer, Martin Luther King? Sind Sie auch angetan von Dietrich Bonhoeffer, verehren Sie Mahatma Gandhi? Ja, ich glaube, ja Sie tun es. Warum? Was ist an ihnen, diesen wenigen Männern und Frauen unseres Jahrhunderts, die in unserem Ansehen sehr hoch stehen?
Sie haben ein entschiedenes Leben für eine Sache geführt. Mutter Teresa und Albert Schweitzer stehen mit ihrem Leben für die uneingeschränkte Hilfe für die Armen und Elenden dieser Welt. Martin Luther King und Mahatma Gandhi, sie haben im Geist der Gewaltlosigkeit ganze festgefahrene Systeme der Unmenschlichkeit zum Einstürzen gebracht und selbst ihr Leben dafür gegeben. Dietrich Bonhoeffer hat seine politische Überzeugung im Dritten Reich auf dem Hintergrund seines christlichen Glaubens gelebt mit aller Konsequenz. Diese Menschen faszinieren uns. Es gibt so einen Anspruch am Menschen, daß er tut, was er sagt und daß er ehrlich ist. Ein Grundmoment menschlichen Zusammenlebens ist das. Es hat mit dem Wunsch nach Verläßlichkeit zu tun. Wenn Reden und Tun nicht übereinstimmen, macht sich unter uns immer eine kleine oder große Enttäuschung breit. Jugendliche haben dafür ein besonders feines Gespür, wenn jemand so daher redet und was vormacht. Sie decken das untereinander und vor Erwachsenen schonungslos auf. Ein Anspruch an uns ist das, aber weil wir selten erreichen, daß unser Reden und Handeln sich decken, ist immer auch eine Sehnsucht wach: Es möge doch gelingen. So schauen wir dann auf die Großen, die das offensichtlich gekonnt haben. Sie sind auf diese Weise zu Vorbildern geworden, an denen unser Handeln sich messen will. Und weil wir sie nicht erreichen, sind sie unsere modernen Heiligen.
Das war in den ersten Gemeinden nicht wesentlich anders. Im 2. Jahrhundert fühlt sich Johannes, der Briefeschreiber, genötigt, dasselbe Thema anzupacken. »Wenn wir sagen, wir tun und tun nicht, so lügen wir.« Ihm geht es um die Wahrheitsfrage im Leben, um ein wahrhaftiges und glaubwürdiges Leben. Er scheint gespeist von dem Wort seines Namensvetters Johannes, dem Evangelienschreiber. »Ihr werdet die Wahrheit erkennen und die Wahrheit wird euch frei machen«, hat der einige Jahrzehnte vor ihm gesagt. Wo Reden und Handeln stimmen, da ist Wahrheit, da fallen Fesseln, da kommt frische Luft ins Haus. Die Voraussetzung für ein wahr-

haftes Leben ist nun allerdings, daß ich die Lüge erkenne. Das ist ziemlich einfach, meint Johannes in seinem Brief, du mußt das Wort Gottes, seinen Willen, seine Gebote kennen. Daran schärft sich die Erkenntnis der Lüge. So hat ja auch der Wahrheits-Weg der Heiligen unseres Jahrhunderts begonnen. Mit einer Erkenntnis der Zustände. Mutter Teresa sieht das Elend auf der Straße in Kalkutta, Schweitzer die Hilfsbedürftigkeit der Schwarzen. Bonhoeffer erkennt den verbrecherischen Geist des herrschenden Regimes. King und Gandhi sehen, wie Menschen wegen ihrer Hautfarbe oder Volkszugehörigkeit ungerecht behandelt und am normalen Leben gehindert werden. Und sie benennen das unerschrocken.
Die Wahrheit erkennen, die Lüge benennen.

Zum weiteren Verlauf
(Ich wage mich als Prediger einen weiten Schritt hinaus und versuche, Lüge im Bereich von Gesellschaft und Kirche zu benennen, um bei den eigenen Lebenslügen zu landen. Meine Beispiele beziehen sich auf Sommer 1999, im Juli 2000 sind sie vermutlich - leider - noch aktuell).
Die Wahrheit in unserer Gesellschaft. Was würden wir aufatmen, wenn jemand in der Politik käme und die Wahrheit sagte, die anderen stimmten zu und wir würden gemeinsam die Veränderung anpacken. Da sind wir eine Gesellschaft voller Reichtum und Individualität und doch in einer Sackgasse. Wir hatten ein Feindbild, den Sozialismus. Leben wie in der DDR soll nicht sein. Nun sind wir allein mit unserem System und leben seit Jahren über alle Verhältnisse. Vermögen schichtet sich um. Wenn wir so lebten wie der Staat, stände der Gerichtsvollzieher vor der Tür. Die ersten Versuche der Veränderung ersticken in Kompromissen oder in verlorenen Wahlen. Das Geld siegt. Am Ende bringt der Vorsitzende der Deutschen Bank seinen Kandidaten auf den Kanzlerstuhl und keiner hat's gemerkt. Dort, wo Menschen wirklich getroffen sind, fährt Politik in den dunklen Tunnel: im Gesundheitswesen und in der Ausbildung von jungen Menschen. Welch ein Verbrechen einer Gesellschaft, Menschen am Beginn ihres Lebens eine Ausbildung vorzuenthalten, die Möglichkeit der Mitgestaltung zu entsagen. Das wird sich rächen. Denn wer keine Aufgabe hat, wird zerstören oder den Blöden nachlaufen. Was würden wir aufatmen, wenn da einer käme, der diesen Zusammenhang ungestört benennen darf und eindeutig aufzeigen, welchen Beitrag wer zu leisten habe, damit wir eine solidarische Gemeinschaft werden. Menschen verlieren das Vertrauen in Verantwortliche, die gefallen wollen und Erkanntes verschweigen.
Und die Wahrheit in der Kirche. Deutschland wird protestantischer werden, hieß es vor 10 Jahren nach der Wende, die protestantische Tradition der Stammländer der Reformation werden unsere Kirche neu beleben. Keine Ahnung hatten die meisten vom Leben in der DDR. Man kann die Fähigkeit und Lust, nach Gott zu fragen, in 50 Jahren Geschichte wegerziehen. Ein Prozeß, der sich im Westen, auf andere Weise schon ebensolange

in Richtung Ungebundenheit von Kirche bewegt. Die Zahl der Mitarbeitenden in der Kirche hat bis vor Jahren fast um das Doppelte zugenommen. Doch nach der Effektivität darf man bei mehreren Millionen Ausgetretenen nicht fragen. Manche Stadt-Gemeinde hat in 25 Jahren soviele Mitglieder verloren, wie zur Christmesse in ihre Kirche passen. Konsequenz gleich Null, denn viele kleine Aktionen der Belebung sind von binnenkirchlichem Mief und von Wehleidigkeit geprägt. Trotz der guten Rahmenbedingungen wie schöne gestaltete Kirchenräume, die mit den modernen Funktionsräumen dieser Generation allemal stand halten können. Trotz der einfachen und lebensnahen Botschaft Jesu. Verzagtheit und Selbstmitleid oder Ignoranz unter den Verantwortlichen von Kirche und Gemeinde. Was sind da für Möglichkeiten für Kirche. Welche Kompetenz für Sinnfrage, für praktische Nächstenliebe! Welch ein Ansehen immer noch, um durch Türen zu vielen Menschen eingelassen zu werden. An wenigen Stellen wird diese Stimmung in der Kirche aufgebrochen.
Das klingt alles sehr vollmundig und gewagt und ist es auch. Warum ist so schwer, sich auf die Erkenntnis der Lügen zu einigen? Es sind nicht nur die unterschiedlichen Geld-Interessen. Es ist das Problem, mit seinen eigenen Lebenslügen umzugehen.
Jedes Leben hat eine Wahrheit. Ich denke, wir merken das, denn sie meldet sich unausgesprochen und unaufgefordert in der Angst, etwas falsch zu machen, im Klammern an Dingen, im Raffen nach Materiellem, obwohl genug Brot da ist. Aber vor allem meldet sie sich in der Stummheit von Leuten, die nahe miteinander leben. Da geschehen die kleinen Katastrophen und es fehlt der Mut, es dem Partner mitzuteilen, aus Angst, aus Feigheit. Denn hinter der Lüge steht die Angst, Anerkennung zu verlieren, verurteilt zu werden. (Hier rede ich von mir. Der Prediger, die Predigerin mag entscheiden, wie weit sie sich persönlich mitteilt und zu erkennen gibt, damit die Beschreibung nicht in den Geruch der Besserwisserei kommt). Bemäntelt wird die Haltung mit dem Ausdruck der Sorge, einen anderen nicht verletzen zu wollen. Ich kenne manche Ehe, die lange vor dem Scheitern zerbrochen ist, weil eine Wahrheit verschwiegen worden ist. Lüge drückt die Beziehungslosigkeit aus. Wahrheit ist, das zu sagen, was ist. Nur so kann Erkenntnis anfangen und das Tun einen neuen Impuls empfangen.
Die Wahrheit wird frei machen. Frei vom Zwang, sich behaupten zu müssen.
Aus Kindertagen kennt mancher noch dieses befreiende Gefühl. Da hatte man Mist gemacht, rumgedruckst, Liebesentzug befürchtet, aber gesagt, was man angestellt hatte. Eine Befreiung, allein das Aussprechen. Wenn dann Mutter oder Vater die Wahrheit offen aufnahmen, gab es Platz für einen neuen Anfang, für das Leben und die Freude.
Wo Beziehung gelingt, da kann man sich etwas gegenseitig zumuten, da steht nicht immer alles auf dem Spiel. Wo Beziehung durch die Lüge gestört ist, da ist Sünde, sagt Johannes, der Briefeschreiber. Da ist die Sub-

stanz gemeinsamen Lebens angegriffen: die Wahrheit, die Verläßlichkeit. Ein Mangel an Vertrauen.

Möglicher Schluß
Wie kann ein Mensch stark werden, daß er die Wahrheit sagen kann und entsprechend leben? Das kann er nicht aus eigener Kraft. Darüber ist sich Johannes im klaren. Wie kann sich jemand aus der Selbsttäuschung lösen? Wenn eine Kraft von außen kommt. Für Johannes ist es die Liebe Gottes, die Sichtweise, die Haltung Gottes uns gegenüber. In diese Liebe müßte man hineinkriechen. »Wer ihn kennt und sein Wort hält, wird in ihm sein«, sagt Johannes. Hier tut sich ein Horizont auf, der meine Sprache zum Beschreiben weit übersteigt. Aber ich ahne, ein Raum tut sich auf in der Gewißheit, der Verläßlichkeit. Ich in ihm, fast ein mütterliches, vorgeburtliches Bild. Eine Identität, Übereinstimmung. Da sind wir noch nicht. Bis dahin ist noch viel Zuspruch und Einspruch nötig. »Dies schreib ich Euch, daß Ihr nicht sündigt.« Achtet auf eure Beziehungen und schont euch nicht am falschen Ort, zur falschen Zeit. Die Wahrheit wird frei machen und neues Leben schaffen. Wir werden nicht die neuen Heiligen werden, aber Menschen, die offen, interessant, eindeutig und darum verläßlich werden.

Kontexte

Wenn du jemand zeigen willst, wie man ein Schiff baut, dann gib ihm nicht Holz, Hammer und Nägel, sondern zeig ihm die Sehnsucht nach dem Meer.
Antoine de Saint Exupéry

Geschrieben steht: Im Anfang war das Wort.
Hier stockt ich schon, wer hilft mir weiter fort?
Ich kann das Wort so hoch unmöglich schätzen.
Ich muß es anders übersetzen,
wenn ich vom Geiste recht erleuchtet bin.
Geschrieben steht: Im Anfang war der Sinn.
Bedenke wohl die erste Zeile,
daß deine Feder sich nicht übereile.
Ist es der Sinn, der alles weckt und schafft?
Es sollte stehen: Im Anfang war die Kraft.
Doch, auch in dem ich diese niederschreibe.
Schon warnt mich was, daß ich dabei nicht bleibe.
Mir hilft der Geist, auf einmal seh ich Rat.
Und schreib getrost: Im Anfang war die Tat.
Johann Wolfgang v. Goethe

»Wo es (das wahrheitsgemäße Wort) sich vom Leben und von der Beziehung zum konkreten anderen Menschen löst, wo ›die Wahrheit gesagt wird‹ ohne Beachtung dessen, zu wem ich sie sage, dort hat sie nur den Schein, aber nicht das Wesen der Wahrheit.«
Dietrich Bonhoeffer, Ethik. (KT 161). - Chr. Kaiser/Gütersloher Verlagshaus, Gütersloh 1998

4. Sonntag nach Trinitatis

Annäherungen an den Predigttext
1. Petrus 3,8–15 a (15 b–17)

Traugott Schächtele

Im Konfirmandenunterricht ist gerade das Thema »Bibel« an der Reihe. Was liegt näher, als mit Hilfe dieses Teilabschnittes eines Briefes aus der Anfangsphase der christlichen Bewegung miteinander ins Gespräch zu kommen. Zwei Konfirmandengruppen habe ich verschiedene Übersetzungen des Textes (Luther '84, Einheitsübersetzung und Gute Nachricht) auf verschiedenfarbigem Papier vorgelegt. Die Texte wurden zunächst jeweils laut vorgelesen. Dann schloß sich eine Runde mit der Möglichkeit zu Rückfragen und spontanen Äußerungen an. Anschließend machten sich Kleingruppen mit einem Fragebogen noch einmal an den Text. Eine gemeinsame Schlußrunde stand am Ende der Textbearbeitung.
Das erste Ergebnis: Zumindest kein Text für Konfirmanden! Vor allem auf die Lutherübersetzung (die wir in den Gottesdiensten ja hauptsächlich verwenden) reagieren sie mit beinahe durchgängigem Nichtverstehen (»überhaupt nichts verstanden«, »nur Bahnhof«, »unverständlich«, »altmodisch«, »langweilig«). Ein wirklicher Zugang zu den Aussagen des Textes gelingt nur mit der Guten Nachricht. Angekommen sind aber vor allem die imperativischen Aussagen am Anfang. Ein Konfirmand: »Immer nur du sollst, du sollst, du sollst« – obwohl doch gerade diese apodiktische Form im Text gar nicht vorkommt.
Dann macht sich kollektiver Widerspruch breit: »Nicht Böses mit Bösem vergelten – unmöglich! Wenn mich einer anmacht oder mich angreift, dann schlage ich doch zurück. Alles andere wäre doch Dummheit.« »In der Bibel steht doch auch: Auge um Auge, Zahn um Zahn«. Ich lasse dazu Matthäus 5,38 ff. nachschlagen: »Ja, Jesus vielleicht. Aber doch nicht ich.« Die Diskussion dieses Themas wird heftiger. »Sind sie schon mal abends bei uns ›da und da‹ durchgelaufen. Wenn sie sich da nicht wehren können, kommen sie nicht mehr lebendig raus.« Und Leiden für gute Taten: kein nachahmenswertes Modell: »Wenn einer etwas Gutes tut, dann soll er dafür belohnt werden. Basta.«
Anderes ist überhaupt kein Thema: etwa daß man seine Zunge in acht nehmen soll. Oder (im Klammerteil des Textes) die Aufforderung, Rechenschaft abzulegen über seine Hoffnung. Barmherzig sein und demütig, die Aufforderung zu Sanftmut und Gottesfurcht, Christus in seinem Herzen

ehren (»darunter kann ich mir gar nichts vorstellen«) - solche Sätze und Begriffe, in denen wir über Jahrhunderte und länger die Kernaussagen des Christentums vermutet und zum Ausdruck gebracht haben - für Jugendliche unserer Tage sind sie schlicht unverständlich.

Mit welchem Satz sie den Inhalt des Textes knapp zusammenfassen würden, habe ich gefragt: »Seid halt nett zueinander!« oder »Gott will, daß wir uns für unsere Mitmenschen und für Gerechtigkeit einsetzen« oder »Gott will, daß wir brüderlich miteinander leben und uns vergeben sollen«. Begeistert klingt das alles nicht. Von den Konfirmandinnen und Konfirmanden (und von vielen anderen) wollen schon zu viele etwas. »Gott will ...« wo nichts anderes gehört wird, kommt dieser Text sicherlich nicht an. Wie gesagt: wohl kein Text für Konfirmanden.

Ist er dann aber ein Text für andere? Ich vermute: In den Reaktionen der Konfirmanden kommen verdichtet mögliche Reaktionsmuster eines weitaus größeren Kreises zufälliger Kirchgänger dieses Sonntages zum Ausdruck! Mit ›du sollst‹ und ›Gott will‹ erreichen wir in der Predigt nicht mehr viel; vor allem, wenn sie am Anfang stehen. Eher mit ›du kannst‹, ›du darfst‹ und ›Gott ermöglicht dir‹. Erst die Aufforderung, von der Hoffnung zu reden, die in uns ist, macht diesen Text erträglich und verstehbar; vor allem, wenn wir diese Aufforderung dann auch beherzigen und umsetzen. Nur wenn wir den Text von hinten lesen, kommt auch sein Anfang (und nur der ist bei den Konfirmanden ja hängengeblieben) zu seinem Recht.

Genauso wichtig erscheint mir aber andere. Dummheit (siehe oben!) ist sicherlich keine christliche Tugend. Dazu müssen wir niemanden verleiten. Davon gibt es auch so schon genug. Aber das jesuanische Modell der »Entfeindung« (Lapide) gilt es offensiv zu vertreten und dem modernen Tagesprinzip des »Ich lasse mir doch nichts gefallen« mutig und energisch entgegenzusetzen. Und damit der Bergprediger und der ihn hier verarbeitende Autor des 1. Petrusbriefes an diesem Sonntag überhaupt eine Chance haben: Bitte zumindest dieses eine Mal nicht Luther, sondern die Gute Nachricht verwenden. Wie sagte eine Konfirmandin: »Da versteht man ja sogar, was in der Bibel steht.« Darauf kommt's am Ende doch an - und nicht nur im Blick auf die Konfirmanden, oder?!

Zum Gottesdienst

Jürgen Rogler

Exegetisch-homiletische Skizze

Thema des 1. Petrusbriefes

Der erste Petrusbrief richtet sich an heidenchristliche Gemeinden in Kleinasien in einer Leidenssituation. Das Schreiben will die Christen ermutigen, die begrenzte Zeit des Leidens (1,6) zu überstehen, verweist dabei auf das Leiden Christi (1,19) und gibt eine Reihe von Ermahnungen, wie sich die Angesprochenen gegenüber der feindlich gesinnten Umwelt verhalten sollen (so auch unser Predigttext 3,8–17).

Situation der Gemeinden

Der Petrusbrief erreichte die Gemeinden in einer Zeit, in der noch keine Christenverfolgung stattfand. Die Entwicklung sah eher so aus, daß die heidenchristlichen Gemeinden durch ihren Glauben, ihre Verhaltensweisen und ihren neuen Lebensstil auffielen und sich absonderten. Sie machten darauf »negative Erfahrungen von Mißtrauen, Verdächtigung, Haß, Feindseligkeit, Aggression«, die sie sich aufgrund ihres Glaubens von den nichtchristlichen Zeitgenossen zuzogen (Brox, Seite 24). Die Angriffe waren hauptsächlich verbal, aber eine Verschärfung bis hin zu einer Christenverfolgung war abzusehen.

Der Verfasser

Es handelt sich um einen unbekannten Verfasser, der den Namen und damit die Autorität des Petrus in Anspruch nimmt. Der Verfasser hat eine große Nähe zur paulinischen Theologie, wie in unserem Predigttext auch die Verwandtschaft mit Kap 12 des Römerbriefes zeigt. Als Abfassungsort soll Rom gelten, für das »Babylon« (5,13) ein gängiger Deckname war. Allerdings ist auch möglich, daß der Brief in größerer Nähe zu den Landstrichen verfaßt wurde, an die er sich richtet; so ist »die Entstehung des 1 Petr an mehreren Orten im Osten denkbar, ... z. B. in Antiochien oder Smyrna« (Brox, Seite 22 f.). Der Brief wurde zwischen 70 und 100 n. Chr. geschrieben.

Charakter des Briefes

Der ganze Brief hat keinen klaren oder logisch gegliederten Aufbau. Statt dessen nimmt der Verfasser das Thema »Leiden« immer wieder neu auf und bedient sich dabei unterschiedlicher sprachlicher Stile: erklärend, ermahnend, tröstend, zusprechend. Petrus nimmt Traditionsstücke aus dem Alten und Neuen Testament auf und verwebt sie oft reibungslos mit seinen Gedanken. Er beschreibt die Leiden der Gemeinden sehr generell, steigert sie aber gegen Schluß zu dramatisch (5,8–9). »Alle kerygmatischen, hymnischen, katechetischen u. a. Überlieferungen sind so verwertet und umgeformt worden, daß sie den Christen in ihrer Anfechtung Kraft und Trost vermitteln.« (Schrage, Seite 61).

Gliederung des Predigttextes 1. Petrus 3,8–17

Die Abgrenzung entspricht den Sinnabschnitten im Petrusbrief. Mit 3,7 endet die christliche Haustafel und mit 3,18 beginnt der zweite christologische Text des Briefes. Unser Predigttext kann in zwei Unterabschnitte gegliedert werden:

3,8–12: Mahnungen zur inneren Einmütigkeit und zum Vergeltungsverzicht
3,13–17: Mahnung, im Leiden furchtlos zur Antwort bereitzusein.
Sprachlich und gedanklich ergibt sich innerhalb dieser Gliederung ein bunter Teppich aus Ermahnungen, abgewandelten Zitaten, rhetorischen Wendungen und weisheitlicher Sentenz.
V. 8: eine 5gliedrige Mahnung zum Verhalten der Christen untereinander
V. 9: nimmt jesuanische Worte zur Feindesliebe auf (vgl.: Mt 5,44 und Lk 6,27; vgl. auch Röm 12,14.17 a)
VV. 10–13 zitieren Ps 34,13–17 in veränderter Form
V. 13: rhetorische Frage zum Thema Leiden
V. 14 a: Seligpreisung zum Thema Leiden
V. 14 b–15 a: nimmt Jesaja 8,12–13 verändert auf
V. 15 b: Mahnung zur Bereitschaft, jederzeit Antwort über die Hoffnung zu geben
V. 16: Mahnung, dies in milder und respektvoller Art zu tun
V. 17: weisheitlicher Sentenz im Stil hellenistischer Philosophie.
Die Stärke dieses Predigttextes liegt also keinesfalls in seinem Aufbau, auch nicht in der Originalität der Gedanken oder in der Tiefe der theologischen Darlegung. Das macht es für uns schwierig, einen Zugang zum Text zu gewinnen (siehe Annäherungen), geschweige denn über ihn zu predigen. Ich denke aber, was für uns als störend oder gar schwierig erscheint, war für die Gemeinden damals genau das Richtige. Der 1. Petrusbrief nimmt ihre Leidenssituation auf und vermittelt den Christen Deutung, Bestärkung und Orientierung, und zwar mit allen Mitteln der Trostrede. Eine Trostrede braucht nicht folgerichtig zu sein, ich will sogar sagen: sie darf es nicht einmal. Denn eine Trostrede muß alles ausprobieren und ausschöpfen, was die Adressaten ansprechen und ihnen helfen könnte. Die für die Predigt in Klammern angegebenen VV. 15 b–17 halte ich für die Umsetzung des Textes in unsere Gegenwart für entscheidend wichtig (siehe unten).

Die theologische Stärke des Textes
Sie liegt nicht in einer ausgearbeiteten Ethik. Imperative und Indikative wechseln sich fröhlich ab, bauen nicht aufeinander auf. Die Stärke des Abschnittes sehe ich aber in folgenden Grundgedanken:
- In einer Situation der Anfeindung sich nicht zurückziehen und abkapseln.
- Die Angriffe der Gegner durch vorbildliches Verhalten entkräften.
- Dazu ist Vergewisserung im Inneren nötig: Einmütigkeit untereinander und Christus im Herzen haben.
- Bereitschaft zur aktiven Antwort an alle Fragenden: Auskunft geben über die Hoffnung des christlichen Glaubens.

Homiletische Erwägungen

Wie tröstet man?

Die Annäherungen zeigen, wie schwierig der Zugang zum Text ist. Die mahnenden Sätze sind zwar am leichtesten verständlich, aber sie schaffen auch Distanz. Für die Predigt halte ich es für wichtig, den Hörerinnen und Hörern den Zugang zum Text zu erleichtern. Dafür schlage ich eine Einführung zum Thema »Trösten« vor. Wer tröstet, redet nicht einlinig und logisch, sondern probiert viele Themen und Redeweisen aus, bis etwas davon ankommt und greift. Unterschiedliche Situationen - unterschiedliches Leiden:

Die Leiden der Gemeinden damals sind andere als das, was wir heute an kirchlichen Problemen haben. Ich halte es für wichtig, diesen Unterschied zu beachten, um die im Predigttext angesprochenen Leiden der Menschen damals nicht zu schmälern oder zu verharmlosen. Die Gemeinden im 1. Jh. n. Chr. waren in ihrer Anfangsphase, sie lebten verstreut in einer feindlichen gesinnten Umwelt. Am Horizont war die Christenverfolgung schon zu erahnen.

Wir dagegen können unsere Religion frei ausüben in einer Kirche, die staatliche Vorrechte genießt. Es gibt Gegner und Konkurrenz gegenüber dem Christentum, aber keine Bedrohungen. Waren die Gemeinden damals gerade im Aufbau begriffen, gehen wir statt dessen möglicherweise auf die Auflösung der Volkskirche zu: Mitgliederschwund, Geldknappheit, Einsparung von Stellen usw.

Die Menschen um die Jahrtausendwende herum sind auf der Suche nach Sinn. Aber die Konkurrenz auf dem Markt der Sinnangebote ist für die Kirchen groß (siehe Kontexte Nr. 1 u. 2). Welche Aussagen des Predigttextes können uns heute weiterhelfen?

Aktualität des Textes:

In Unterscheidung zu den Leidenssituationen damals möchte ich fragen: »Was greift uns heute an? Wie antworten wir darauf?« Die verschiedenen Mahnungen im ersten Teil des Predigtextes sind sicherlich gut, richtig und auch leicht verständlich, aber sie alleine können unsere heutigen Probleme nicht lösen. Mahnungen schrecken eher ab (siehe Kontexte Nr. 2).

Wichtig scheint mir die Grundentscheidung des Petrusbriefes zu sein: kein Rückzug aus der Welt und aus der Gesellschaft. Statt dessen Mitverantwortung wahrnehmen. Das spricht gegen den Traum von einer gesund geschrumpften Freiwilligkeitskirche, in der man sich auf die engagierten Gemeindemitglieder zurückziehen kann und sich mit kirchenfernen oder kirchenkritischen Menschen nicht mehr auseinandersetzen müßte.

Immer mehr Menschen sind auf der Suche nach Sinn. In diesem Zusammenhang ist für mich V. 15 der Kernsatz des Predigttextes. Der Begriff ἀπολογία wird hier gedeutet als Antwort auf alltägliche Nachfrage, nicht als Verteidigungsrede vor Gericht. Umgesetzt heißt das für mich: Wir Chri-

sten geben Antwort auf die Sinnsuche der Menschen. Wir geben Auskunft über die Hoffnung, die in uns ist. Dabei kommt es sehr auf die Art und Weise an, wie wir das tun: Gegner und Konkurrenz auf dem Sinnmarkt ernst nehmen, aber nicht vor Furcht verzagen, sondern Selbstbewußtsein zeigen (V. 14b–15a).
Wir geben Antwort über die Hoffnung. Allerdings nicht, indem wir fertige Antworten von oben herab austeilen, sondern in milder und respektvoller Art (V. 16 wörtlich »mit Milde und Furcht«) mit den Menschen unserer Zeit nach Antworten suchen. Dabei haben wir eine Menge an Erfahrungen, Tradition, Kompetenz und Hoffnung einzubringen.

Vorschläge zur Liturgie

Lieder

Nun laßt uns Gott dem Herren: EG 320
Fürchte dich nicht: EG 630 Regionalteil für Bayern und Thüringen
Laß mich, o Herr, in allen Dingen: EG 414
Von Gott kommt diese Kunde: EG 614 Regionalteil für Bayern und Thüringen
Wo Menschen sich vergessen: Gottesklang Nr. 25 (Kirchentag Stuttgart 1999)
Vertraut den neuen Wegen: EG 395
Jesu, geh voran: EG 391
Sei mitten drin in dieser Stadt. Musik und Text: Horst Bracks 1994

Eingangsgebet

Gott im Himmel und auf der Erde,
am Morgen dieses Sonntags sind wir hier in der Kirche.
Wir möchten dir danken für alles Gute, das wir erleben durften.
Wir möchten dir sagen, was uns traurig gemacht hat, damit du uns tröstest.
Wir möchten auf dein Wort hören, damit du uns bestärkst.
Das bitten wir dich durch Jesus Christus, deinen Sohn, der mit dir und dem Heiligen Geist lebt und Leben schenkt heute und alle Tage.

Sündenbekenntnis – Aufforderung zum Kyrie

Gott aller Gnade,
du sagt uns immer wieder zu, daß du uns liebst und behüten willst wie deine eigenen Kinder. Manchmal aber werden wir kleinmütig und zweifelnd, wenn uns Leiden oder Widerstände begegnen. Darum sei du uns gnädig, sei unsere Zuflucht. Wir wollen uns von dir vergeben lassen und dich bitten: Bestärke unseren Glauben, unsere Hoffnung und unsere Liebe.

Gnadenzusagen nach Psalm 27,1+9 b
Gott ist mein Licht und mein Heil, vor wem sollte ich mich fürchten? Gott ist meine Lebenskraft, wovor sollte mir grauen? Denn du bist meine Hilfe; verlaß mich nicht und zieh deine Hand nicht von mir weg. Das schenke Gott uns allen.

Fürbitten
SprecherIn 1: Laßt uns beten. Nach jeder Fürbitte sprechen wir gemeinsam: »Wir bitten dich, Gott, erhöre uns!«
Gott aller Zeiten, wir haben von den Leiden der ersten christlichen Gemeinden gehört. Danke, daß du die Menschen damals getröstet und bestärkt hast. Vor dich möchten wir bringen, was uns heute bedrängt und worum wir uns sorgen.
SprecherIn 2: Wir bitten dich für die, die nur noch das Leid und das Böse in der Welt sehen. Öffne ihre Augen für alles, was an Gutem geschieht und was das Leben hell und froh macht. Wir bitten dich, Gott, erhöre uns.
SprecherIn 1: Wir bitten dich für die Menschen, die den Sinn und das Ziel ihres Lebens suchen und nicht finden. Schenke ihnen Begegnungen mit Menschen, die die Richtung weisen können. Wir bitten dich, Gott, erhöre uns.
SprecherIn 2: Wir bitten dich für die Christinnen und Christen in der Welt, die für ihren Glauben benachteiligt, angegriffen oder verfolgt werden. Bestärke sie durch deinen Heiligen Geist, schütze ihre Gemeinschaft und laß sie ihre Leiden überwinden. Wir bitten dich, Gott, erhöre uns.
SprecherIn 1: Wir bitten dich für die Kirchen hier bei uns. Laß die Gemeinden offen sein für Außenstehende, laß sie wichtige Ansprechpartnerinnen sein für alle Menschen, die auf der Suche sind nach dem Sinn in ihrem Leben. Wir bitten dich, Gott, erhöre uns.
SprecherIn 2: Wir bitten dich für die, die leiden müssen unter Krankheit, unter Arbeitslosigkeit, unter Einsamkeit oder unter Trauer. Sei du ihnen nahe mit deinem spürbaren Trost. Gib ihnen Menschen an die Seite, die etwas erzählen können von der Hoffnung, die du in unsere Welt gebracht hast. Wir bitten dich, Gott, erhöre uns.
SprecherIn 1: In der Stille bringen wir unsere persönlichen Bitten vor dich (Pause). Alles, was wir auf dem Herzen haben, fassen wir mit den Worten zusammen, die Jesus Christus uns gegeben hat und sprechen miteinander: Vater unser …

Vorschlag zur Predigt

Möglicher Anfang
Das Telefon klingelt. Ein Mädchen läuft hin und meldet sich: »Hier Stefanie N. N.« Der Vater ist dran und fragt, wie es ihr geht. Das Kind klingt

traurig: »Ach Papa, gestern hab' ich meinen neuen Ring verloren. Du weißt doch, den von Tante Susanne.« - »Wo hast du ihn denn verloren?« - »Ich weiß eben nicht genau. Vielleicht in der Schule, vielleicht Zuhause.« - »Hast du überall genau danach gesucht?« - »Natürlich! Aber nichts gefunden. Dabei war ich so stolz auf den Ring.« Die Stimme des Kindes wird weinerlich. Der Vater überlegt. Dann sagt er: »Es tut mir leid, daß du so traurig bist. Weißt du was, ich bringe dir einen neuen Ring mit, wenn ich in vier Tagen nach Hause komme.« - »Aber du weißt doch gar nicht, wie der Ring aussah!« - »Stimmt«, sagt der Vater, »dann geh ich eben mit dir einen neuen kaufen, wenn ich wieder da bin.« - »Aber der war doch von Tante Susanne in der Schweiz. So einen Ring kriegt man hier gar nicht zu kaufen!« - »Stefanie«, sagt der Vater, »das ist doch nicht so schlimm. Ich bin sicher, wir finden einen, der dir gefällt.« - Jetzt wird die Stimme des Kindes wieder weinerlich. »Ich will aber meinen Ring wiederhaben.« - »Tja«, sagt der Vater, »so ist das manchmal im Leben. Da verliert man was und muß mit dem Verlust zurecht kommen. Weißt du noch, wie ich damals meinen schönen Füller gesucht habe? Jetzt bitte ich dich bloß noch um eines: Lieg' nicht jeden Tag der Mutter in den Ohren mit dem Ring. Du weißt ja, sie hat's jetzt schwer genug. Warte, bis ich komme und dann finden wir schon eine Lösung.«
Soweit, liebe Gemeinde, dieses Telefongespräch zwischen dem traurigen Kind und seinem Vater. Der Vater merkt, daß es gar nicht so einfach ist, seine Tochter zu trösten. Um so schwieriger, weil er nicht in der Nähe ist, sondern nur am Telefon mit ihr spricht. Also probiert er alles aus. Er fragt nach, er zeigt sich mitfühlend, er bietet Ersatz an, er bittet um Geduld, er ermahnt seine Tochter, die Mutter nicht zu sehr zu strapazieren. Wird er noch etwas finden, damit die Tochter sagen kann: »Gut, Papa, so machen wir es!«?
Unser Predigttext für heute, liebe Gemeinde, hat mit dem eben gehörten Telefongespräch einiges gemeinsam. Der Schreiber des Petrusbriefes versucht aus der Entfernung, die christlichen Gemeinden in einigen Gebieten in Kleinasien zu trösten. Es ist ein uns unbekannter Verfasser, der den Namen von Petrus angenommen hat, um seinem Schreiben mehr Gewicht zu verleihen. Wir können ihn aber trotzdem Petrus nennen, der Einfachheit halber.
Was ist geschehen? Wir wissen, daß der Apostel Paulus in Kleinasien neue christliche Gemeinden gegründet hatte. Einige Jahrzehnte später unterschieden sich die Glaubenden von ihrer nichtchristlichen Umgebung durch ihre Gottesdienste, Gebräuche und ihren Lebensstil. Sie mußten aber erfahren, daß ihnen Mißtrauen entgegengebracht wurde, Feindseligkeit, sogar Haß. Die Christinnen und Christen wurden, vor allem mit Worten, heftig angegriffen. Noch war es keine staatlich organisierte Christenverfolgung, aber sie waren auf dem Weg dahin. Jetzt war

die Frage: Würden die christlichen Gemeinden trotz dieser Leiden und Anfeindungen bestehen bleiben? Würden sie ihrem Lebensstil und ihrem Glauben an Jesus Christus treu bleiben können? Da schrieb Petrus diesen Brief, den ersten Petrusbrief. In dem ganzen Schreiben geht es darum, die Christinnen und Christen in ihrer bedrängten Lage zu bestärken, zu trösten und zu ermutigen. Einen Abschnitt aus dem 3. Kapitel des Briefes werden wir jetzt hören.

Lesung: 1. Petrus 3,8-17

Vielleicht ging es Ihnen, liebe Gemeinde, ebenso wie mir. Ich empfand es schwierig, diese Sätze beim ersten Hören zu erfassen und Zugang zu ihnen zu gewinnen. Ich möchte deshalb noch einmal mit dem Telefongespräch zwischen der Tochter und ihrem Vater vergleichen, der alles Mögliche versucht, um sie zu trösten. Dabei springt er von einem Argument zum anderen in der Hoffnung, das zu treffen, was der Tochter helfen kann. Petrus hat es sogar noch um einiges schwerer. Denn er kann nicht telefonieren, sondern er führt ein einseitiges Gespräch, indem er auf das Briefeschreiben angewiesen ist. Und dieser Brief ist keine logisch aufgebaute Abhandlung, sondern Petrus versucht Argumente und Ermahnungen, er zitiert aus dem Alten und aus dem Neuen Testament, er verwendet Weisheitssprüche, um die Gemeinden zu trösten und zu bestärken.

Gedankenskizze zum weiteren Verlauf

Rückblick: Was Petrus sich zur Aufgabe gemacht hat, war alles andere als einfach. Aber wenn wir zurückblicken, dann können wir sehen: Die Gemeinden in Kleinasien haben die Leiden und Anfeindungen überstanden, sogar in der Zeit der Christenverfolgung. Gut möglich, daß der Brief des Petrus entscheidend dazu beigetragen hat.

Vergleich mit unserer kirchlichen Situation heute: Bei uns in Westeuropa wird niemand aufgrund seines Glaubens verfolgt oder angefeindet. Recht auf Religionsfreiheit. Die Leiden der Gemeinden, an die sich Petrus wandte, gibt es so bei uns nicht. Aber auch bei uns gibt es erhebliche Probleme. So können wir heute fragen: »Was greift uns an? Wie gehen wir damit um?« Die kirchlich-religiöse Basis in unserer Gesellschaft wird immer dünner. Mitgliederschwund, Geldknappheit innerhalb der christlichen Kirchen. Religion wird zu etwas Beliebigem: ein bißchen hiervon, ein bißchen davon. Patchwork Religion. Trotzdem: Immer mehr Menschen begeben sich bewußt auf die Suche nach einem Sinn im Leben. Viele sagen: »Suche nach Sinn: Ja – aber Kirche: Nein.« Und die Konkurrenz auf dem Markt der Sinnangebote ist groß.

Was kann uns Petrus in unserer heutigen Situation sagen?

Nein zum Rückzug der Kirche aus der gesellschaftlichen Verantwortung. Gegen den Traum vom Gesundschrumpfen zur Freiwilligkeitskirche, um der Auseinandersetzung mit kirchenfernen Menschen oder um Vorwürfen, z.B. wegen der Kirchensteuer, zu entgehen.

Nicht zurückziehen, sondern das Gute tun, um Aufmerksamkeit in der nichtchristlichen Umgebung zu erwecken. Mahnung zur Offenheit nach außen, zum aktiven Frieden. Dennoch sind die Mahnungen noch nicht die Lösung der Probleme.
Vergewisserung im Inneren (V. 8 und V. 15 a): einmütig, geschwisterlich und mitfühlend sein. Christus im Herzen heilig halten. Sich als Kirche nicht verzetteln. Die Mitte bewahren.
Selbstbewußtsein gegen Furcht (V. 14 b). Sich nicht der Bibel und des Evangeliums schämen, obwohl beides Jahrtausende alt ist. Sondern: Menschen sind auf der Suche nach Sinn in ihrem Leben. Beispiele dazu: Umsatz bei Esoterikliteratur (siehe Kontexte Nr. 1), großer Besucherandrang auf Kirchentagen, geschärftes Bewußtsein für das Thema »Zeit« bei der Millenniumswende. Wir haben etwas zu dieser Suche beizutragen.
»Seid allezeit zur Antwort bereit über die Hoffnung, die in euch ist. (V. 15 b).« Der Kernsatz aus unserem Predigttext. Wir können nach außen zeigen: Wir stehen nicht am Anfang bei der Suche nach Sinn. Wir haben eine Basis: Wort Gottes und Glaube, der Gottes Wort in das Leben hinein auslegt und umsetzt. Wir haben Erfahrungen, Gemeinschaften von Menschen mit dem gleichen »Suchinteresse«, wir haben Vorstellungen von der Zukunft (= Hoffnung).
Wie wir das alles nach außen hin vertreten: milde und respektvoll. Nicht von oben herab, nicht belehrend oder bevormundend, nicht mit Vorwürfen (siehe die Empfindungen, die sich in Kontexte Nr. 2 ausdrücken). Nicht fertige Antworten geben oder vorsetzen, sondern Antworten finden.

Predigtschluß

Kennen Sie, liebe Gemeinde, die Geschichte von dem Menschen, der sich im Wald verirrt hat? »Es hat sich einst einer im tiefen Wald verirrt. Nach einer Zeit verirrte sich ein zweiter und traf auf den ersten. Ohne zu wissen, wie es dem ergangen war, fragte er ihn, auf welchem Weg man hinausgelange. ›Den weiß ich nicht‹, antwortete der erste, ›aber ich kann dir die Wege zeigen, die noch tiefer ins Dickicht führen. Und darum laß uns gemeinsam nach dem Weg suchen, der herausführt.‹ (siehe Hoffsümmer, Kurzgeschichten 3, Seite 122). »Ich denke, wir sind als christliche Kirche schon um einiges weiter als jener Mensch, der sich im Wald verirrt hat. Durch unseren Glauben wissen wir schon die Richtung, die aus dem Wald herausführt. Und vor allem, wir nähren uns von der Hoffnung, daß unser Leben sein Ziel in dem lebendigen Gott fidnet. Wir werden ermutigt, unsere Hoffnung mitzuteilen, wo immer Menschen nach dem Weg fragen. Wir dürfen davon ausgehen, daß die anderen auch etwas beitragen können, um gemeinsam den Weg zu gehen. Und schließlich dürfen wir wissen, daß Jesus selbst uns begleitet und begegnet. Manchmal erkennen wir ihn nicht, oft genug aber erahnen wir ihn in unserer Nähe.

Kontexte

1. Angst vor dem Weltuntergang? Vor Krankheit, Armut, Tod und Einsamkeit? Lebenshilfe gibt es rezeptfrei in den Esoterik-Abteilungen großer Buchhandlungen. Aber auch bei den kleinen Esoterik-Spezialisten der Stadt wird man fündig. Zeitschriften, Bücher, Filme und Zubehör drängen neben zahlreichen Kursen auf einen unübersichtlich gewordenen Markt, der immer noch Umsatzsteigerungen verspricht... Bequem im Sofa, bei Meditationsmusik, liest man sich bei »Andromeda« (= ein Buchladen) der Endzeit entgegen. Und stößt dabei auf manch totgeglaubte Theorie, in Büchern, »die es woanders gar nicht gibt«. Ufologie, Schwarze Magie und politische Verschwörung geistern durch die Regale und sind unter entsprechenden Rubriken wie »Politik - ein weites Feld«, »Das goldene Weltalter« oder »Sintflut« eingeordnet... Alles Bestseller mit Zuwachsrate: 115 Millionen Mark Umsatz brachte die reine Esoterikliteratur auf dem Buchmarkt... Das waren bereits 27 Prozent mehr als im Vorjahr. Weitere 405 Millionen floßen aus dem Bereich Gesundheit und Lebenshilfe in die Kassen - Tendenz steigend ...
Aus: Nürnberger Anzeiger, Ausgabe Südost, 14.07.1999.

2. Es ist nicht verwunderlich, daß viele Menschen versuchen, Sinn und Halt außerhalb der kirchlichen Institutionen zu finden. Was Kirchenleute teilweise an Allgemeinplätzen und einseitigen Schuldzuweisungen von sich geben, treibt Hilfe Suchende ja direkt in die Arme der Esoterik-Szene. Jemandem, der verunsichert nach Lebensinhalten sucht, ist schwer zu vermitteln, daß die diversen Esoterik-Strömungen eine große Geschäftermacherei zu sein scheinen.
Aus: Leserbrief, der sich auf Kontext 1 bezieht, Nürnberger Anzeiger, Ausgabe Südost, 04.08.1999.

3. Wuchtiger Rap zwischen Kreuz und Kerzen lockte Jugendliche in Büchenbachs Martin-Luther-Kirche, die sonst hier nicht zu sehen sind. Der Gottesdienst an einem Freitag Abend zielte auf die Haupt- und Realschüler der nahegelegenen Hermann-Hedenus-Schule. Die Idee stammt von Stephan Kittel (26), dem jüngsten Kirchenvorsteher in Büchenbach. Er hat beim Leipziger Kirchentag vor zwei Jahren einen Techno-Gottesdienst erlebt. »Keine der beiden Seiten mußte zurückstehen«, begründet er sein Gefallen daran, »beides, Gottesdienst und Techno Rave, kam voll zur Geltung«. Als er sich im Juli 1998 zum ersten Mal daran machte, das Leipziger Erlebnis in Erlangen zu wiederholen, merkte er: »Unsere Jugendlichen hören lieber Rap.« Denn »Rap drückt Ärger und Frustration aus und davon haben die Haupt- und Realschüler mehr als die Gymnasiasten.« Weil der Rap-Gottesdienst im Rahmen der regelmäßigen ökumenischen Jugendvespern von Evangelischer und Katholischer Jugend stand, kamen Besucher auch aus Bruck, vom Anger und sogar aus Tennenlohe. Tanzen war nicht nur erlaubt, sondern ausdrücklich erwünscht.
(Aus: Sonntagsblatt, Nürnberger Gemeindeblatt, 8. August 1999.

Literatur:

Brox, Norbert: Der erste Petrusbrief, Reihe: EKK, Neukirchen-Vluyn, 1979.
Hoffsümmer, Wille (Hrsg.): Kurzgeschichten 3, 5. Aufl., Mainz 1992.
Schrage, Wolfgang und Balz, Horst: Die »Katholischen Briefe«. Reihe: NTD 10, 2. Aufl., Göttingen 1980.

5. Sonntag nach Trinitatis

Annäherungen an den Predigttext 1. Mose 12,1–4 a

Wolfram Braselmann

Der Text, vom Religionsunterricht her in den Grundzügen bekannt und als erzählender Text auch in sich gut verständlich, legt nahe, daß eine Vorkonfirmandengruppe dazu aufgefordert wird, sich ihm anzunähern.
Ich bitte die Gruppe daher, den Text in ihren Bibeln aufzuschlagen und nachzulesen. Es ergeben sich einige Verständnisfragen – was ist das mit dem Segen und dem Fluch? / Wo liegt der Ort eigentlich, aus dem Abram auszog (einige suchen Haran auf den Landkarten in ihren Bibelausgaben) – dann bitte ich die Vorkonfirmanden, sich dem Text so anzunähern, daß sie ihm auf seine Reise ins Ungewisse Briefe mitgeben, Abschiedsbriefe. Ich verspreche mir von diesem Verfahren, daß jeder sich auf seine Sicht des Textes festlegt, ohne gleich von den anderen beeinflußt zu werden.
Es werden u. a. folgende Briefe geschrieben:
Marja-Liisa kritisiert den Abram: »Wir finden es nicht so toll, daß du fort gehst. Du kennst niemanden dort, du weißt nicht, was dich dort erwarten wird. Du läßt deine alte Mutter, deine Geschwister alleine hier. Bedenke, die Reise dorthin ist gefährlich. Wir hoffen, daß du mit deiner Familie ankommst, ich habe gehört, dort sollen kriegerische Völker leben, die alle Kriege untereinander führen. Und, Abram, ich finde es sehr schlecht, daß du Lot beeinflußt hast, jetzt hat er deine Schnapsidee übernommen. Trotzdem wünsche ich dir, deinem Gefolge und deiner Frau viel Glück!«
Sandra sieht es so: »Ich bin sehr traurig, daß du unser Land verläßt. Gott hat dich gesegnet und alle, die dich auch segnen, die segnet Gott auch ... Er will dir einen großen Namen machen. Da du schon 75 Jahre alt bist, ist es schön, daß du in Begleitung deines Neffen gehst. Lebe wohl und bleib gesund!«
Inga bewundert Abram: »Wir finden es toll, daß du und deine Verwandten in ein neues Land ziehen. Daß du den Mut hast, trotzdem werden wir dich vermissen. Gott wird dir Gutes tun und dich zu einem fruchtbaren Land führen. Preise Gott und danke ihm dafür. Wir wünschen dir viel Glück auf deiner beschwerlichen Reise und hoffen, daß du uns mal besuchen kommst und uns von dem neuen Land und von Gott berichtest. Es werden keine furchtbaren Sachen geschehen, denn Gott wird dich beschützen.«

Philipp meint: »Ich und die Leute aus Haran sind sehr traurig, daß du in ein fernes Land ziehst. Wir hatten zwar manchmal Streit, aber wir sind trotzdem hoffentlich gute Freunde. Ich und die andern wissen nicht, wieso und wohin du gehst. Vielleicht ist es möglich, daß du uns mal besuchst. Ich hoffe, daß du bald wiederkommst!«
Sebastian ermahnt Abram: »Wir hoffen, daß es dir im anderen Land gefällt. Hoffentlich meinte Gott es ernst, als er zu dir sagte, daß du in ein fremdes Land ziehen sollst. Alle deine Freunde und Verwandte hoffen, daß es dir dort gefällt und daß es keinen Krieg um das Land geben wird. Paß gut auf deinen Neffen Lot auf, denn er ist der einzige Nachfolger, den du hast. Zeig ihm die Welt und beschütz ihn vor Tod und Gefahr. Hoffentlich kommst du uns mal besuchen!«
Christian schreibt kurz und bündig: »Ich habe mit der Zeit gelernt, die Dinge so hinzunehmen, wie sie sind und daß ich sie nicht ändern kann. Darum schreibe ich keine langen Briefe. Dafür wünsche ich dir noch alles Gute und viel Glück auf deiner Reise und daß du immer zu essen hast. P.S.: Bring mir ein Andenken mit!«
Jennifer fragt: »Wir, deine Verwandten und die anderen Menschen des Volkes sind sehr traurig, daß du von hier fortgehst. Hoffentlich hast du einen vernünftigen Grund dazu, weil wir danach keine Hilfe für die Arbeit auf den Feldern haben. Und wo gehst du hin? Wie willst du leben? Es gibt viele Fragen, die nach deiner Abreise noch übrigbleiben. Aber da du machen kannst, was du willst, da du erwachsen bist, können wir dich ja doch nicht abhalten. Bitte komm bald wieder. Viel Glück.«
Und Thorsten schreibt: »Laß uns zurück, aber nimm die mit, die du benötigst. Wir werden es überleben, aber geh mit Gottes Hilfe. Er gebe uns die Kraft, es zu verstehen, wir werden es hinnehmen, ohne zu heulen.«
Soweit die »Exegese von unten« durch eine Vorkonfirmandengruppe. Mehr Zeit als die Briefe zu schreiben und die Ergebnisse auszutauschen, blieb diesmal nicht.

Zum Gottesdienst

Ingrid Keßler-Woertel

Exegetisch-homiletische Skizze

Wer sich mit der Exegese von Gen 12,1–4 a beschäftigt, kommt nicht an der Lektüre von Claus Westermanns Biblischem Kommentar vorbei. Westermann stellt in eindrucksvollen Worten den Zusammenhang innerhalb der alttestamentlichen Überlieferungen her: »Gen 12,1–4 a ist ein von J ge-

formter Introitus in die Vätergeschichte, der zugleich die Vätergeschichte mit der Urgeschichte verbindet und über die Vätergeschichte hinausweist in die Geschichte des Volkes Israel.« (Claus Westermann, Genesis, 2. Teilband, Genesis 12-36, Biblischer Kommentar Altes Testament, Neukirchen-Vluyn 1981, Seite 168)
Anspruch und Inhalt stellt Westermann kurz und knapp so dar: »Den Rahmen bilden Vers 1 a und Vers 4 a: Jahwe gebietet und Abraham führt aus, was Jahwe gebietet.« (ebd., Seite 168)
Während ich das im Biblischen Kommentar lese, denke ich: So einfach ist das gewesen damals zur Zeit des Abrahams und der Sara und Lot nicht zu vergessen, der Neffe, weil Abraham und Sara ja keine eigenen Kinder hatten. Auch die Interpretation de Segens (baraq), der in den wenigen Versen gleich fünfmal vorkommt, umschreibt Westermann kurz und bündig: in Vers 2 zweimal Segen für die Person Abraham, in Vers 3 dreimal Segen für die, die mit Abraham zusammenkommen, Vers 3 b einmal Segen und eben die Wirkung des Abraham geltenden Segens auf alle Geschlechter der Erde.
Und die Person des Abraham betreffend: Ob er nun aus dem Nomadenbereich kommt (wie Westermann feststellt) oder - wie neuerdings mit neuen archöologischen Funden zu erklären versucht wird - daß Abraham aus einem festverwurzelten städtischen Bereich kommt, ist für mich unerheblich. Nebenbei: Wer sich Abraham nicht als Nomaden, sondern als festangestellten Krämer im Kaufladen des Onkels vorstellen möchte, der lese die ersten Kapitel der Kinderbibel »Die Bibel erzählt« von Karel Eykmann und Bert Boumann - das ist vielleicht eine Alternative zu den sonstigen Einstiegen in die Abrahamsgeschichten, nicht nur geeignet für Kindergottesdienst und Predigt, sondern auch für die Konfirmandenarbeit!
Wahrscheinlich hat Dietrich von Oppen recht, der in den »Assoziationen« (Bd. 4, Seite 32) schreibt: »Das Wort von der Berufung Abrams (erst später: Abrahams) ist einer der großen Texte der Weltliteratur. Unzählige Völker, Gruppen und einzelne haben sich in ihm wiedererkannt. Sie haben in dem Wort die Formel gefunden für ihre eigene Berufung zum Auszug und auch den Glaubensgrund, ihr in Freiheit zu folgen.« (»Assoziationen«, Gedanken zu biblischen Texten, Bd. 4, hrsg. von Walter Jens, Stuttgart 1981)
Das sind große Worte, die von oft ebenso großen Taten zeugen, und trotzdem muten diese Worte an, als beschrieben sie eine Geschichte von ganz weit her, gleichsam wie aus einem Märchen oder aus einer Sage. In vielen Kirchen und in vielen Gottesdiensten sind viele Besucher zwar wie Abraham 75 Jahre alt (Gen 12,4 b), aber kaum einer der Senioren hofft oder glaubt, in diesem Alter noch angesprochen zu werden und das auch noch von Gott. Ist jemand 75 Jahre alt, dann denken die meisten, er oder sie ist einfach »alt«. »Alt« assoziiert in unserer Gesellschaft: »verbraucht«, ausgelaugt«. »Senioren« (ein verschönend freundliches Wort) oder »Altenheim« (was nicht so schön, aber ehrlich klingt). Je mehr ich darüber nachdenke,

desto mehr gefällt mir der Gedanke, gerade da anzusetzen: Gott sucht sich, wen er will. Gott beruft, wen er will. Gott schaut nicht nach Aussehen, Alter, Familienstand. Weitergedacht: Gott interessiert auch nicht das »Vorleben« des Abraham, jedenfalls ist es für die biblische Geschichte so unbedeutend, daß es gar nicht erst erwähnt wird. Allerdings scheint es mir für einen Gottesdienst, in dem Gen 12,1 ff. gepredigt wird, nicht unerheblich zu sein, ein wenig auf die Wirkungsgeschichte der Person Abraham im biblischen Umfeld zu achten: so etwa Abraham, der Prophet (Gen 20,7), Abraham, der Bundespartner (Ps 109,5), Abraham, der Freund Gottes (Jes 41,8), Abraham, ein Berufener (Jes 51,2), Abraham, der Besitzer des Landes (Ez 33,26). Noch viel spannender ist es, dem Abraham-Bild des Neuen Testaments nachzuforschen: so im Hebräerbrief, der Abraham in den Personenkreis stellt, der den Glaubensweg geht, oder Abraham, der ›Vater des Glaubens‹, wie ihn Paulus im Römerbrief darstellt. Ich gebe zu, daß ist für eine Predigt zuviel, allerdings darf es auch nicht außer acht gelassen werden.
Zum Schluß noch dieser Gedanke zum Aufbau der Predigt: die Gottesrede in Gen 12,1 ff. hat zwei Teile: Weisung: »Geh ...« und eine mehrteilige Verheißung: »Ich will ...« Frage: Können, dürfen, sollen wir diese Gottesrede auf uns heute übertragen? Dann wäre sie verbunden mit der Frage: Was hat Gott mit uns vor, wohin schickt Gott uns, und dann: Was sagt Gott uns zu, wie ist Gottes Verheißung für uns ...? Danach Abrahams Reaktion (Vers 4 a): »da ging Abraham, wie Jahwe zu ihm geredet hatte«. Frage an uns: Wie wäre, würden wir diesen Vers auf uns beziehen, unsere Reaktion? Wie ist unser Aufbruch, wann und wo setzen wir uns in Bewegung?

Vorschläge zur Liturgie

Lesung

Hebräer 11,1-3 und 8-19
oder Römer 4 (Auswahl)
oder (für diejenigen, die die nachstehende Predigt einschließlich der Geschichte halten) Psalm 23

Liedvorschläge

2. Laß uns in deinem Namen, Herr / die nötigen Schritte tun. / Gib uns den Mut, voll Liebe, Herr / heute die Wahrheit zu leben.

3. Laß uns in deinem Namen, Herr, / die nötigen Schritte tun. / Gib uns den Mut, voll Hoffnung, Herr, / heute von vorn zu beginnen.

4. Laß uns in deinem Namen, Herr, / die nötigen Schritte tun. / Gib uns den Mut, voll Glauben, Herr, / mit dir zu Menschen zu werden.

Text und Melodie: Kurt Rommel, © Strube Verlag, München-Berlin.

EG 658 (Rheinisch-westfälischer Anhang)
EG 311 (Erzähllied zu Gen 12,1 ff.)
EG 395, 1 ff.
EG 605 (landeskirchlicher Teil des EG für das Rheinland, Westfalen und die Ev.-ref. Kirche)

Gebet
EG 658 (landeskirchlicher Teil des EG für das Rheinland, Westfalen und die Ev.-ref. Kirche) oder auch: EG 391

Anregung und alternative Idee für Familiengottesdienste o. ä.:
1. Die in den Annäherungen dargelegte Idee, im Konfirmandenunterricht Briefe an Abraham schreiben zu lassen, kann gut aufgenommen, in eigenen Gruppen umgesetzt und im Gottesdienst vorgestellt werden.
2. Lied 311 EG ist ein biblisches Erzähllied zu Gen 12,1 ff. Es kann mit einfachen Spielszenen oder auch Zwischentexten von Konfirmanden oder Kindergottesdienstkindern dargestellt werden.

Vorschlag zur Predigt

Möglicher Einstieg
Das muß um die Weihnachtszeit herum gewesen sein. Ich hatte mich aufgemacht, um einige ältere, auch kranke Männer und Frauen aus unserer Kirchengemeinde zu besuchen. Es dämmerte schon, als ich zu dem kleinen alten Siedlungshaus kam, in dem ich den letzten Besuch machen wollte. Auf mein Klingeln öffnete die Tochter die Tür, sie freute sich sichtlich: »Da wird Vater aber froh sein, wenn er Sie sieht«, meinte sie und führte mich zunächst gar nicht in das kleine Wohnzimmer des Vaters, das ich schon von früheren Besuchen kannte, sondern in die Küche. »Es geht Vater nicht gut in der letzten Zeit«, sagte sie, »dabei ist er gar nicht krank, aber er ist so niedergeschlagen. Das geht so seit seinem letzten Geburtstag, da ist er 70 Jahre alt geworden.« Die Frau dachte eine Weile nach, dann sagte sie: »Vielleicht meint Vater ja, daß er jetzt alt ist.« Wir redeten noch eine Weile über dies und das, dann gingen wir durch den kleinen Flur bis zum Wohnzimmer. Der Vater freute sich wirklich, mich zu sehen. Wir unterhielten uns, und schon nach wenigen Minuten erzählte der Vater, – so wie es die Tochter schon angedeutet hatte – daß es ihm in der letzten Zeit gar nicht gut

gehe. »Hier tut's weh und da tut's weh - ach, ich werde alt, ich bin halt verbraucht«, meinte er. Und noch später nahm er ein Kalenderblatt zur Hand - ich glaube, das Blatt muß ihn beschäftigt haben, denn es schien ziemlich angegriffen, so als ob es oft in die Hand genommen worden wäre. »Nun gucken Sie sich das an«, sagte der Mann, »da steht ein Spruch von Helmut Thielicke: ›Weihnachten sagt uns: Gott holt uns ab, gleichgültig, wo wir stehen.‹« Er legte das Kalenderblatt wieder auf den Tisch und fuhr leise fort: »Mich holt keiner mehr ab, ich bin alt und verbraucht, für mich kommt nur noch der Tod.«
Ich hätte den Mann so gerne getröstet und wußte nicht wie; schließlich habe ich mit ihm gebetet, Gott um Kraft und Zuversicht gebeten.
Soweit die Geschichte wie ich sie vor einigen Jahren erlebt habe. Die Geschichte geht noch weiter, aber um den Fortgang bestehen zu können, muß ich Ihnen erst eine biblische Geschichte erzählen.

Zum weiteren Verlauf
Die biblische Geschichte erzählt von Abraham, eigentlich hieß er damals noch gar nicht Abraham, sondern Abram. Wie alles in der Bibel hat auch der Name Abram eine Bedeutung. Abram ist hebräisch und bedeutet soviel wie »hoher, erhabener Vater«. Dabei war Abram gar kein Vater, er hatte keine Kinder. Das war vielleicht seine größte Sorge damals. Keine Kinder, das bedeutete auch: keine Erben, niemanden, der den Namen, das Ansehen, Hab und Gut weiterführt. Abram ist verheiratet mit Sara und hat - vielleicht an Kindes statt, aber das weiß man nicht so genau, seinen Neffen Lot angenommen. Abram, der erhabene Vater heißt er wohl, weil er über viel Besitz verfügt, zu seinem Haushalt Knechte und Mägde gehören, wie die Bibel erzählt. Das einzige, was wir von Abram wissen, ist dies: Er ist mit seinem Vater, mit seiner Frau Sarah und mit seinem Neffen in die Stadt Haran gekommen, dort wohnt er. 75 Jahre ist er zu der Zeit - heute würden wir vielleicht sagen: 75 Jahre, da bist du 10 oder mehr Jahre im Ruhestand, dann blickst du auf ein langes Leben zurück, 75 Jahre, dann fängst du nichts Neues mehr an.
75 Jahre ist Abram alt, als er angesprochen wird, angesprochen von Gott. Und Gott spricht so: »Geh aus deinem Vaterland und von deiner Verwandtschaft und aus deines Vaters Haus in ein Land, das ich dir zeigen will.« Liebe Gemeinde, was hätten Sie an Abrams Stelle gemacht, - ich meine jetzt nicht nur diejenigen unter uns, die 75 Jahre und älter sind, ich meine gerade auch die Jüngeren -: Was hättet Ihr gemacht? Euch abgewendet, nach dem Motto »Gott kann mich gar nicht meinen«, oder wärt Ihr losgegangen ohne Wenn und Aber ...? Eher wohl so ... Die meisten unter uns hätten wohl angefangen zu handeln: »Gott, ich will ja wohl losgehen, aber ...«. Und das »Aber« heißt dann: Ich habe keine Zeit, ich will nicht, hier sind meine Freunde, die will ich nicht zurücklassen, ich bin zu alt dafür, nein, Gott, das kann nicht sein. Gott gibt dem Abram ein Verspre-

chen: »Ich will dich zum großen Volk machen und will dich segnen und dir einen großen Namen machen, und du sollst ein Segen sein. Ich will segnen, die dich segnen und verfluchen, die dich verfluchen, und in dir sollen gesegnet werden alle Geschlechter auf Erden.«
Das ist großartig: Gott will Abram segnen. Fünfmal kommt das Wort »Segen« hier vor. Wer von uns hätte da nein gesagt: Segen können wir alle gut gebrauchen, Segen für uns. Schwieriger ist es dann schon, zu glauben, daß einer zum Segen für andere werden kann. Und schließlich dies: »Abram, du sollst zum großen Volk werden.« Wie kann das, würden die meisten von uns wohl fragen. Segen für uns: ja, aber was danach kommt, ist doch unglaublich, so sagen manche, denken viel und wenden sich enttäuscht von Gott ab.
»Ich bin alt und verbraucht, es kann nicht sein, daß Gott noch etwas mit mir vorhat«, so denkt und sagt mancher alte Mensch und gibt auf. Und manch ein junger Mensch sagt: »Gott darf mich wohl segnen, aber anderen zum Segen werden ... das ist mir zu anstrengend.«
Was tut Abram? Die Bibel sagt: »Da zog Abram aus, wie es der Herr zu ihm gesagt hatte.« Kurz und schmerzlos, ohne Wenn und Aber, aber Abram geht los, Abram nimmt seine Frau und seinen Neffen und geht los ..., hinein in eine ungewisse Zukunft, allein getragen durch die Verheißung Gottes »Ich will dich segnen«.
Übrigens: Viel später bekommt Abram einen neuen Namen: »Abraham«, so wird er von Gott jetzt genannt. »Abraham«, das bedeutet »Vater der Menge«.
Soweit die biblische Geschichte. Vielleicht erkennt sich der eine oder die andere von uns ein wenig in der Geschichte wieder: Angesprochenwerden von Gott, zaudern oder gehen, aufbrechen oder bleiben, letztendlich ist dies die Frage: Was hat Gott mit mir vor, wohin schickt Gott mich, was sagt Gott mir? Was tue ich, wie kann ich losgehen hin in die Richtung, die Gott mir zuweist?

Schluß
Liebe Gemeinde, am Anfang der Predigt habe ich Ihnen die Geschichte von dem älteren Mann erzählt, der sich zu müde fand, alt und verbraucht, – aber: Der Mensch denkt, Gott lenkt ...
Zwei Jahre später ... im Konfirmandenunterricht. Thema »Schöpfung«: Gottes Welt für uns Menschen. Ein Junge erzählt: »Mein Opa ist mein bester Freund, der geht mit mir angeln und zeigt mir alle Bäume und Blumen, der kennt alle Namen. Mein Opa sagt immer: ›Das hat alles Gott gemacht, die ganze schöne Welt und dich und mich.‹« Ich habe die Mutter des Jungen, die Tochter des alten Herrn, nach dieser Wandlung gefragt und sie hat mir das so erklärt: »Unser Junge war lange Zeit sehr krank. Mein Vater hat sich viel um den Jungen gekümmert und darüber seinen eigenen Kummer vergessen. Er hat ihm aus der Kinderbibel vorgelesen und immer

wieder die Schöpfungsgeschichte, vielleicht, um den Jungen aufzuheitern, vielleicht, um ihm indirekt zu zeigen, wie es draußen in der Natur ist. Als es unserem Jungen besser ging, ist mein Vater wirklich mit ihm rausgegangen, hat ihm alles gezeigt. Das war für beide richtig ein neuer Anfang.«
(Statt des Schlußsatzes würde ich an dieser Stelle noch einmal Gen 12,1-4b vorlesen.)

Kontext

Hebräer 11,1+6+8
EG 170 (Keiner kann allein Segen sich bewahren)
Rabbi Sussja lehrte: »Gott sprach zu Abraham: ›Geh aus deinem Land, aus deinem Geburtsort, aus dem Haus deines Vaters in das Land, das ich dir zeigen werde.‹ Gott spricht zum Menschen: Zuvorderst geh aus deinem Land - aus der Trübung, die du selber dir angetan hast. Sodann aus deinem Geburtsort - aus der Trübung, die deine Mutter dir angetan hat. Danach aus deinem Vaterhaus - aus der Trübung, die dein Vater dir angetan hat. Nun erst vermagst du in das Land zu gehen, das ich dir zeigen werde.‹«
(Martin Buber, »Geh aus deinem Land«. [Seite 385]. Aus: Martin Buber, Die Erzählungen der Chassidim, © Manesse Verlag, Zürich, 1949)

6. Sonntag nach Trinitatis

Annäherungen an den Predigttext Apostelinnen- und Apostelgeschichte 8,26–39

Ulrich Haag

Der Gesprächskreis Glauben und Leben am Martin-Luther-Haus in Aachen hat den Predigtabschnitt vorbesprochen. Die zahlreichen Fragen, Anregungen und Anmerkungen gebe ich im Folgenden nach Themen geordnet wieder.

Heimweg und Aufbruch in ein neues Leben: Der Kämmerer
Wie kommt ein äthiopischer Staatsmann nach Jerusalem? Wozu? Zu politischen Verhandlungen? Ist er ein Gesandter? Hat er keine Leibwache bei sich, daß Philippus so leicht auf seinen Wagen kommt?
Wie kommt es, daß er in der Hebräischen Bibel liest?
Wie geht für den Kämmerer die Geschichte weiter? Ändert sich nun sein Lebensstil in Äthiopien? Er ist ja jetzt Christ. Was war er vorher?

»Im Auftrag des Herrn unterwegs«: Philippus
Philippus muß eine starke Ausstrahlung gehabt haben (vgl. die Verse vorher Apostelgeschichte 8,4–25). Was hat er wohl dem Kämmerer gepredigt? Hat er überhaupt selbst gepredigt? »Er tat seinen Mund auf...« (Vers 35) Das hört sich so an, als hätte »es durch ihn hindurchgepredigt«.
Was bedeutet es, daß Philippus am Ende entrückt wird? Hat Gott es mit ihm eilig? Oder zeigt es, daß es auf den Täufer nicht ankommt?

Bad der Wiedergeburt am Straßenrand: Die Taufe
Warum wird Vers 37 kleingedruckt? Sind nicht gerade Glaube und elementares Bekenntnis zu Christus die Grundvoraussetzungen für die Taufe? Wird der Vers etwa deshalb kleingeschrieben, weil die Kirche die Kindertaufe rechtfertigen will?
Der Glaube ist kein Besitz. Wir schwanken meist zwischen Zweifel und Gewißheit. Christ sein heißt: auf dem Weg sein. Die Taufe ist ein Meilenstein auf diesem Weg – aber nicht das endgültige Ziel. Die Geschichte vom Kämmerer und Philippus spielt auch unterwegs: am Anfang die Straße, am Ende die Straße (Verse 26,39), die Taufe am Rande der Straße (Vers 36–37).

Was für ein Unterschied: Spontane Ganzkörpertaufe damals - ritualisierte »Dreitropfentaufe« heute. Wenn wir unsere Taufgottesdienste nach dem Vorbild von Apostelgeschichte 8 umgestalten wollten: Was müßten wir verändern?

Jesaja 53: Das Zitat
Das Zitat in Vers 32–33 stimmt nicht mit dem Wortlaut von Jesaja 53,7–8 überein. Warum nicht?
Versuch einer christologischen Auslegung des Jesajazitates (unkorrigierte Vorschläge aus der Gruppe):
Schaf zur Schlachtbank geführt: Kreuzigung Jesu.
Verstummt: Auch Jesus hat sich nicht mit Worten gerechtfertigt oder gewehrt.
Das aufgehobene Urteil: Gott revidiert die Verurteilung und rehabilitiert Jesus, indem er ihn auferstehen läßt.
Die Nachkommen: Jünger, Apostel, Gemeinde, schließlich die Kirche.
Sein Leben von der Erde weggenommen: Auferstehung.

Gegengelesen, weitergesponnen: Die Geschichte
Experiment: Auf welchen Vers oder Versteil könnte man verzichten, ohne daß die Geschichte substantielle Einbußen erleidet? Ergebnis: Nur wenige einzelne Wörter - etwa die Angabe, daß die Straße »öde« war (Vers 26), erscheinen verzichtbar. Die Geschichte wird schnörkellos und konzentriert erzählt.
Ein moderner Erzähler würde die Begegnung zwischen dem Kämmerer und Philippus viel subtiler inszenieren: Philippus auf dem Weg nach Gaza, vielleicht um eine christliche Familie zu besuchen, begegnet zufällig dem Wagen, auf dem der Kämmerer sitzt. Vielleicht bittet er darum, auf der staubigen Straße mitgenommen zu werden? Eine zeitlang unterhalten sich die beiden - in welcher Sprache eigentlich? - dann schweigen sie. Schließlich nimmt der Kämmerer seine Lektüre wieder zur Hand. Philippus fragt, was er liest, es entspinnt sich das katechetische Gespräch. - Eine solche Erzählung würde das Geschehen aus rein menschlichen Beweggründen und einer Portion Zufall erklären. Der biblische Verfasser aber läßt keinen Zweifel daran, daß das Ereignis göttlich motiviert ist: Der Geist bzw. Engel des Herrn gibt die entscheidenden Impulse.
Wo würde sich die Geschichte heute ereignen? Im Intercity? Im Flugzeug? Auf der Autobahn? Philippus vielleicht als trampender Theologiestudent am Straßenrand? Der Kämmerer ein Herr in Nobelkarosse mit Chauffeur, der ihn aus einer Laune heraus mitnimmt?

Gute Laune und Distanz: Das Gespräch
Unser Kreis wurde bei der Geschichte munter. Sie ist kraftvoll erzählt und vermittelt mediterrane Atmosphäre. Sie ist auf Begegnung, Versöhnung

und (Völker-)Verständigung ausgerichtet. Den Kämmerer haben wir uns – laut früherer Luther-Überschrift – als »Mohren« vorgestellt. Schwarz und weiß, arm und reich, »Palästinenser« und Äthiopier: Glaube, Christusbekenntnis und Taufe setzen sich geradezu hemdsärmelig über soziale Barrieren hinweg. Eine noch junge Religion.
Unsere Schwierigkeit bestand darin, die Perikope aus der erzählerischen Distanz herauszuholen und ihr Persönliches abzugewinnen: Wo verändern mich diese Verse? Wo befreien sie mich? Wo rufen sie mich zur Umkehr? – Aber passen diese Fragen überhaupt zum Predigtabschnitt? Vielleicht findet eine Exegese, die sich tiefer auf den Text einläßt, Antworten darauf.

Zum Gottesdienst

Wolfram Braselmann

Exegetisch-homiletische Skizze

Der Abschnitt Apg 8,16–39 gehört zu verschiedenen Texten aus der Apostelgeschichte, in denen davon berichtet wird, wie es dazu kam, daß die christliche Mission mehr und mehr über das jüdische Volk als »Zielgruppe« hinaus sich an Menschen und Gruppen wandte, die keineswegs mehr Juden waren, auch nicht den Weg zum christlichen Glauben über die Konversion zum Judentum fanden, sondern unmittelbar missioniert und getauft wurden.
Hierzu gehört der Abschnitt über Philippus in Samaria (Apg 8,5–25), die Geschichte vom Hauptmann Kornelius (Apg 10,1–48) und, als Abschluß, die Auseinandersetzung des Petrus mit den anderen Aposteln über die Frage der Heidenmission (Apg 11,1–18).
Geschichten also über »den Fortschritt der christlichen Mission über Jerusalem hinaus« (E. Haenchen z. St.)
W. Hollenweger deutet diese Geschichten so, daß er annimmt, daß in ihnen die Spannung zwischen judenchristlicher und neuer heidenchristlicher Kirche dargestellt werden, und es fällt auf, daß die Überschreitung der alten, vorgegebenen Grenzen der Mission immer auf göttlichen Befehl hin geschieht.
Lukas hat demnach diese Missionspraxis der frühen Kirche zu einem späteren Zeitpunkt, nach der Zeit der Christenverfolgungen, neu durchdacht auf dem Hintergrund der Frage, ob es in der neuen Situation richtig sein konnte, ohne weiteres eben auch Heiden, Römern, sogar Offizieren und Kaufleuten die Taufe zu gewähren.
So erklären sich diese Geschichten der Apostelgeschichte: als Erzählungen von der Überschreitung religiöser und kultureller Grenzen durch die

christliche Mission, und dies nicht aufgrund einer wie auch immer gedachten Missionsstrategie, sondern aufgrund göttlichen Befehls, auf den sich die Akteure immer wieder berufen.
Der Kämmerer aus Äthiopien: der erste Heide, der getauft wird, Überschreiten einer Grenze, die die ersten Apostel für unüberschreitbar hielten und die Philippus nun doch ohne Zögern überschreitet.

Wie kann eine solche Begegnungs- und Grenzüberschreitungsgeschichte im Namen Gottes heutzutage aussehen?
Ich entscheide mich für die Predigt für einen Predigteinfall des verstorbenen rheinischen Präses Peter Beier, den er noch als Jülicher Superintendent in Gottesdienstpraxis IV, 2 im Jahr 1982 vorgeschlagen hat: »... die Umkehrung und Verfremdung der lukanischen Geschichte durch eine konterkarierende Erzählung. Etwa so: Ein Safari-Reisender in Kenia ... blättert in einer englischen Bibel ... der schwarze Boy serviert den Whisky und erlaubt sich die Frage: Verstehst du auch, was du liest?«
Auch deshalb reizvoll, weil der Sonntag in den Sommer, in die Urlaubszeit fällt und eine Gemeinde von solchen, die schon Urlaubserfahrungen hatten, oder deren Urlaub noch vor ihnen liegt, sich vielleicht gerne eine solche Geschichte erzählen läßt.
Und wo werden kulturelle Grenzen so wahrgenommen und mögliche Grenzüberschreitungen so gut ermöglicht, wie bei Reisen, wenn denn die Möglichkeit, neues und anderes wirklich zu erfahren, auch wahrgenommen wird?

Vorschläge zur Liturgie

Nach dem *Orgelspiel* schlage ich als *Begrüßung* vor:
»Mitten in der Urlaubszeit, liebe Gemeinde, sind wir heute zum Gottesdienst zusammen. Einige von uns waren schon weg, andere werden noch verreisen. Heute, in unserem Gottesdienst, möchte ich mit euch darüber nachdenken, was das für Menschen sind, denen wir im Urlaub begegnen. Ob sie uns etwas Neues sagen können, über uns und über Gott, wenn wir nur gut zuhören.«

Lied: EG 288,1-4

Eingangsgebet
Gott, so vielen Menschen begegnen wir auf unseren Wegen. Tagtäglich, an den gewöhnlichen Tagen unseres Lebens und auch, wenn wir auf Reise sind.
Und das wird wohl manchmal so sein, daß Du uns durch Fremde und durch andere etwas sagen willst. Vielleicht etwas ganz Neues.
Laß uns Menschen offen sein füreinander.

Und laß uns offen sein für Dein Wort, das an diesem Morgen wieder zu uns reden wird.
Amen.

Als *Epistellesung* wähle ich die alttestamentliche Lesung Jes 43,1–7,
als *Wochenlied* EG 200,1,2,5,6,
als *Evangelienlesung* Mt 28,16–20
und als *Lied vor der Predigt* EG 196,5,6.

Lied nach der Predigt: EG 251,1–3,7

Lied nach den Abkündigungen: EG 326,1–3,7

Gebet zum Ausgang
Gott aller Welt und aller Menschen,
Schwestern und Brüder sind wir, von Dir berufen,
im Glauben an Dich zu leben und zu wachsen.
Dich bitten wir:
Für die Christengemeinden in aller Welt, daß sie an Deinem Wort festhalten,
glaubwürdig und klar vom Glauben reden,
einander anhören, vertrauen und voneinander lernen.
Für unsere Gemeinde, daß auch wir einander zum Glauben helfen,
einander beistehen, wenn Not in unseren Häusern ist,
uns als Geschwister bewähren.
Denn Du bist unser Gott, der uns hören wird, wenn da Not ist,
der uns antwortet, wenn da Fragen sind,
der uns nahe ist immer wieder.
Vater unser …

Vorschlag zur Predigt

Möglicher Beginn
Zu Beginn führe ich in die Thematik »Urlaub – Fremdheit – Grenzen überschreiten« und den Zusammenhang zum verlesenen Text ein.
Laßt mich diese Geschichte von der Begegnung des Philippus und des äthiopischen Kämmerers, diese Geschichte von einer Bekehrung heute, in dieser Urlaubszeit, einmal als eine Urlaubsgeschichte erzählen, als eine Geschichte, die sich in einem Urlaub ereignet.
Und wenn euch das als nicht so naheliegend vorkommt, so will ich euch daran erinnern, daß sich in dieser Geschichte zwei Menschen auf Reisen befinden und einer ganz offensichtlich in der Absicht, ein anderes Land kennenzulernen, und so begegnen in dieser Geschichte ein schwarzer und ein weißer Mann einander, zwei Menschen aus zwei fremden Welten, die damals

schon 2000 Kilometer voneinander entfernt waren, so, wie auch heutzutage in der Urlaubszeit mancher sich weit weg begibt in fremde Welten.
Und daß die beiden, Philippus und der äthiopische Kämmerer, einander verstehen, das ist zu Beginn der Geschichte keineswegs sicher, es ist vielmehr ganz unwahrscheinlich, dazu gehört der Wille, daß einer den andern hören will und nach dem, was uns die Geschichte mitteilt, auch noch mehr: dies nämlich, daß es Gottes Wille ist, daß da zwei Fremde einander verstehen.

Im Anschluß führe ich in die neu erzählte, »aktualisierte« Geschichte ein.
Eine Urlaubsgeschichte also, eine Geschichte aus einem fremden Land: Nehmt an, da ist ein Bauingenieur beschäftigt bei einem großen Baukomplex, den eine deutsche Firma in Ostafrika, in Nairobi, hochzieht. Ein Hotel wird gebaut, ein Flughafen, eine große Straße, was weiß ich.
Die Firma, die den Bau ausführt, schickt ein paar Ingenieure mit. Die sind vielleicht schon weit in der Welt herumgekommen, waren eingesetzt bei Bauvorhaben in Algerien, in Indonesien, in Syrien und sonstwo. Diesmal also in Kenia, warum auch nicht, sie verdienen mehr Geld als zu Hause, das Leben ist ganz angenehm, und mehr Urlaub gibt es auch.
Und weil man nun schon einmal in Kenia ist, macht man dann auch im Land Urlaub, eine Safari in einem der großen Nationalparks. Fährt den Tag über mit einem Fahrer und einem Reiseführer im Landrover durch die Savanne, fotografiert ein paar Löwen, ein Nashorn, eine Herde Giraffen, eine Gruppe Massai, und am Abend, im Hotel, da sitzt man auf der Veranda des Hotelzimmers, ist frisch geduscht, sieht den Zebras und Antilopen zu, die da an dem Wasserloch zur Tränke gekommen sind.

Zum weiteren Verlauf
An dieser Stelle lasse ich den Ingenieur auf den Jesajatext stoßen.

Und auf dem Tischchen liegt . . ., ja was liegt da: die englische Bibel, die auf dem Nachttisch war, die Bibel, von denen die Bibelgesellschaft aus Amerika in jedem Zimmer im Hotel eine hat auslegen lassen. Ein paar Seiten sind von den Vorbewohnern rausgerissen worden, und die Bibel liegt nur deshalb auf dem Verandatisch, weil man in der Eile vergessen hat, was anderes zum Lesen mitzunehmen und in diesem Hotel halt nichts anderes greifbar ist.
Also setzt man sich so auf die Veranda, wenn es kühler wird, wartet auf das Abendessen und bestellt einen Whisky Soda. Und als der afrikanische Boy auf einem Tablett den Whisky bringt, da hat man die Bibel gerade bei Jesaja aufgeschlagen, bei diesem: »Er ist wie ein Schaf zur Schlachtbank geführt und wie ein Lamm still vor seinem Scherer, so hat er seinen Mund nicht aufgetan. In seiner Niedrigkeit ward ihm ein gerechtes Urteil versagt. Wer wird von seinem Geschlechte reden? Denn sein Leben ist von der Erde weggenommen.«

Nun lasse ich die beiden, Hotelboy und Ingenieur, ins Gespräch kommen.

Und der afrikanische Boy, »Philip« steht auf dem Namensschild der Hoteljacke, der sagt tatsächlich: Bwana, verstehst du, was du da liest, fragt das, nachdem er einen flüchtigen Blick in das Buch geworfen hat, das Tablett auf dem Tisch abgestellt und das Geld kassiert.
Überrascht blickt der Ingenieur auf, sieht den Boy an, den er eigentlich noch gar nicht beachtet hat. Nein, sagt er, ich lese sonst nicht in der Bibel. Hilft ja alles doch nicht. Das müßte mir schon jemand erklären.
Soll ich dirs erklären?, fragt Philip. Ich bin Christ, mußt du wissen, und er zeigt ihm das kleine Kreuz, das ihm um den Hals hängt.
Ich weiß nicht, sagt der Ingenieur, ich kann mir das gar nicht vorstellen: Wie ein Schaf zur Schlachtbank, den Mund nicht auftun. Ich tu den Mund auf, das hab ich gelernt, mich durchzusetzen, mich zu behaupten. Sonst wäre ich im Leben nichts geworden.
Von der Erde weggenommen - sicher, irgendwann müssen wir alle gehen. Aber daß einer das annimmt, Leiden, Vergessenwerden: Ich weiß nicht, was das heißt. Weißt du es?

Nun lasse ich Philip aus seinem Leben erzählen. Dabei ist darauf zu achten, wieviel an Vorkenntnis afrikanischer Verhältnisse, vielleicht auch aus Partnerschaftsbegegnungen der Gemeinde mit Gemeinden der »Dritten Welt« vorausgesetzt werden kann!

Doch, sagt Philip, Bwana, ich weiß das, was das ist, von der Erde weggenommen werden. Und er erzählt von seinem Leben und dem Leben der Leute in den Dorf, aus dem er kommt. Erzählt, wie schwer sie es haben, sich am Leben zu erhalten. Wie alles teurer wird, wie sie kaum etwas zum Leben haben. Das Geld, das ich verdiene, das muß für die ganze Familie reichen, für meine Eltern auch noch und für meine Geschwister, sonst hat keiner was. Er erzählt, wie viele seiner Geschwister klein gestorben sind, wie das ist, wenn in seinem Dorf einmal die Ernte nicht ausreicht, erzählt ganz einfach vom Leben und auch vom Leiden bei sich zu Hause. Doch, sagt Philip, ich versteh das ganz gut, was da in der Bibel steht. Und er erzählt von der Wut im Bauch, der Wut, wenn er sieht, wie gut es anderen geht. Früher habe ich oft diese Wut gehabt, sagt er.
Na schön, sagt der Ingenieur, das hab ich alles noch gar nicht gewußt, obwohl ich nun schon eine Zeit hier im Land lebe. Hab keine Zeit gehabt, mich damit zu beschäftigen. Aber sag mal: Wer ist das denn, von dem das hier steht? Du bist das doch nicht. Da muß doch jemand mit gemeint sein, jemand ganz bestimmtes.

Jetzt erzählt Philip, wie er den Text »christologisch« deutet. Dabei ist natürlich wichtig, daß er dabei bleibt, von eigenen Erfahrungen zu berichten.

Klar, sagt Philip, das ist Jesus. Wir Christen, wir sagen: Da hat auch einer so im Dreck gelegen, wie wir manchmal. Da ist auch einer so am Ende gewe-

sen. So, daß es aussah, als sei er verlassen und vergessen, als würde ihm nie jemand helfen, ganz am Ende. Jesus am Kreuz - kennst du die Geschichte, Bwana? Ja, sagt der Ingenieur, ein bißchen. Siehst du, sagt Philip, der hätte doch auch eine unheimliche Wut im Bauch haben müssen. Daß er alle hätte umbringen wollen. Aber dies Buch da - er zeigt auf die Bibel - dies Buch sagt: Er hat seine ganze Angst und Not Gott gesagt, laut geschrien.
So machen wir es auch in unseren kleinen Kirchen, wenn die Not und die Verlassenheit nach uns greift, wenn unsere Kinder sterben, wenn wir krank werden und kein Arzt da ist und erst recht kein Medikament, wenn der Rege für die Ernte ausbleibt oder wenn sonst etwas Schreckliches geschieht. Und so, wie Jesus erhört worden ist, wie Gott ihm geholfen hat, daß er wieder auferstanden ist, so erfahren wir es auch.
Was, sagt der Ingenieur, ihr erfahrt das auch?
Ja, sagt Philip, wir auch. Nicht so direkt, wie du dir das vielleicht denkst, Bwana. Aber irgendwie merken wir immer, daß Gott uns hört und antwortet.
Einmal, als so viele krank waren, kam dann doch der Regierungsarzt durch, und er hatte eine Medikamentenspende mit, und die meisten sind wieder gesund geworden. Und als keiner mehr Arbeit hatte in meiner Familie, da habe ich diese Stelle hier bekommen. Und im Sommer, vor drei Jahren, als die schreckliche Dürre war, da haben wir erst gebetet, und dann haben wir uns an die Arbeit gemacht, und wir haben es geschafft, die alte Dieselpumpe zu reparieren, die Wasser aus dem Flußbett auf die Felder pumpt. Und wir haben es geschafft, sie wieder ganz zu machen, obwohl nie jemand daran geglaubt hätte. Und glaub mir, keiner hätte sich an die Arbeit gemacht, wenn wir nicht vorher gebetet hätten.
Das ist das, was hier steht in der Bibel: Gott versteht uns, wenn wir im Dreck liegen, auch dann. Denn es ist ihm auch so gegangen, als Jesus am Kreuz war. Und er hört uns, wenn wir beten. Und er antwortet uns, wie er Jesus geantwortet hat. Was glaubst du, wie glücklich wir sind, wenn wir das erfahren haben, daß Gott uns hilft. Das müßtest du mal erleben, wie wir dann danken und feiern!

Möglicher Schluß
Und nun ein Anfang des Verstehens zwischen Philip und dem Ingenieur: daß der sich ansprechen und überzeugen läßt von dieser Begegnung zweier Fremder:

Ja, sagt der Ingenieur, irgendwie beneide ich dich, daß du diesen Glauben hast. Das muß schön sein, so glauben zu können, so Christ sein zu können. Das mit der Wut im Bauch, das kenne ich natürlich auch. Und, wenn ich ehrlich bin, auch dies Gefühl, verlassen zu sein und niemand zu haben, ganz allein. Weißt du, wir sind manchmal ganz schrecklich allein auf diesen Posten. Und noch niemand habe ich das gesagt, nur dir, und dabei kenne ich dich kaum!

Ja, wenn man da jemand hat, dem man das sagen kann, der einen hört. Und der einem antwortet. Aber das hab ich noch nie erfahren, noch nie erlebt. Doch, sagt Philip, du hast so etwas erfahren. Heute abend hast du so etwas erfahren. Ich jedenfalls glaube das, daß Gott es so gewollt hat, daß wir beide uns getroffen haben und das alles miteinander gesprochen haben. Daß ich dir das sagen konnte vom Glauben an Gott und von Jesus, das hat Gott so gewollt. Warum sonst sind wir beide, verschiedene Menschen, heute abend zusammen und reden miteinander?

Ja, sagt der Ingenieur, da hast du recht: Das ist wirklich schon fast ein Wunder, daß ich mir von jemandem die Bibel erklären lassen und daß ich dir sogar glauben kann.

Nicht mir, sagt Philip, Gott kannst du glauben. Ja, sagt der Ingenieur, wahrscheinlich hast du auch da recht. Und vielleicht lohnt es sich, das zu versuchen. Ich meine: zu glauben.

Aber ich glaube, du mußt jetzt gehen. Ja, sagt Philip, ich werde Ärger mit meinem Boß bekommen, wenn ich so lange hier bleibe.

Mach dir keine Sorgen, sagt der Ingenieur, ich rede heute abend noch mit deinem Boß. War für mich sehr wichtig, mit dir zu reden.

Doch als der Ingenieur Philip ein Trinkgeld hinschiebt, da sagt der: Nein, laß das. Ich nehme es von jedem an. Aber wir, wir sind doch Brüder.

7. Sonntag nach Trinitatis

Annäherungen an den Predigttext
Brief an die Gemeinde in Philippi 2,1–4

Ralf Handelsmann

Nachdem der Text in der Version des Luthertextes von 1984 einmal laut vorgelesen wurde, tauchten in dem Gesprächskreis (4 Männer und 2 Frauen unterschiedlichen Alters, die auch sonst aktiv am Gemeindeleben teilnehmen) zunächst Anfragen auf: »Wer ist denn das, an den der Brief geschrieben ist?« Was ist denn eine »Ermahnung in Christus«, und was meint Paulus, wenn da von der »gleichen Liebe« geschrieben wird? Keiner der Zuhörer hatte beim 1. Hören wirklich verstanden, daß der Inhalt von Vers 1 das beschreibt, was in Philippi schon verwirklicht ist und Vers 2–4 das, was Paulus sich von der Gemeinde wünscht.
Auf meine Frage, was sie denn empfinden, wenn sie diesen Text in sich nachklingen lassen, kamen Antworten, die in zwei Richtungen zielten. 1. Das Gefühl: »Das schaffen wir sowieso nicht!« Die Gemeinde in Philippi wurde als Vorzeigegemeinde empfunden, die soweit entfernt von der eigenen Realität steht, daß ein Vorbild in ihrem Verhalten nicht mehr gesehen wurde. 2. Die Verse 2+4 bekamen ein großes Gewicht mit den Begriffen, die auf ein gemeinschaftliches Handeln zielen (gleiche Liebe, eines Sinnes, einmütig, einträchtig, nicht nur auf das Seine sehen). Der Tenor war: Ja, so etwas möchten wir auch erleben, es wäre schön, wenn wir von solcher Gemeinschaft ein Teil sein könnten. Das könnte sich lohnen.
Da die Teilnehmer und Teilnehmerinnen des Gespräches nicht das erste Mal mit biblischen Texten Kontakt hatten, kamen andere Stellen als Assoziationen ins Gespräch. 2. Korinther 5,17 »Ist jemand in Christus, so ist er eine neue Kreatur, das Alte ist vergangen, siehe, Neues ist geworden«, spielte neben der Jahreslosung 1998 (Epheser 5,2) »Lebt in der Liebe, wie auch Christus uns geliebt hat«, eine große Rolle.
Das Gespräch kam erst dann über die ersten Gefühlsregungen hinweg, als jemand sagte: »Ich höre aus all den Worten, daß alle am selben Strang und in dieselbe Richtung ziehen sollen, nämlich dahin, was Jesus vorgelebt hat.« Nächstenliebe, Diakonie in der Gemeindearbeit wurden als Stichworte benannt. Diese Zielrichtung wurde von allen akzeptiert und sofort ging es darum, wo denn bei uns in einer ländlichen Gemeinde die Ansatz-

punkte dafür seien. Ablehnung von Aussiedlern in einem Ortsteil war ein Punkt, an dem die Worte es nötig hätten, umgesetzt zu werden. Eine jüngere Frau verwies auf die Konfirmanden: »Da gilt doch nur noch: Was der andere hat, das fehlt mir! Und das ist falsch!« Die Beispiele gingen schnell bis in die politische Ebene zu den Stichworten: Sozialabbau, Rentendiskussion, Gerechtigkeit bei uns und in der Welt, aber auch positiv in Richtung Nachbarschaftshilfe und Einsatz in den Vereinen der Dörfer.
Nun wurden die Rückfragen an den Text wieder größer. Auf der einen Seite wurden die Forderungen des Paulus als scheinbar kompromißlos (z.B. ... tut nichts aus Eigennutz ...) und damit als unzumutbar erlebt. Aber dann wieder wurden andere Stellen (z.B. ... ein jeder sehe nicht auf das Seine, sondern auch auf das, was dem anderen dient) als hilfreich und handelnswert erlebt. Hier wußten sich alle in guter Gesellschaft mit Politikern, Kirchenleuten u. a. Denn die Forderung zu einem gesunden Gemeinsinn und nach einer Mitverantwortung für andere hören die Menschen in der gegenwärtigen Wirtschaftskrise an vielen Ecken. Manchmal wird diese Forderung aber als hohl empfunden, wenn sie nämlich erst dann kommt, wenn die lauten Mahner sonst mit ihren Möglichkeiten Schiffbruch erlitten haben. Positiv formuliert wurde der gleiche Punkt, indem die Titelmelodie der Kindersendung »Sesamstraße« benannt wurde: »Fair ist stark ... und laß doch mal den andern vor ...«.
Je konkreter das Gespräch wurde, desto deutlicher wurde allen Teilnehmenden, daß eine große Ehrlichkeit untereinander für alle Versuche des Umsetzens eine Vorbedingung ist. Jede Heuchelei, selbst die antrainierte »geschäftsmäßige Freundlichkeit« wurde als eine Bremse für die Verwirklichung der Nächstenliebe erkannt. Die Gemeinde in Philippi und damit viele Begriffe des Textes blieben das ganze Gespräch über diffus, weil das Gefühl blieb: So gut können Menschen aus Fleisch und Blut eigentlich nicht sein. Aber was Paulus den Menschen schreibt, wurde nach und nach als ein Maßstab, eine Meßlatte, ein Ziel, eine Vision verstanden. Christen dürften sich ruhig so drastisch und überspitzt äußern, wenn klar würde, daß sie damit die Richtung für den anstehenden Wertewandel in der Bundesrepublik angeben wollten.
Wer den Brieftext anderen sagen will, der muß auch von der Vergebung reden, weil kein Mensch sonst bei solchen Worten bestehen kann. Wer anfängt, die Vision des Paulus umzusetzen, der wird auch anderen weh tun, wird in Fettnäpfchen treten. Damit muß man lernen zu leben und das geht nur mit dem Wissen: Jesus Christus kennt das und ist bereit zu vergeben!
Der Weg, den Paulus hier vorzeichnet, ist steinig. Wer Gemeinschaft leben will, muß viele Kompromisse machen, muß von Wünschen/Sehnsüchten Abstand nehmen. Aber das kann lohnend sein. Die Singlehaushalte bieten scheinbar ein hohes Maß an Freiheit. Aber die Freiheiten sind nur dann etwas wert, wenn entweder das Sozialsystem oder viele Gleichgesinnte bei

Krisen zur Seite stehen. Die alten Großfamilien des ländlichen Raumes hatten viele Nachteile, aber sie sicherten die Existenz auch von Schwächeren. Wir waren uns zwar einig, daß ein Weg dahin zurück nicht sinnvoll ist. Aber wer heute die Freiheit des Individuums propagiert, ohne auf die Kosten für die Allgemeinheit zu kommen, der weiß nicht wovon er/sie redet. Die alte Weisheit: Freiheit ist immer die Freiheit des anderen, die trifft den Skopus des Textes.
Am Ende des Gespräches habe ich theologische Informationen zum soziokulturellen Hintergrund der Gemeinde in Philippi, zur Missionstätigkeit des Paulus und zum Ort des Textes im Philipperbrief nachgetragen. Für den Inhalt des Gespräches blieb das bedeutungslos.

Zum Gottesdienst

Hans-Jürgen Kant

Exegetisch-homiletische Skizze

Es ist eine Gratwanderung. Erwachsen zu werden und zu sein, braucht beides: die gesunde Abgrenzung vom anderen, die Eigenständigkeit wie auch die Fähigkeit, sich selbst im Miteinander mit dem anderen loszulassen, sich hinzugeben. Den Nächsten lieben wie sich selbst, diese Forderung aus Leviticus 19,18, aufgenommen im Markusevangelium 12,28–34, bindet beides zusammen und ordnet dem die Liebe zu Gott zu. So findet sich erfülltes Leben: auf Gott bezogen, mit mir selbst im Einklang, hingabefähig an den anderen.
Eine selbstlose Hingabe als Lebenshaltung ist deshalb genauso verkehrt wie ein Egoismus und eine Ellenbogengesellschaft, in der man nur sich selber sieht. Religiöser Fanatismus mit starren Prinzipien ist genauso untragbar wie die Reduzierung von Religion allein auf soziales Engagement.
Nun liegt im Predigttext die Blickrichtung sehr hin zu dem anderen mit dem Ziel, das Miteinander zu befördern. Paulus kann dazu auf Dinge verweisen, die ihn freuen (Vers 1). Doch seine Freude würde noch vollkommener, wenn die Gemeinde noch mehr das Gemeinsame suchen würde. So münden die indikativischen Feststellungen in die Aufforderungen, in den Imperativ (Verse 2–4).
Oberflächlich gelesen besteht die Gefahr, mit so einem Text und mit solchen Aufforderungen Konflikte zu bemänteln, eigene Defizite und fehlende Ichstärke zu ideologisieren. Damit aber wäre Paulus falsch verstanden.
Es geht nicht darum, Konflikte unter den Teppich zu kehren, in allen Einzelfragen ein Herz und eine Seele zu sein. Es kommt vielmehr darauf an,

die Antworten auf alle Fragen im Licht des Gekreuzigten und Auferstandenen zu suchen. In der Ausrichtung auf den, der sich selbst erniedrigt hat und der von Gott zum Herrn erhöht wurde, läßt sich entdecken, was Christen verbindet, was Wahrheit und Weg ist. Das heißt nicht, daß es auf alle konkreten Fragen die für alle Zeiten gültigen Antworten gibt. Auch Paulus konkretisiert die Einmütigkeit hier nicht. Wichtiger ist ihm, daß die Orientierung an Jesus Christus bleibt. Das bedeutet, es gibt keine zeitlose Wahrheit, sondern wir sind gehalten, situationsbezogen und miteinander immer wieder neu unseren Weg zu finden, den Herausforderungen auf dem Weg zu begegnen. Daraus erwächst eine Lebenshaltung: Ich bin nicht mehr allein auf mich gestellt, ich muß nicht allein durch den Nebel wandern, sondern ich bin mit anderen auf der Suche nach einem Weg für uns. Wir sind frei, unseren Weg zu bestimmen, solange wir uns an dem orientieren, der im anschließenden Hymnus (Philipper 2,6–11) gepriesen wird.
Die Texte für den 7. Sonntag nach Trinitatis unterstreichen noch einmal den Gemeinschaftsgedanken. In Apostelgeschichte 2 wird in idealtypischer Weise beschrieben, wie die ersten Christen miteinander gelebt haben. Die alttestamentliche Lesung erzählt von der Speisung des Volkes Israel in der Wüste, das Evangelium von der Speisung des Volkes durch Jesus.

Zur Liturgie

Zum Kyrie

Meine Tage gehen im Gleichmaß dahin;
ich habe mich eingerichtet,
als ob ich dich nicht brauche,
Gott,
in einem seltenen Moment nur,
erschrocken, zwischen zwei Atemzügen
spüre ich, wie mein Leben leer wird ohne dich.
bringe dich, Gott, in Erinnerung,
damit mein Leben wieder ein Ziel hat: Kyrie eleison

Was ich habe, halte ich fest;
als ob ich ärmer würde, wenn ich weggebe,
Gott,
ich habe vergessen,
daß du mir im andern begegnen willst.
Wecke mich auf, Gott, daß ich mein Herz öffne
und die Tore in meinen Mauern aufmache: Christe eleison

»Keine Zeit!«, denke ich oft;
Termine jagen mich durch den Tag,

als ob ein Innehalten schon der Tod wäre,
Gott,
lege mir deine Hand beruhigend auf die Schulter,
damit ich aufatmen kann und wieder weiß,
du liebst mich vor all meinem Tun: Kyrie eleison

Zum Gloria
Christus hat uns gezeigt, wie unser Leben gelingt:
Liebe Gott und deinen Nächsten wie dich selbst.
Das ist der Weg,
bei dir Heimat zu finden,
den anderen im Blick zu behalten,
mich nicht zu verlieren.

Kollektengebet
Gott, du kennst unsere Wege,
allein, mit anderen, mit dir.
Wir haben Sorge, das Leben zu verpassen,
unsere Chancen zu verspielen.
Laß es uns spüren, daß du für uns sorgst,
auf allen Wegen, jeden Tag. Amen.

Fürbittengebet
Gott, wir bitten dich
für Menschen, die nicht nein sagen können,
hilf uns, daß wir sie nicht ausnutzen, sondern ihre Grenzen achten;
für Menschen, die nur an sich denken,
daß wir ihnen gegenüber nicht hart werden, weiches Wasser bricht den Stein;
für Menschen, die ständig nach Streit suchen,
bewahre uns davor, daß wir uns nicht restlos von ihnen abwenden;
für Menschen, denen Harmonie über alles geht,
laß uns so einfühlsam sein, daß sie Konflikte nicht als Katastrophe empfinden müssen;
für Menschen, die dich, Gott, vergessen haben,
ermutige uns zur Eindeutigkeit, damit wir sie mit unserem Leben an dich erinnern;
für Menschen, die sich für andere aufopfern,
schenke uns Phantasie, Lasten mitzutragen;
für Menschen, die über ihre Karriere alles andere vergessen;
laß uns so leben, daß unsere Freude ansteckend und verwandelnd wirkt;
für Menschen, die in sich verschlossen sind;
hilf uns geduldige Zuhörer sein, damit Blumen aufblühen und sich zeigen können.

Lieder
»Brich mit den Hungrigen dein Brot«, EG 420
»Hilf, Herr meines Lebens«, EG 419
»Gib Frieden, Herr, gib Frieden« EG 430
»Das sollt ihr, Jesu Jünger, nie vergessen«, EG 221
»Ich singe dir mit Herz und Mund«, EG 324,1-57.13+14
»Lobt Gott in allen Landen«, EG 500

Vorschlag zur Predigt

Möglicher Anfang
Liebe Gemeinde,
»Seltsam, im Nebel zu wandern! / Einsam ist jeder Busch und Stein, / Kein Baum sieht den andern, / Jeder ist allein.« So beginnt eines der bekanntesten Gedichte des Erzählers und Lyrikers Hermann Hesse.
Die Welt im dichten Nebel zu erleben, das ist schon etwas ganz Eigentümliches. Niemand ist sichtbar. Mühsam tastet man sich voran. Der Wanderer ist von der Welt getrennt wie durch eine dicke, undurchdringliche Watteschicht. Nichts kann mich von draußen erreichen, ich kann aber auch niemanden wahrnehmen, selbst wenn er recht nah ist.
Dieses Gedicht »Im Nebel« setzt mit einer Naturbeschreibung ein. Doch dabei bleibt es nicht. Der Dichter bezieht die äußere Naturerfahrung auf unsere menschliche Existenz. Sind wir da nicht auch manchmal wie durch einen Nebel von anderen getrennt unterwegs? Ganz vereinzelt und einsam? Da hinein gipfelt die letzte Strophe des Gedichts: »Seltsam, im Nebel zu wandern! / Leben ist Einsamsein. / Kein Mensch kennt den andern, / Jeder ist allein.
So kann man sich manchmal fühlen: einsam, verloren und alles ist ohne Sinn. Das Leben - ein Weg durch den Nebel. Jeder muß sehen, wie er durchkommt: Es wird mir niemand helfen und zur Seite sein, und eigentlich kann mir auch niemand helfen.
Solche Nebelwanderungen, so ein Gefühl kenne ich, und Ihnen wird es sicher schon einmal ähnlich gegangen sein, daß Sie mit Hermann Hesse sagen konnten: Leben ist Einsamsein. Jeder ist allein.
Es gibt Situationen, in denen man sich sehr einsam und verloren vorkommen kann:
Wenn man am Grab eines vertrauten Menschen steht und weiß, jetzt muß ich versuchen, alleine weiterzuleben, ohne diesen Menschen, der mir so viel bedeutet. Da ist es ganz dunkel, und da ist keine Zukunft, kein Ziel erkennbar.
Oder in Situationen, wo man ganz alleine für sich Lebensentscheidungen treffen mußte und weiß, hier kann dir keiner raten, du mußt dich selbst entscheiden und dann auch zu deiner Entscheidung stehen und sie mit allen Konsequenzen leben. Da kann man sich sehr allein fühlen.

Oder erst recht in persönlichen Krisensituationen, wo das ganze Leben aus den Fugen zu geraten droht. Wo man ohnmächtig denkt und fühlt. Wenn jetzt nicht ein Wunder eintritt, dann geht alles kaputt. Und man rettet sich vielleicht in hilflose Aktionen oder zieht sich traurig, resignierend zurück. Oder es kommt gar zu Kurzschlußreaktionen mit einem dramatischen, manchmal tragischen Ausgang. Darüber berichten dann die Zeitungen, aber im Kleinen, Unspektakulären kennen wir das ja auch.
In solchen Zeiten denkt man, Hermann Hesse hat recht: Leben ist Einsamkeit. Kein Mensch kennt den andern. Jeder ist allein.
Im heutigen Predigttext beschreibt der Apostel Paulus eine ganz andere Erfahrung: Da sind Menschen beieinander, die sich von der Sache Jesu, von der Verkündigung des Paulus haben ergreifen lassen. Und die deshalb versuchen, ihr Leben miteinander zu teilen und gemeinsam zu bewältigen.

Textverlesung: Phil 2,1–4

Zum weiteren Verlauf

Philippi ist die erste Gemeinde, die Paulus im Jahre 50 nach Christus in Europa gegründet hat. Paulus hat guten Grund, sich über die Entwicklung des Miteinanders dort zu freuen: Er kann Dinge entdecken, die Jesus vorgelebt hat: daß man sich einander zuwendet, sich tröstet, die Gemeinschaft pflegt. Deshalb kann er die Gemeinde nur ermutigen, darin fortzufahren und wirklich darauf zu sehen, was dem anderen guttut. Doch vor allen Dingen kommt es Paulus darauf an, in einem Sinn beieinander zu stehen. Das schließt unterschiedliche Auffassungen ein. Es geht nicht um eine perfekte Anpassung, um die Entstehung eines homogenen Kollektivs, in das sich ichschwache Menschen flüchten können. Man muß auch nicht in allen Fragen immer einer Meinung sein. In einem Sinn, Probleme zu lösen, meint vielmehr: als erwachsene, eigenständige Menschen gemeinsam nach Antworten zu suchen in der Rückbindung auf den Maßstab, der Jesus Christus selbst ist. In dem Maßstab ist man vereint, aber die Antworten zu ethischen Fragen können durchaus unterschiedlich ausfallen und diese Verschiedenheit ist auszuhalten, ohne gleich harmonisieren zu müssen. Das verlangt das Gespräch, den Austausch, das klare Profil und ein Verstehenwollen der Sicht des anderen.
Paulus würde auf das Hesse-Gedicht so antworten:
Das Land, durch das wir wandern, ist klar und weit.
Leben ist Gemeinschaft mit anderen, Kommunikation.
Wir sehen und kennen uns.
Keiner bleibt allein.
Das ist das Bild von Leben, das Paulus vor Augen hat. Das Bild von einer Gemeinde, die genau so lebt:
daß sie Trauernden zur Seite steht;
daß sie Ratlose, die vor schwierigen Entscheidungen stehen, berät,

daß sie Menschen, die in eine schwere Krise geraten sind, begleitet, daß sie ihr Leben am Maßstab Christi ausrichtet.

Möglicher Schluß
Wir kennen Zeiten, in denen wir wie in Nebel geraten, in denen wir uns sehr allein fühlen, manchmal sogar von Gott verlassen.
In solchen Nebel können einen schwere Schicksalsschläge, harte Lebensumstände führen. Doch daß dieses Alleinsein in Leid, in der Bedrängnis, dieser Weg durch den Nebel nicht das letzte Wort behält, daß ich mich nicht darin verlaufe, darin versinke, das ist wichtig. Nebelzeiten gehören zum Leben dazu, sage ich. Und höre wie Paulus ergänzt: Aber ihr als Gemeinde sollt Menschen, die auf Wegen durch den Nebel sind, beistehen, Türen und Tore füreinander offen halten, damit sich niemand verliert. Ihr sollt einander begleiten, mitgehen, miteinander leben, das Schwere mit tragen.
Der Anspruch des Paulus ist hoch. Werden wir ihm gerecht werden können?
Aber nur auf diesem Weg können wir das werden, was heute nötiger ist denn je:
Daß die Gemeinde ein Ort wird,
wo ich mich verwurzelt fühlen kann,
wo ich ein Zuhause habe,
wo ich eine Gemeinschaft erlebe, die mich auch in schweren Tagen und Zeiten trägt,
wo ich mit anderen teile und wo so neue Hoffnung wächst.
Indem wir uns an den Maßstäben Jesu Christi orientieren, sind uns hier Möglichkeiten geschenkt, die keine andere gesellschaftliche Gruppe in unserem Land hat. Daß wir das lebendig gestalten, was wir in unserer Tiefe längst sind, dazu helfe uns Gott. Amen.

Kontexte

Als Psychotherapeut finde ich Erziehung immer problematisch, weil sehr viele Kinder als Objekte begriffen werden. Statt Erziehung brauchen Kinder Beziehung oder Begleitung ... Kinder, die autoritär erzogen werden, die nicht um ihrer selbst willen geliebt werden, sondern die Bedingungen der Eltern erfüllen müssen - sei brav, sei fleißig, sei lieb -, bleiben bedürftig nach der Anerkennung der Eltern, die sie aber als Person nie wirklich bekommen, sondern nur für erbrachte Leistungen ... In der DDR sind sehr viele Kinder im ersten Lebensjahr in die Kinderkrippe gekommen, also sehr früh von der Mutter, von den Eltern getrennt worden. Das hat bei sehr vielen Menschen zu einer Frühstörung und einer Ich-Schwäche als Folge geführt. Diese Kinder haben immer das Gefühl, nicht gut genug zu sein für ihre Eltern ... Sie wurden Mitläufer. Die Ichschwachen waren in der DDR durch die Fürsorge des Staates gut aufgehoben. Die Forderungen des Staates hießen »Ordne dich unter« und »Individualisiere nicht!« Und deswegen war der ideale Bürger der perfekt Angepaßte, der abhängig Ichschwache, der im Kollektiv aufgehen sollte ... Auch

ohne Kinderkrippen kann durch Lieblosigkeit, Beziehungsarmut oder Leistungsdrill eine vergleichbare seelische Verunsicherung erzeugt werden. Die westlichen Verhältnisse zwingen zur Konkurrenz, aber kein Mensch kann immer nur Sieger sein.
(Hans-Joachim Maaz im Interview im Deutschen Allgemeinen Sonntagsblatt 34/99 vom 20.08.99, Seite 9f.)

Das Leben gehört niemals dir allein, es gehört immer auch dem anderen, und das Wort, das wir zueinander sprechen, ist dazu da, um ein wenig Licht in diese Welt zu bringen, um den Menschen heimzuleuchten, damit sie sich im Labyrinth des Lebens nicht verirren.
(Hanns Cibulka: Am Brückenwehr, © Reclam Verlag, Leipzig 1994)

Die Kälte zwischen den Menschen nimmt zu. Man kann sie zählen, die heute noch ein Windlicht für einen anderen ins Fenster stellen.
(Hanns Cibulka: Am Brückenwehr, © Reclam Verlag, Leipzig 1994)

Liebe besteht nicht darin, einander anzustarren,
sondern gemeinsam nach vorn zu blicken.
(Antoine de Saint-Exupéry)

Allen längerfristigen Gemeinschaften lag in ihren produktiven Phasen eine klare und von allen geteilte Lebensabsicht zugrunde. Ihre Mitglieder kamen nicht zusammen, um sich gegenseitig das Leben zu erleichtern und um die Bücher und die Waschmaschinen miteinander zu teilen. Das mag lobenswert sein, aber es genügt nicht, um eine Kontinuität auf einen längeren Zeitraum hin lebensfähig zu erhalten. Wissen, wofür man lebt, ist ein indispensables Wissen. Biblisch ausgedrückt: Wer zuerst das Reich Gottes und seine Gerechtigkeit sucht, dem wird alles andere dazugefügt - auch der Lebensstil, auch die Art seiner Gebete, auch die Gesten der Zusammengehörigkeit, auch die Sprache für seine Wünsche.
(Aus: Fulbert Steffensky, Feier des Lebens, Kreuz Verlag, Stuttgart 1984)

Im Nebel

Seltsam, im Nebel zu wandern!
Einsam ist jeder Busch und Stein,
Keim Baum sieht den andern,
Jeder ist allein.

Voll von Freunden war mir die Welt,
Als noch mein Leben licht war;
Nun, da der Nebel fällt,
Ist keiner mehr sichtbar.

Wahrlich, keiner ist weise,
Der nicht das Dunkel kennt,
Das unentrinnbar und leise
Von allen ihn trennt.

Seltsam, im Nebel zu wandern!
Leben ist Einsamsein.
Kein Mensch kennt den andern,
Jeder ist allein.

(Hermann Hesse, aus: Gesammelte Dichtungen, © Suhrkamp Verlag, Frankfurt a.M. 1952)

8. Sonntag nach Trinitatis

Annäherungen an den Predigttext
1. Brief an die Gemeinde in Korinth 6,9–14.18–20

Micaela Strunk-Rohrbeck

Zum Gespräch kommen sieben Frauen zusammen, die ansonsten als Leitungsteam der Ev. Frauenhilfe im Bezirksverband unseres (ländlich strukturierten) Kirchenkreises zusammenarbeiten. Sie sind zwischen 50 und 70 Jahre alt und arbeiten in ihren Gemeinden engagiert mit. Um der normalen Gottesdienstsituation zu entsprechen, lese ich den Text zunächst nur einmal vor und bitte die Frauen dann, sich erste Einfälle zu notieren zu Fragen wie »Wie reagiere ich auf den Text? Was sagt er mir persönlich? Was habe ich behalten? Worüber wünsche ich mir nähere Informationen?« etc. Bereits beim Notieren fallen Bemerkungen: »Das ist so vorbeigerauscht.«, »Das müßte ich nochmal nachlesen.« Anschließend lesen wir den Text in unterschiedlichen Übersetzungen nach und treten in das Gespräch ein.

Man könnte auch sagen: Wer wird das Reich Gottes ererben? Nämlich, wer den Willen Gottes tut. Die Aufzählung all dieser schrecklichen Dinge (V. 9 f.) ist die Umkehrung des Guten. Wer die Vergebung in Jesus Christus annimmt, für den ist das an und für sich schon klar, daß er auch das tut, was Gott von uns fordert, nämlich sein Gesetz zu halten.

Für Menschen, die Unrecht tun, hat Gott keinen Platz in seiner neuen Welt. Aber wenn wir alle Unrecht tun – für wen ist dann überhaupt Platz?

Was sind denn »Ungerechte«? In der Zürcher Bibel steht »Der Ausdruck ›Ungerechte‹ bezeichnet Heiden.«

Hier werden gleich so scharfe Geschütze aufgefahren, so wie Lustknaben.

Da fühle ich mich nicht angesprochen: Das betrifft mich nicht, dieser erste Teil. Im letzten Teil: »Der Körper gehört Gott« – das ist eine andere Frage: Schütze ich meinen Körper, pflege ich meinen Leib, lebe ich gesund? Bin ich eine Wohnung für den Geist?

Ich hab auch gedacht: Biste fein raus, betrifft dich nicht. Das kommt alles nicht in Frage.

»Preist Gott mit eurem Leibe« - aber die armen Kranken! Wenn jetzt hier ein chronisch Kranker unter uns wäre, der eben nicht so einen schönen Leib hat ...

Nach einem schönen Leib ist ja nicht gefragt. Auch ein behinderter Mensch kann gesund leben oder ungesund leben.

Wir sollen nicht Raubbau mit unserem Körper treiben.

Und diese große Freiheit: »Alles ist mir erlaubt« ist uns ja auch gegeben.

Als ich das zuerst gehört habe, habe ich gedacht: Das ist so ein dicker Brokken - das hat mich betroffen gemacht. Ich kann nicht sagen, daß ich nicht dazugehöre.

Ich denke, Götzendiener sind wir ja alle auch so ein bißchen - welchen Aufwand man so mit der Wohnung treibt ...

Wenn ich die Substantive so im einzelnen durchgehe, dann kann ich schon sagen: Da könntest du dich auch dazu zählen. Wer lästert nicht gerne mal?

Dieses »Ihr seid teuer erkauft« hat mich bewegt.

Mich hat der Text beim Hören auch erschlagen. Was ich wörtlich behalten habe, war dieses »Ihr seid teuer erkauft«. Aber wie weit ist uns das heute noch bewußt? Dann würden wir vielleicht manches anders machen im Leben.

Hier steht ja auch »Alles ist mir erlaubt, aber nicht alles ist heilsam.« Ich darf mich von nichts beherrschen lassen: Drogen, Alkohol usw. Es darf nicht zur Sucht abgleiten. Ich muß es unter Kontrolle behalten. (Weitere Beispiele werden durchgespielt: Zigaretten, Geld, Kleidung, Körperpflege.)

Das ist ein schwerer Text, so mit erhobenem Zeigefinger: Ihr dürft das nicht.

Auf der anderen Seite steht hier aber auch: »Ihr seid reingewaschen, ihr seid getauft.«

Also sind wir fein raus.

Früher wurde ja auch bei der Taufe der ganze Leib reingewaschen.

Die Überschrift heißt bei mir (in der Zürcher) »Warnung vor Unzucht«

Heute ist ja nun schon wieder ein ganz anderer Begriff von Unzucht als früher. Wenn heute zwei unverheiratet zusammenleben, dann ist das nicht gerade Unzucht.

... vorausgesetzt, daß sie's ernst meinen ...

Früher gab's noch den Kuppeleiparagraphen ...

Das hat man doch früher von sich aus schon nicht gemacht ...

... weil wir's nicht anders gelernt hatten ...

Andererseits: Wenn ich sehe, wieviele Goldene Hochzeiten stattfinden, wo 2, 3 Monate später das Kind geboren wurde ...!

In bäuerlichen Gegenden war das auch sehr verbreitet, daß erst mal probiert wurde, ob's denn einen Hoferben gab, und wenn das nicht klappte, dann wurde nicht geheiratet. Der Bestand des Hofes mußte gesichert werden.

Andererseits passierte es auch, daß Kinder aus Mußehen oder uneheliche Kinder in der Sakristei getauft wurden, gleichzeitig zu den Taufen aus normalen Ehen im Gottesdienst.

Bei uns die Adligen auf Schloß H. - wenn jemand da heiratete, dann mußte die junge Frau die erste Nacht mit dem Baron schlafen! Was für eine Demütigung!

Was also heißt »Unzucht«?

Ich denke auch: Homosexualität - das Wort nahm doch vor 10, 15 Jahren kaum jemand in den Mund, man wußte wohl, daß es das gab, aber es stand ja auch unter Strafe. Dann wurde der Paragraph gelockert, und wenn man jetzt noch 10, 20 Jahre weiter sieht, dann wird man es als eine Form der Lebensgemeinschaft akzeptiert haben.

Das ist der Zeitgeist - aber ob es auch der christliche Geist ist? Den Sätzen hier entspricht es nicht.

Es gibt aber genug Pfarrer, die auch betroffen sind, und die sehen das dann wieder ganz anders.

Ich: Der Text, den wir gelesen haben, ist ja von Paulus. Könnt ihr euch vorstellen, daß Jesus das gleiche so gesagt hätte?

Den ersten Vers hätte Jesus nicht so gesagt. Das widerspricht der ganzen christlichen Botschaft. Da war Paulus päpstlicher als der Papst. Jesus hat doch auch die Ehebrecherin freigesprochen.

Wenn er da gleich gesagt hätte: »Mit euch hat das alles keinen Sinn« ...

Ich denke aber, das hat eine andere Voraussetzung: Wenn jemand sagt: »Ich möchte mein Leben ändern ...«

Es heißt doch »Wer da glaubt und getauft wird, der wird selig werden« - das heißt also, daß es nur von der Taufe abhängt.

Wer da *glaubt* und getauft wird ...

Was bewirkt jetzt die Taufe? Reicht allein die Taufe, oder muß ich auch glauben?

Ja, ein bißchen was mußt du schon dazutun, du mußt nämlich dein unchristliches Leben aufgeben.

Dies ist ja wohl ein Text, der an eine auswärtige Gemeinde geschrieben ist, und Paulus meint ja nun, er müßte denen sagen, wie sie richtig zu leben haben. Also ich glaube nicht, daß Jesus das so kraß ausgedrückt hätte. Kannte Paulus denn diese Gemeinde in Korinth? War er schon mal dagewesen? (Ich gebe einige Hinweise zur Entstehung des 1. Korintherbriefes.)

Wahrscheinlich hat er gemeint, er muß denen da mal ordentlich auf die Finger klopfen, die Gemeinden müssen christlicher leben.

Ja, der Paulus war wirklich sehr besorgt um die christlichen Gemeinden. Er ist wirklich ein Mensch gewesen, dem man das abnimmt. Er hat's ja bewiesen, mit seinem Leben auch, wie er dahinter gestanden hat.

Schlußrunde
Was nehmt ihr mit, was habt ihr entdeckt, welche Fragen müßte die Predigt beantworten?

Beantwortet werden muß: Was ist Unzucht? Was ist ein Götzendiener? Die Worte dürfen nicht so stehengelassen werden. Das muß an Beispielen erläutert werden.

Für mich sind es zwei Dinge. Zum einen »Ihr seid teuer erkauft« - daß jeder ganz dicht, ganz eng verbunden ist mit Jesus, auch durch die Taufe, aber auf der anderen Seite, daß wir auch die große Freiheit haben. Das ist auch die große Schwierigkeit, dieses Stück Arbeit immer, damit zurechtzukommen - darum haben wir es als Christen auch oft schwer, weil wir uns immer neu entscheiden müssen und immer neu überlegen und es in unsere Zeit umsetzen müssen.

Ich versuche immer, aus einem Text für mich einen Nutzen zu ziehen oder eine Leitlinie für mein Leben. Das wäre für mich hier V. 12: »Alles ist mir erlaubt, aber nicht alles dient zum Guten. Alles ist mir erlaubt, aber es soll mich nichts gefangennehmen« und dann: »Ich bin teuer erkauft.«

Da steht »Ihr seid geheiligt, ihr seid gerecht geworden durch den Namen unseres Herrn« - das ist sehr gefährlich, wenn man sich darauf ausruht! Darauf müßte auch hingewiesen werden.

Was heißt »geheiligt«? Im Glaubensbekenntnis heißt es »Gemeinschaft der Heiligen«. Fühle ich mich da mit einbezogen? Kann ich das wirklich mitsprechen? Was ist das, ein Heiliger?

Zum Gottesdienst

Helmut Zeilinger

Exegetisch-homiletische Skizze

Mich hat dieser Text lange umgetrieben: mal abgestoßen, mal »interessiert«. Mal war der Lasterkatalog mit modernen Assoziationen im Blick, mal die Genugtuung über den paulinischen Umgang mit dem Zitat »Alles ist erlaubt«. Denen, die dazu Predigten vorzubereiten haben oder diese Sätze erstmals im Gottesdienst hören, wird's ähnlich gehen angesichts so vieler - gerade auch gegenläufiger - Reaktionen, wie dieser Abschnitt sie auslöst: Beklagen oder Verteidigen von Wertewandel und sexuellen Freizügigkeiten heute (vgl. die in den »Annäherungen« skizzierten Beispiele); fingerzeigende Empörung über Sextouristen und Kindesmißbrauch im eigenen Land; Genugtuung über die Verpönung von Homosexualität oder über die Gelegenheit einer möglichen Gegenrede gegen ihre weitere Festlegung als »pervers« und »verbrecherisch«; vielleicht auch erschrockenes in den Spiegel schauen à la Johannes 8,7 (»Wer von euch ohne Sünde ist ...«) oder Matthäus 5,27 ff. (»Wer eine Frau ansieht, sie zu begehren ...«). Das alles aufgreifen oder nur streifen? Sexualethik entfalten? Und wie dann auf das »Alles ist mir erlaubt« zueilen, ohne grenzenlos zu relativieren?

Da blieb mein Blick am Bild vom »Tempel« hängen. »Leib (und Seele) als *Tempel* des göttlichen Geistes«, als Ort von Gottesbegegnung und Gottesdienst: War das (in Korinth! Paulus schrieb ja nicht an Christen in Jerusalem mit ihren gewohnten Treffen im dortigen Tempel) nicht eine sehr hintergründige Anspielung und ein überdeutliches Contra gegen andere Tempel und ihre jeweiligen »Traditionen«? Die »Götzendiener« führen den Lasterkatalog doch nicht zufällig an. Und Korinth war ja nicht nur wegen vielerlei Verlockungen des Konsums, des Luxus und der Lebenslust aller Art berühmt, sondern (und dies mit anderen gegen Conzelmann) berüchtigt gerade auch wegen der (in Griechenland nur dort praktizierten) Tempelprostitution im Aphrodite-Tempel in Akrokorinth. Nach Strabo (gestorben 20 n. Chr.) gab's dort mehr als 1000 »Priesterinnen«. Ob die Oberschicht jener Zeit auch noch die Tradition der Symposien mit Trinkgelagen in Hetären-Begleitung pflegte, entzieht sich meiner Kenntnis. Immerhin läßt Paulus dem Stichwort »Trunkenbold« (Vers 10) auf »Speise und Bauch« unmittelbar die »Hurerei« folgen (Vers 13). Waren die »Besserverdienenden« in der Gemeinde möglicherweise - in »Konsequenz« ihrer »vorchristlichen« Existenz (Vers 11 a) - für dies wie für jenes anfällig unter der alles rechtfertigenden Devise »Alles (was Spaß macht) ist erlaubt?« Und ist die Leidenschaft, mit der Paulus eingreift, vielleicht weniger von seiner Sexualmoral her zu verstehen als von seiner Sicht der Exklusivität Christi: daß Glaube an ihn nur ganzheitlich »mit Leib und Seele« gelebt werden kann (vgl. seinen Brief an die Gemeinde in Rom 12,1 f.) Gerade gegen ein denkbares gnostisch-dualistisches Modell »Mein Herz, mein Geist, schlägt für Gott; mein Körper dagegen (auf dieses Materielle kommt es doch nicht ernsthaft an!) ist unabhängig und für alles offen« könnte Paulus einwenden »Laßt euch nicht irreführen« (Vers 9) und so herausragend betonen: Dein Körper ist nicht vorübergehender »Container« für das »Eigentliche«, sondern du - und zwar »durch und durch« - bist der Ort der Gottesbegegnung und des Gottesdienstes.

»Hurerei« - Paulus kennt so etwas aus prophetischen Traditionen - als Synonym für Götzendienst, für Unterwerfung unter fremde (»gefangennehmende«, Vers 12b) Herrschaft? Im Sinn des Geistes Gottes, der befreit (Vers 11 b.c) ist alles »Unzucht«, was einen selbst und was andere gefangennimmt und also Menschen Gewalt antut (und gehören da nicht alle dazu, die im Lasterkatalog aufgeführt werden?). Alles andere dagegen wäre dann erlaubt. Wer sich nicht mit anderen Göttern und ihren Dienerinnen und Dienern »vermischt« (vgl. die Traditionen der »Heiligen Hochzeit«), sondern stattdessen »ein Leib und ein Herz und eine Seele« (vgl. die »unio mystica«-Tradition) mit dem Gott Jesu Christi ist, wird »mit seinem Leib Gott preisen« (Vers 20). Das ist in der Tradition Jesu (Matthäus 11,19) aber alles andere als ein zögerliches, sich zierendes, reduziertes, sich kasteiendes, griesgrämiges, engstirniges und leibfeindliches Leben. »Schalom« als die ganze Lebensfülle Gottes hat vielmehr mit Lebenslust und Sinnenfreude zu tun, mit reizvoll und üppig, mit Glanz und Fest (Psalm 23,5b; Johannes 2,1 ff.; 10,10b) - warum also nicht mit »Wein, Weib und Gesang«? Immer vorausgesetzt: wenn nicht auf Kosten und zu Lasten anderer. Denn Kriterium ist die Lebensfülle, die niemanden »gefangennimmt«.

In diesem Sinn kann ich die zunächst so »schwere Kost« dieses Bibeltextes (einschließlich der von der Perikopen-Kommission in Klammern gesetzten Verse) gerade auch mitten im prallen Sommer predigen (der 8. Sonntag nach Trintitatis ist im Jahr 2000 der 13. August) und das Lied »Geh aus, mein Herz, und suche Freud ...« einschließlich seiner Erinnerung an das »Lustgeschrei der Schaf und ihrer Hirten« (Strophe 5) singen lassen. »Gottesliebe und Lebenslust« schließen sich nicht aus. Im gleichnamigen Buch will Manfred Josuttis so auch beitragen, die »Beziehungsstörungen zwischen Religion und Sexualität« bewußtzumachen und aufzuheben, damit »die fundamentale Zusammengehörigkeit zwischen Gottesliebe und Lebenslust, zwischen der Treue Gottes und der Treue unter den Menschen neu entdeckt wird« (Gütersloh 1994, Seite 9).

Warum ich dieser Blickrichtung gerade bei *diesem* Text folgen möchte? Weil ich einerseits das »Gott mit dem Leib preisen« in den Vordergrund stellen möchte. Und weil dieser Endpunkt des Bibelabschnitts mit allem Vorausgehenden (bis auf Vers 12) gerade die Sexualität auszuschließen scheint.

Sind bei solch einer Gelegenheit Worte über und gegen die jahrhundertelang kirchlich geprägte Leibfeindlichkeit anachronistisch? Sie würden allseits offene Türen einrennen, wird eingewendet. Wirklich? Und die Befragungsergebnisse, in denen Zeitgenossen ihre Distanz zum kirchlichen Leben unter anderem damit begründen, daß das kirchliche Wertesystem sexuelle Freiheit einschränke und den Lebensgenuß behindere? Josuttis (a. a. O. Seite 13) verweist damit auf eine Umfrage 1973. Seither habe sich alles geändert? Aber der für Religions- und Weltanschauungsfragen zuständige Referent der Erzdiözese Freiburg stellte jetzt (1999) in einem Vortrag vor kirchlichen Mitarbeiterinnen und Mitarbeitern dar, wie »Kirche« von Jugendlichen – in ihrer Auswahl unter mehreren vorgegebenen Bewertungen – noch immer mit negativen Attributen konnotiert werde: eher geschlossen als offen, düster statt hell, befangen statt frei, Verbot statt Ermutigung, »Sünde« statt »Lebensfreude«. Und wird's schon überall konzidiert und gelebt, daß wir nicht nur einen Körper *haben* (der »uns« wie ein Gefäß umgibt), sondern Körper, Leib, *sind?* Weniger mit der trotzigen Betonung »Mein Bauch gehört mir« als mit dem selbstbewußten Ton: »Mein Körper bin ich (Elisabeth Moltmann-Wendel a. a. O. – siehe »Vorschlag zur Predigt«, der nicht nur »seine Anforderungen stellt« und den wir oft genug – auch »im Dienst« – überstrapazieren, sondern den wir mit all unsern Sinnen zu erleben und zu genießen, aber auch zu gestalten, zu pflegen und zu bewahren berechtigt sind und ermutigt werden?
Und die endlich nicht mehr überall ausgegrenzten Fragen der homosexuellen Mitmenschen, der Schwulen und Lesben, an Staat und Kirche? Ich lese gerade von der Forderung »Homosexuelle als Offiziere akzeptieren!« (Frankfurter Rundschau, 30. 7. 1999) oder höre von der Segnung eheähnlicher Partnerschaften, wie sie da und dort – gegen immer noch viele Vorbehalte – schon praktiziert wird. Und sehe, wir haben noch immer Nachholbedarf in einer Kirche, die zwar einerseits die »Leibhaftigkeit des Heils« betont und daß »das Wort Fleisch wurde« und Christen »Christi Leib« sind; die andererseits aber noch immer Hemmungen hat und vermittelt, den Leib mit seinen leiblichen Triebwünschen zuzulassen und mit seiner Lebenslust als Geschenk Gottes anzuerkennen.
Aus allem Erwägen mag deutlich werden, daß es sich bei solchem Gedankenduktus und einer Predigt über den Texthauptakzent im letzten Vers nahelegt, den Predigttext erst nach einem ersten Teil der Predigt zu lesen – oder von einem zuvor darauf angesprochenen Gemeindemitglied lesen zu lassen.

Vorschläge zur Liturgie

Lieder (alle aus dem EG)
Eingangslied: 445,1+2+6(!) Gott des Himmels und der Erden / 447,1-3(!) +8 Lobet den Herren alle, die ihn ehren

Loblied: 320,1+2(!) +8 Nun laßt uns Gott dem Herren Dank sagen und ihn ehren / 322,2+5(!) Nun danket all und bringet Ehr / 324,1(!)+2+13 Ich singe dir mit Herz und Mund, Herr, meines Herzens Lust / 510,1 Freuet euch der schönen Erde
Lied vor der Predigt: 503,1-3+5(!) +8 Geh aus, mein Herz, und suche Freud / 515,1-3+6+7 Laudato si, o mi signore
Lied nach der Predigt: 165,8 Gott ist gegenwärtig / 326,7(!) +8 Sei Lob und Ehr dem höchsten Gut / 397,2 Herzlich lieb hab ich dich, o Herr / 506,1+5(!) +6 Wenn ich, o Schöpfer, deine Macht / 608 (Ausgabe für Baden) Ubi caritas et amor deus ibi est
Schlußlied: 432,1-3 Gott gab uns Atem, damit wir leben / 443,6 Aus meines Herzens Grunde / 602,1 (Ausgabe für Baden) Gott, wir preisen deine Wunder

Votum

Wir feiern Gottesdienst in Namen Gottes: das ist Leben und Liebe, im Zeichen Jesu: das ist Leben und Lieben lernen, in Gottes Geist: das ist Leben und Lieben zulassen.

Nach einer Vorlage in: Gottesdienstpraxis Serie A III/3, 1999, Seite 170

Biblisches Eingangswort

Mattäus 22,37-39 oder Brief an die Gemeinde in Rom 12,1 oder Brief an die Gemeinden in Galatien 5,13

Eingangsgebet

Herr, / ich werfe meine Freude wie Vögel an den Himmel. / Die Nacht ist verflattert und ich freue mich am Licht. / So ein Tag, Herr, so ein Tag. / Deine Sonne hat den Tau weggebrannt / vom Gras und von unseren Herzen. / Was da aus uns kommt, / was da um uns ist an diesem Morgen, / das ist Dank. / Herr, / ich bin fröhlich heute am Morgen. / Die Vögel und Engel singen und ich jubiliere auch. / Das All und unsere Herzen sind offen für Deine Gnade. / Ich fühle meinen Körper und danke. / Herr, / ich freue mich an der Schöpfung. / Und daß du dahinter bist / und daneben und davor und darüber / und in uns. / ...
Die Psalmen singen von Deiner Liebe, / die Propheten verkündigen sie und wir erfahren sie. / Herr, / ich werfe meine Freude wie Vögel an den Himmel. / Ein neuer Tag, der glitzert und knistert / und jubiliert von Deiner Liebe ...

Aus: Fritz Pawelzik, Gesammelte Gebete aus Afrika; zitiert in: Peter Karner/Erika Fuchs (Hrsg.), Texte für grüne Christen. »Grün ist die Farbe Gottes« - Ein Lesebuch für Umweltbewußte, Wien 1982, Seite 150 f.

oder

Sündenbekenntnis

Danke, Gott, für die Nacht: für Ruhe und Träume. Und daß manches, was Angst machte, hinter uns liegt. Danke für das neue Licht in unseren Augen und im Gesicht anderer, wenn wir ihnen begegnen; für die Wärme auf

unserer Haut und daß es uns um's Herz warm wird, wenn wir wahrnehmen und wahrgenommen werden. Danke für alles, was so all unseren Sinnen gut tut: unserem Körper, unserm Geist und unserer Seele.
Schade, daß wir das nicht öfter erleben und einander spüren lassen, weil soviel Vorsicht und Vorbehalte zwischen uns stehn. Dein Leben in ihnen und in uns, Gott, macht uns doch attraktiv füreinander. Und dein Geist in uns und in ihnen inspiriert, uns zu verbünden und bewahren zu helfen, was du uns anvertraut hast. Gott, du bist »größer als unser Herz«, größer als unsere Gedanken und all unsre Energien: Wir vertrauen, daß dein Atem uns aus unseren Erschöpfungen und Entfernungen erweckt zu Menschen nach deiner Art. Kyrie eleison ...

Ermutigungswort
Johannes 10,10b oder 1. Johannes 4,16b

Lesung
Psalm 104,1–2b.4.10–15.24.27a.29–31 oder Lukas 7,36–40.44–47

Bekenntnis
Luthers Erklärung zum 1. Glaubensartikel »Ich glaube, daß mich Gott geschaffen hat ...«
(kann von der Gemeinde mitgesprochen werden, weil im EG zu finden, z.B. in der Ausgabe für Baden: EG 883.2.1)

Fürbitten
Gott, wir danken für alle Kräfte des Lebens und des Liebens, die uns am Leben und am Lieben halten und die wir erhalten helfen. Wir beten und leben dafür, daß mehr als bisher Menschen sich mit Leib und Seele und Fantasie dafür einsetzen, daß die Lust zu leben und zu lieben auch unsere Kinder und Enkelkinder noch erfüllt. Wir sehen sie vor uns in einem Moment der Stille ... / Wir denken in unserem Beten an Menschen, die glücklich sind mit denen, die das Leben mit ihnen teilen: Kinder, Partnerin und Partner, Eltern, Freunde. Wir denken an sie ... / Wir beten und leben auch für die Menschen, die in ihrer Partnerschaft schwere oder auch neue Wege gehen. Wenn wir an sie denken, wünschen wir, daß ihnen gelingt, was sie brauchen und hoffen ... / Wir beten und leben für Menschen, denen Gewalt geschieht: nicht ernstgenommen, ausgenutzt, verbraucht, ohne Arbeit, fremd und weil über sie geredet wird oder gerade nicht mehr geredet wird. Möge ihnen schon das wieder ihre Würde zurückgeben, wie wir über sie reden und zu ihnen reden und an sie denken ... / Wir beten und leben dafür, daß wir dir begegnen, wenn wir einander nahekommen und nahbleiben. Das haben wir im Blick, wenn wir jetzt wie Jesus miteinander beten: »Vater unser im Himmel ...«

Vorschlag zur Predigt

Möglicher Anfang

Urlaubszeit!, liebe Gemeinde. Die einen haben's schon erlebt. Andere haben's noch vor sich. Und die hier bleiben, haben auch was davon: wenn's etwas ruhiger wird; oder wenn Feriengäste und Durchreisende ihr Geld da lassen; wenn Urlauber uns an ihrem Erleben teilhaben lassen; oder eigene Genugtuung über das, was in Predigten und sonstigen Betrachtungen im Lob der Ferien anklingt. Etwas davon trifft ja jede Auszeit, die wir uns gönnen - nach biblischem Modell schon jeden Sonntag als Freiraum zum Abspannen und sich Erholen: also sich wieder Einholen und Zurückgewinnen, wenn wir außerhalb des gewohnten »Drehs« und anders als sonst genießen können: Zeit, Ruhe, Musik, Familie, Spiel; etwas, was Leib und Seele und Geist gut tut und sonst zu kurz kommt: was unsere Augen freut und unseren Gaumen, was dem ganzen Körper einmal Spielraum gibt und überhaupt einmal wieder auf ihn hören und achten läßt ... Gelegenheiten, ohne Leistungsdruck sich selbst und anderes und andere zu genießen, wie das im biblischen Schöpfungsbericht sogar von Gott selbst gesagt wird. »Er ruhte und segnete und heiligte« und fand alles »sehr gut« - sich selbst sicher auch: das mit dem Leuchten der Welt und das mit dem wohltuenden Schatten und den Kräften der Nacht; das mit dem Sonnenglitzern auf dem See, mit dem Sonnenuntergang und Vollmond; das Zwitschern und Summen und Plätschern landauf, landab und im Wasser und in der Luft; den Tanz nicht nur der Schmetterlinge und das »Lustgeschrei der Schaf und ihrer Hirten«, wie's in Paul Gerhardts Sommerlied durchklingt; und natürlich auch, wenn Menschen sich lieben und damit nicht nur »die Erde füllen« sondern sich erfüllen. Alles sehr gut! Schade nur, daß wir das manchmal gar nicht mehr recht mitbekommen, noch nicht mal feiertags oder sonntags. Warum sollten wir denn nur in den Ferien Gott und die Welt loben können mit allem, was wir sind und was zu uns gehört? - also auch mit dem ganzen Körper »Gott sei Dank« sagen, nicht nur »mit Zung und Lippen« sondern mit allen Sinnen und Empfindungen, Möglichkeiten und Kräften (5. Mose 6,5). Darauf läuft übrigens auch der Bibeltext hinaus, den unsre Kirche mit diesem 8. Sonntag nach Trinitatis verbunden hat.
(Jetzt erst erfolgt die Textlesung)

Zum weiteren Verlauf

1. Dieser Abschnitt klingt aber so ganz anders als der Predigtbeginn mit dem Hinweis auf das, was uns Lust macht. Bei solch »harter Kost« kann uns die Lust geradezu vergehen! »Ehebrecher, Lustknaben, Knabenschänder, Huren« und was da sonst alles gesagt wird: Da kommen uns ja - in Verbindung mit der Urlaubszeit - vor allem die Sextouristen in den Sinn und was sonst mit Kindern Schreckliches getrieben wird. »Recht so,

Paulus, das einmal zu brandmarken!« Und schon laufen unsere Gedanken weit weg. Und die der Korinther offenbar auch. Denn Paulus muß sie von ihren »Ausflüchten« zurückholen. »Und euer eigenes Vorleben?« fragt er sie. Aber nicht, damit sie erröten oder erbleichen; vielmehr zum Überprüfen: Wie geht denn ihr mit dem eigenen Körper um und mit dem von anderen Menschen? Wenn etwa Arbeit »auffrißt« und Menschen sich kein »Abschalten« oder Kranksein mehr »leisten« können; wenn Arbeitslosigkeit das Gefühl der Wertlosigkeit suggeriert; wenn für den Sport Menschenmaschinen gezüchtet werden; wenn Tabus ausgrenzen oder unterdrücken, was doch zur Geschöpflichkeit, zum gottbegnadeten Menschsein gehört, und mit schlechtem Gewissen Menschen geknechtet werden ...

2. Paulus lehnt also Sexualität gar nicht ab im Sinn, daß das mit dem Reich Gottes nicht zusammenpasse. Er wendet sich allerdings gegen alle eigene Befriedigung, die anderen schadet; die andere zum Gegenstand der Gier und Willkür macht, als Sexualobjekt »benutzt« und so ihr Menschsein reduziert, also wie zu kaufende und zu »vernaschende« Ware vermarktet, ausbeutet und mißbraucht. Mit dem Reich Gottes ist also nie vereinbar, was Menschen »gefangennimmt« und ihnen Gewalt antut - auch in sexuellem Leben, wenn kurze Abenteuer zwar »ein Fleisch« mit dem andern werden lassen, aber nicht ebenso »ein Geist und eine Seele« - weil zum ganzheitlichen Menschsein und so auch zum gegenseitigen Austausch von Zärtlichkeiten alle drei Aspekte zusammenspielen müssen, wenn nicht das ganze korrumpiert zu werden droht, schon wenn ein Aspekt fehlt. Wer mit Leib und Seele liebt, kann nicht nur den Körper wollen - und nicht das Herz. Die Gefahr des »Gefangennehmens« und der Vergewaltigung besteht aber überall, auch in der Erziehung und Kommunikation, in Kirche und Wirtschaft und Politik, wo's weniger nach dem Maßstab geht »Wir gehören zueinander« (sind alle gleichermaßen »Glieder« am »Leib Christi«) als nach dem: »Der andere gehört mir!« Ob in der Tempelprostitution in Korinth oder in anderen Zusammenhängen von damals bis heute: Immer wieder verlangen irgendwelche »Götter« oder Tendenzen ihren Tribut. Wieviele fallen so zum Beispiel noch immer einem verordneten »Körperkult« zum Opfer! Überall, wo so »Unzucht« getrieben wird, also Herrschaft über Menschen ausgeübt, ist's um ihre Freiheit geschehen - und um das, was als Lebensart Jesu in uns »auferstehen« und wachsen und uns zu einem neuen Leben befreien kann, in dem »jeder Mensch unserm Gott heilig« ist. »Auferweckung« heißt, aus dem herausgeholt zu werden, was uns gefangennimmt, »fremdgehen« läßt, einander entfremdet. Wenn wir jedoch auf uns selbst bezogen, auf den eigenen Vorteil bedacht und so »in uns selbst verkrümmt« (Luther: incurvatio in se-ipsum) bleiben, ist das die »Ungerechtigkeit«, die Sünde, die vom Reich Gottes trennt. Denn da lebt jeder und jede - auch sexuell - »in einer geschlossenen Welt, und es gibt keinen Weg, der zur Gegenseitig-

keit führen kann« (Catharina J. M. Halkes, in: Das Anlitz der Erde erneuern. Gütersloher Taschenbuch Nr. 499, 1990, Seite 177). Sonst trennt nichts vom Reich Gottes, von einem versöhnten Leben miteinander. Das hat Jesus mit seiner Tischgemeinschaft mit Zöllnern und Huren gezeigt. Auch nicht etwa, homosexuell zu sein.
3. So kann schon jetzt als neue Welt erlebt werden: Der eigene Leib und der Körper anderer sind Orte und Gelegenheiten der Gottesbegegnung (Paulus: »Tempel«), wo Gottesliebe und Lebenslust einander nicht mehr ausschließen sondern gegenseitig profilieren. Wo gerade mit unserm Leib (wie und wo sonst?) das höchste Gebot »Gott und den Nächsten und gleichermaßen sich selbst zu lieben - mit allen Sinnen« erfüllt wird (Matthäus 22,37 ff.), da ist »alles erlaubt« - im Sinn von Augustins Maßstab: »Liebe! Und dann tu, was du willst« (Vgl. Brief an die Gemeinden in Galatien 5,13 f.).

Möglicher Schluß
Deshalb stimmt nicht, was Sigmund Freud gesagt haben soll: »Die Absicht, daß der Mensch glücklich sei, ist in der Schöpfung nicht vorgesehen.« Denn die ganze uns mögliche Fülle und Sinnlichkeit, wenn sie niemanden zugleich belastet, zu kurz kommen läßt oder ausgrenzt, ist geglücktes, reich beglücktes und beglückendes Gottesgeschenk - mehr noch: gehört zum »Körper Gottes« (Halkes, a. a. O., Seite 180), an dem wir Anteil haben und Anteil geben. So können und sollen wir »Leiblichkeit und Körper wieder entdecken als sozialen Ort«, »an dem der Glaube lebt« und also »der Mensch Gott und seinem Mitmenschen begegnet« (Elisabeth Moltmann-Wendel, Unser Körper - Unser Selbst. Die Scham oder die Lust im Leibe zu sein, in: ESG Konstanz (Hrsg.), Stellt Euch vor, die Frauen hätten in den Kirchen Schweigen bewahrt. Vorlesungsreihe, Konstanz 1989/90, Seite 109 und 101). In solcher Konsequenz, Wohnung des Geistes Gottes, der Liebe, der Schönheit, der Freude, der Gemeinschaft (Brief an die Gemeinden in Galatien 5,22) zu sein, »loben wir Gott mit unserem Körper«, mit all seinen zarten und vitalen Lebensinteressen und Lebensäußerungen, mit denen wir Leben aus Herzenslust genießen und »aus-kosten«: doch nicht im Sinn von »erschöpfen« sondern in »nachhaltiger« Sorgfalt. Nur so werden wir Gott und dem Nächsten und uns selbst gerecht, daß wir uns füreinander erhalten (vgl. B. Brecht, Morgens und abends zu lesen). Denn unser aller Interesse entspricht es, daß wir uns pflegen, schützen, schmücken, uns Gutes gönnen und gesund leben. Wer so mit Gott »eins ist«, bekommt immer neue Lust zum Leben und zum Lieben und zum Bewahren von Leben und Lieben.
»Hast du heute schon gelebt?« Dies Graffiti ist eine Gottesfrage und schließt ein, dabei auch an das zu denken, was der andere auf diese Frage wohl antworten kann. Beides im Sinn Jesu, der von sich sagte: »Ich lebe, und ihr sollt auch leben« (Johannes 14,19).

Es ist kein Zufall, daß Paulus diese Leib-Theologie am Beispiel der Sexualmoral entfaltet. Aber der Sprengstoff liegt hier weniger im Fallbeispiel, als in der Grundsätzlichkeit des ungeheuer weitreichenden Gedankens, daß der Leib des Menschen ein Tempel Gottes ... sei. Diese Idee fußt auf dem Menschenbild des Ersten Testaments und der Gottebenbildlichkeit von Mann und Frau. Der Tempel ist im Alten Orient ... der Ort, wo die Gottheit auf Erden in ganz besonderer Weise präsent ist. Gärten, Quellen oder Teiche, Prunk, Wohlgerüche und vieles andere machten die Tempel zu kleinen Oasen der Heiligkeit, zu Paradiesgärten – hier war es den Menschen möglich, der Gottheit zu begegnen, Anteil an der Fülle des Lebens zu erhalten ... Die paulinische Metapher vom menschlichen Leib als Tempel des Heiligen Geistes in all diesen Aspekten ernst nehmen heißt, die vollkommene Gottesgegenwart in der Leiblichkeit und die daraus resultierende Unantastbarkeit der Würde des menschlichen Körpers ernst zu nehmen.
(Silvia Schroer/Thomas Staubli, Die Körpersymbolik der Bibel. Darmstadt, Wissenschaftliche Buchgesellschaft 1998, Seiten 42 f. [Ausz.])

Wenn die Sexualität von der Gottheit getrennt wird, dann geht sie zum Teufel.
(Manfred Josuttis, a. a. O. in der Exegetisch-homiletischen Skizze, Seite 20)

Was macht es für einen Unterschied, wenn wir das Geben und Nehmen sexueller Liebe ein Sakrament nennen? Auf der Suche nach einer Antwort auf diese Fragen komme ich noch einmal auf den Roman »Die Farbe Lila« von Alice Walker zurück, besonders auf die Stelle, wo Shug ihrer Freundin Celie erzählt, wie sich ihr Gottesbild gewandelt hat:
»Mein erster Schritt von dem alten weißen Mann weg waren die Bäume. Dann die Luft. Dann die Vögel. Dann andere Leute. Aber an einem Tag, wie ich ganz still dagesessen bin und mich gefühlt hab wie ein Kind ohne Mutter, und das war ich ja, da kam es mir: so ein Gefühl, daß ich ein Teil von allem bin, nicht abgetrennt. Ich hab gewußt, wenn ich einen Baum fäll, blutet mein Arm. Und ich habe gelacht und geweint und bin im ganzen Haus rumgerannt. Ich hab genau gewußt, was Es war ... Ach, sagt sie, Gott mag die ganzen Gefühle. Das ist was vom Besten, was Gott gemacht hat. Und wenn du weißt, daß Gott sie mag, dann hast du einen Haufen mehr Spaß dran. Dann kannst du einfach loslassen und laufen mit allem, was läuft, und Gott damit preisen, daß du magst, was du magst. Findet Gott das nicht schmutzig? frag ich. Nä, sagt sie, Gott hat's doch gemacht.« Das ist ein mystischer Text über Sexualität und Religion.
(Dorothee Sölle, Lieben und arbeiten, © Hoffmann und Campe, Hamburg 1999.)

Gott hat damals gesagt: »Du sollst nicht ehebrechen.« Gott will, daß die Beziehungen zwischen den Menschen auf Liebe und Respekt gegründet sind und nicht auf Geld. Wir in der reichen Welt verkaufen die Armen in die Prostitution, wir entwikkeln den Sextourismus und unterstützen die Apartheid, die die Familien zerschlägt. Unseren Kindern nehmen wir den Mut, Kinder zu bekommen. Es gibt von außen verursachten Ehebruch, bei dem den Menschen das Zusammenleben mißlingt, weil sie von Arbeitslosigkeit bedroht sind, weil sie zu Konkurrenz und Neid erzogen werden und weil die falschen Götzen des Patriarchats die Ehe zu einem Gefängnis ma-

chen, in dem Frauen nicht atmen und wachsen können. Gott sagt heute: Du sollst nicht ehebrechen.
(Aus: Dorothee Sölle, Luise Schottroff, Die Erde gehört Gott, 1985 © by Rowohlt Taschenbuch Verlag GmbH, Reinbek)

Der moderne Mensch ist sich selbst, seinen Mitmenschen und der Natur entfremdet ... Er hat sich in eine Gebrauchtware verwandelt ... Des Menschen Glück besteht heute daran, »seinen Spaß zu haben« ..., wenn man sich Gebrauchsgüter, Bilder, Essen, Trinken, Zigaretten, Menschen, Zeitschriften, Bücher und Filme »einverleibt«, indem man alles konsumiert, alles verschlingt. Die Welt ist nur noch da zur Befriedigung unseres Appetits ... Man schließt zu zweit einen Bund gegen die Welt und hält diesen égoïsme à deux irrtümlich für Liebe.
(Erich Fromm, Die Kunst des Liebens, Frankfurt 1980, Seite 97-101)

Unsere gängigen abendländischen Leib-Körper-Metaphern ... sind Kontainervorstellungen, die dieses Bemühen um Sicherheit ausdrücken. Der Leib ist als Schale, Hülle, Haus, Tempel (Paulus), Gefängnis (Plato), Maschine (Descartes), Instrument, Vehikel (Merleau-Ponty) verstanden: Manche dieser »Kontainer« haben noch etwas von der Lebendigkeit des Leibes bewahrt, z. B. die Tempelvorstellung. Aber sie sind alle anfällig, mehr Starrheit als Festigkeit, mehr Förmlichkeit als Form, mehr Panzer als Stabilität zu verkörpern. Sie kennen ein Ich, aber kein Du und kein Es, keine Sozialität und kein Umfeld. Sie sind Ausdruck männlicher Individuation, die auch von Frauen zuweilen erfolgreich kopiert wurde. Was dem männlichen Menschen Leben gab, ihn dann aber bedrängte und zu überfluten schien, das mußte er in Form bringen, später in Uniformen, mußte es panzern und hart machen, technisch und heute medizintechnisch bewältigen, mußte es dienstbar machen und funktionsfähig erhalten. Und in den Körper der Frau projizierte er seine Sehnsucht nach Schönheit, Lebendigkeit und Körperlichkeit und zugleich seine Ängste davor ... Gott ist Geist, der wie der Lebensatem, wie Eros in allen Dingen, in allen Körpern, in allem Geschaffenen ist. Wer an seinem Körper vorbeisieht, sieht an Gott vorbei.
(Elisabeth Moltmann-Wendel, Wenn Gott und Körper sich begegnen. Feministische Perspektiven zur Leiblichkeit. (GTB 496), © Gütersloher Verlagshaus, Gütersloh 1989, Seite 23 f. und 46)

Den Kindern der 68er geht's – z. B. bei der Loveparade – um ein Spaßhaben ohne politische Botschaft. Der Körper ist die Botschaft.
(aus einer TV-Kommentierung des Jugendkults der Techno-Bewegung, Sommer 1999)

Der, den ich liebe / Hat mir gesagt / Daß er mich braucht. // Darum / Gebe ich auf mich acht / Sehe auf meinen Weg und / Fürchte von jedem Regentropfen / Daß er mich erschlagen könnte.
(Bertolt Brecht, Morgens und abends zu lesen, aus: Gesammelte Werke, Band 9, Gedichte 2, © Suhrkamp Verlag, Frankfurt a. M. 1987, Seite 586)

Passen Sie gut auf sich auf!
(Jürgen Fliege)

9. Sonntag nach Trinitatis

Annäherungen an den Predigttext Jeremia 1,4–10

Gerlinde Wnuck-Schad

Bibelgespräch mit Frauen der Gemeinde.
Bevor der Bibeltext genannt bzw. gelesen wird, versuchen wir eine »stille Kommunikation« zum Thema: »Berufung«.
Dazu liegt in der Mitte ein unbeschriebener Bogen Papier. Hier wurde nun das Stichwort Berufung aufnotiert. Die Frauen haben ihre Assoziationen in einer Gedankenkette nacheinander auf's Papier geschrieben. Daraus ergaben sich folgende Wortketten:
a) Ruf – Bereit sein – Ohr sein (skizziert ein Ohr) – Ruf nicht überhören! – in sich hineinhören? – der inneren Stimme gehorchen? – äußeren Stimmen verwirren!
b) Rufer + Hörer – Vollmacht + Ohnmacht – Hier bin ich. Warum ich? – weil du Gottes Kind bist – (schreibt in das skizzierte Ohr:) Embryo – Hört durch die Mutter! – Gott ist wie eine Mutter.
c) Antwort – Beruf – Verantwortung – Aufgabe – zu etwas Höherem berufen? – Fremdbestimmung + freiwillige Unterordnung – Über*forder*ung? – oben + unten
d) gehorchen – aufhorchen – Nachfolge im Alltag/Beruf – neuer Weg – Angst – Wissen, daß jemand hinter mir steht, zugleich vor mir und neben mir.
e) Kommunikation – Miteinander berufen sein – Anruf – Prophet – Prophetin? – Heraustreten – aus der Stille.

Wir werten diese stille Kommunikation aus:
– Die Stille berührt. Wir haben einander Zeit gelassen zum Nachdenken und Schreiben. Die Gedanken der anderen sind tiefer erfahrbar. Wir fallen einander nicht ins Wort. Wir nehmen einander nicht das Wort. Wir geben uns Worte. (Anm.: Annäherung an Jer 1,9 b)
– Das Ohr ist ein Symbol für den Menschen als Geschöpf Gottes. Es hat die Form eines Embryos. Gott beruft uns als seine Geschöpfe – schon bevor wir geboren sind, pränatal. Berufung kann dann verstanden werden als Bestimmung des Lebensweges, d.h. das Sich-hineingeben in den eigenen Weg. (Anm.: Annäherung an Vers 5)
Eine zitiert auswendig: »Da ich noch nicht geboren war, da bist du mir geboren und hast mich dir zu eigen gar, eh ich dich kannt, erkoren. Eh ich

durch deine Hand gemacht, da hast du schon bei dir bedacht, wie du mein wolltest werden.« (EG 37,3)
Berufen, so folgert daraus eine andere, heißt: »ins Leben gerufen sein«. Das nimmt dem Begriff seinen »Höhenflug«, d. h. die ihm innewohnende Überforderung. Jede(r) ist ins Leben gerufen; das ist ein Auftrag, den anzunehmen, »seine Berufung leben« bedeutet. Da ist alles gesagt und nichts schöner als: Du bist gewollt! Selbst, wenn dich deine Eltern nicht gewollt haben, sagt eine.
- Eine Frau bemerkt, daß sie eigentlich diese Übung nicht als Gespräch verstanden, sondern nur bloße Wortassoziationen niedergeschrieben hätte. Interessanterweise haben ihre Begriffe wie z. B. »Verpflichtung/Erlaubnis« auch keine stille Kommunikationspartnerinnen gefunden. (Anm.: ›Isoliert dastehen, unverstanden sein‹, kann auch ein Aspekt von Berufung sein, eine Folge von »Aussonderung«: »Sie konnte kein Ohr finden«. (Annäherung an Verse 5+8)

Wir lesen nun Jeremia 1,4–10.

Der Prophetenname wird thematisiert. Jeremia bedeutet: Gott möge ihn aufrichten.
Durch den Verlauf der »stillen Kommunikation« sind alle auf den Text eingestimmt. Er wirft interessanterweise keine Fragen auf. Er schafft auch keine Distanz. Zwar werden Unterschiede festgehalten: Jeremia ist als Auserwählter (Vers 5: Prophet für die Völker) etwas Besonderes. Vor dem Volk Israel reden, sagt eine, »das ist nicht mein Ding«; ich trau mich nicht einmal im Presbyterium so einfach das Wort zu ergreifen.
- Eine andere zitiert Vers 9 b und erinnert an die stille Kommunikation: Wir haben ja auch »einander Worte gegeben«. Sie bestätigt es aus ihrer Erfahrung, wie oft sie schon gefühlt haben, daß ihr »gute Worte« durch andere in den Mund gelegt worden sind.
- Vers 6, daß Jeremia sich untauglich fühlt, wird aufgegriffen. Es ist nicht allein ein Zeichen der Unerfahrenheit (»ich bin zu jung«), wird festgehalten. Das kann in jedem Alter geschehen, daß ich mich nicht reif genug fühle für etwas (»Ich kann das nicht; ich bin dazu noch nicht reif genug.«) Eine andere meint: Jeremia muß gar nicht erst reif werden. Er bekommt die Worte in den Mund gelegt. Leben ist Vollzug. Es reicht, seine Berufung anzunehmen, zu ergreifen und vertrauen, daß Gott den richtigen Weg führt. Beispiel: Mose bekam Aaron als Redner zur Seite gestellt. Es gibt Lösungen, die sich einstellen.
- »Sendung«, darüber haben wir noch gar nicht nachgedacht. (Vers 7) »Gehe hin ...« D. h. ganz praktisch: Geh zu deiner Kollegin/Nachbarin, frag, wie es ihr geht, sagt eine. Sendung, Gesandte sein, das bedeutet auch Schutz genießen, z. B. wenn ein Diplomat nach Algerien gesandt wird oder, wenn ich im Auftrag der Kirchengemeinde, Gesandte bin. Diese Legitimation und dieser Schutz sind wichtig.

Und wie sieht der Auftrag aus? - Eine erwähnt: Ich komme mir vor wie ein Gefäß - leer - und so werde ich gefüllt und kann abwarten, bis es geschieht. Ich lese zum Abschluß einen Text von Angela Baumann:
Als du mich meine Berufung spüren ließt, Gott, da brauchte ich mich nicht um 180° zu drehen. Ich mußte mich nicht anderem zuwenden als dem, was ich bisher in meinem Leben verfolgt hatte. Vielmehr war es so: Es schien mir, daß sich das »Stückwerk« meines Lebens nun zusammenschloß. Teil für Teil fügte sich mit einem Mal ineinander: die zaghaften Versuche, die überzeugten Leidenschaften, das wenige Vollendete. Paßgenau schlossen sich die vielen Fragmente zusammen zu einer großen, leeren Schale. In dieser Schale bin ich unterwegs, Gott. Bisher kenn ich nur deinen Ruf und die Richtung; ich weiß nur, welches Ziel mein Weg gefunden hat. Was ich von meinem Weg zu dieser Schale mitnehme, ist noch unbekannt. Die Schale ist leer. Doch ihre Leere macht mir nicht angst; es erfüllt mich, sie zu füllen.
(© Angela Baumann, Bausteine für Frauengruppen 1/97, Seite 37, Bergmoser + Höller Verlag GmbH, Aachen)

Zum Gottesdienst

Wolfgang Hermann

Exegetisch-homiletische Skizze

Zwischen dem ganz persönlichen Gottesgespräch der Berufung und der harten Objektivität der Zerstörung Jerusalems (Jer 52) erfahren wir von einem politischen Leben zwischen Zeitgenossenschaft und Fremdheit. Der Prophet ist seinem Volk mit allen Fasern seines Herzens verbunden; mit ebensolcher Leidenschaft aber leistet er den Irr- und Abwegen der Führenden - König, Hofstaat und Tempelpriesterschaft - Widerstand.
Die innere Achse dieses Lebens im Widerstand ist Jeremias Gottesverhältnis. Aus einer priesterlichen Familie stammend, kennt er die Überlieferungen des Glaubens. Doch durch die Berufung werden diese Überlieferungen unerhört zugespitzt und auf ihn persönlich gemünzt. Sein Lebensweg steht nun unter dem Vorzeichen »Werde, der du bist«. Gott »kannte« den jungen Mann, bevor er im Mutterleib wuchs. So beginnt nunmehr ein Weg der Selbstverwirklichung, aber nicht als Selbstdurchsetzung, sondern als Selbstfindung; ein dornenreicher Schmerzensweg, eine Passion.
Jeremia lebt einen Glauben, der nicht - götzenhaft - zur Abstützung der eigenen Wünsche, auch nicht zur Abstützung des politischen Kurses am Königshof und Tempel dient. Es ist ein Glaube, der dem, »was uns unbedingt angeht« (so Paul Tillichs berühmte Definition) standhält. Ein Glau-

be, der Gott als unausweichlich erkennt, der mit Gott kämpft, aus ihm seine Kraft und Klarheit bezieht, seinen Trost und z. B. in den Zeichenhandlungen - seine Kreativität: Jeremias Gottesverhältnis ist dialogisch, ein immerwährendes Gespräch.

Ein Gespräch ist auch der Predigttext, und es wäre durchaus angemessen, die Predigt als Gespräch gestalten zu können. Der Predigttext enthält als Auftakt wie in einem Keim alles, was in diesem unerhörten Buch entfaltet werden wird: Das Gottesgespräch und die Angst des Herzens ebenso wie das politische Schicksal. Wenn der Prophet durch Gott »über Völker und Königreiche« gesetzt wird (man nehme das einmal wörtlich!), dann ist Jeremia der Gegenspieler der regierenden Könige und Großkönige (Nebukadnezar); ähnlich wird Jesus als »kyrios« zum Gegenspieler der Cäsaren werden. Die eigentliche (Gegen)Macht der Welt ist das göttliche Wort. Persönlich, auf geradezu intime Weise, wird Gottes Wort dem Propheten zur »Speise«, zu »Freude und Trost meines Herzens« (15,16). Dasselbe Wort ist aber politisch »wie ein Feuer«, »ein Hammer, der Felsen zerschmeißt« (23,29), nämlich die Felsen der religiösen und politischen Irrungen und Wirrungen von Tempel und Palast und der Abkehr des Volkes von der Thora, die in ihrer Heiligkeit doch zugleich Menschlichkeit ist.

Vorschläge zur Liturgie

Zum Kyrie

Auch heute wieder
frage ich mich,
wer Du warst oder bist,
was Du willst.

Viele
wissen das besser,
einige
folgen Dir nach.

Wie aber kamst Du
auch noch auf mich?
Bin doch nicht der,
den Du brauchst!

Dennoch
dennoch
komm ich
nicht los
von Dir.

(Kurt Marti: O Gott! Lachen, Weinen, Lieben. Ermutigung zum Leben. © 1995 by Radius-Verlag, Stuttgart)

Zum Gloria

Ehe wir Dich suchten,
    warst Du da.
Bevor wir Dich »Vater« riefen,
    hast Du uns als Mutter umsorgt.
Beugten wir die Knie vor Dir, dem Herrn,
    kamst Du uns als Bruder entgegen.
Beschworen wir Deine Brüderlichkeit
    erging die Antwort schwesterlich.

Immer bist Du es,
    der vorher war;
allwärts bist Du es
    der begegnet.

Gebet

L: Laßt uns beten.
Am Anfang, bevor die Welt begann,
als alles ohne Gestalt war,
da warst du da.
Du saßest brütend über dem Chaos,
den Strukturen, dem Geschmack, dem Anblick
und dem Klang der Dinge –
planend,
die Gegensätze ausbalancierend,
den Regenbogen webend.
Du ließest den Zufall Wirklichkeit werden.
G: Dafür loben wir dich.

L: Bevor wir da waren,
noch im Mutterleib – ohne Forn,
da warest du da,
nanntest uns dein Eigen,
plantest unsere Natur und Originalität,
setztest unsere Fähigkeiten frei,
machtest uns eigenartig.
Du ließest den Zufall Wirklichkeit werden.
G: Dafür loben wir dich.

L: Auch jetzt,
wo wir unsere Träume träumen
oder die Zukunft austüfteln,

jetzt, wo unsere Ideale in Frage stehen,
wo das weniger Bedeutende interessant wird,
da bist du da.
Du bringst unsere Leichtigkeit durcheinander.
Du widersprichst unseren Kompromissen.
Du erweiterst unsere eingeschränkten Visionen
durch die Ansicht, den Klang und den Geschmack
eines besseren Lebens.
Du hebst die verlorenen Fäden unserer Hingabe wieder auf.
Du ließest den Zufall Wirklichkeit werden.

G: Dafür loben wir dich.

L: Und so wird es immer sein:
Denn du hast nicht gesagt: »Ich bin die Antwort«,
sondern: »Ich bin der Weg«.
Du erwartest nicht, daß wir erfolgreich sind,
sondern treu.
Du hast uns nicht das Paradies für morgen versprochen,
sondern daß du bei uns bist bis zum Ende der Welt
und den Zufall Wirklichkeit werden läßt.

G: Dafür loben wir dich.

Aus Iona. In: Sinfonia Oecumenica. Feiern mit den Kirchen der Welt, hrsg. von B. Aebi u. a., © Gütersloher Verlagshaus, Gütersloh 1998

Vorschläge zur Predigt

Möglicher Predigtanfang

»Des Herrn Wort geschah zu mir ...« – wer könnte heutzutage so sprechen? Mit Jeremia begegnen wir einer erstaunlichen, faszinierenden Persönlichkeit. Allerdings: Wer sich auf diesen Mann und seine Botschaft einläßt, wird mitgerissen zu außerordentlichen Höhen und in furchtbare Tiefen. Bei Jeremia geht es stets ums Ganze. Es geht um das eigene Leben aus und mit Gott – und das in unbedingter Treue. Es ist ein Leben als ständiges Gespräch mit Gott. Wobei im Fall des Jeremia das Gespräch durch Gott eröffnet wird. Normalerweise breiten wir dem »lieben Gott« unsere Sorgen und Nöte, unsere Freuden und Leiden aus. Wir machen die Vorgabe. Und wundern uns wohl oft über die Antwort, – wenn wir denn eine empfangen. Hier ist es anders. Gott macht die Vorgabe; mit Recht, ist er doch vor uns da, und wir sind Geschöpfe seines Willens. So ist Jeremia hier erst einmal der Antwortende. In Gottes Gespräch mit ihm geht es um sein Leben, das zu einer unbedingten Hingabe an eine Botschaft werden soll.
Jeremia ist dieser Lebensaufgabe treu geblieben und hat einen hohen Preis dafür gezahlt. Immer wieder war er der einsame Rufer, innerlich und äußer

lich von seinen Zeitgenossen, angefochten und verfolgt, ein Leidenschaftlicher und ein Leidender. Grund seiner Leidenschaft und Ursache seiner Leiden aber ist nichts und niemand anderes als Gott selbst. Wer von uns könnte sich einem solchen Gott preisgeben, könnte einem solchen Auftrag treu bleiben, der klar sehenden Auges und voller Herzensangst ins Martyrium führt? Und was sind das für Zeiten, die nach einem solchen Mann verlangen?

Da steht ein junger Mann aus gutem Hause vor uns; heute würden wir sagen: ein Pfarrerssohn. Vielleicht Theologiestudent. Er entstammt einem Priestergeschlecht und ist in der Nähe von Jerusalem zuhause. Er kennt also die religiösen Überlieferungen. Und gerade weil er sie kennt, erschrickt er so sehr, als der Ruf ihn trifft und ihm seine Lebensaufgabe hellsichtig klar wird. Es wird ein dornenreicher Weg sein, Gottes Wahrheit gegenüber den herrschenden religiösen und politischen Wahrheiten zu vertreten. Er wird einer sein, der sich nicht anpaßt. Einer, der in Zeiten der Verblendung, in Zeiten des religiösen und politischen Rausches einen klaren Kopf behält. Und der den Mut, sich seines Verstandes zu bedienen, den Mut, die Wahrheit zu sagen nicht preisgibt. Wir kennen Beispiele von Schriftstellerinnen und Schriftstellern, die für ihre Bücher lieber ins Gefängnis gehen als ihr Eintreten für die Freiheit des Wortes, für die erkannte Wahrheit zu verraten. Es sind Beispiele von Menschen, die für Korruption und Verblendung nicht anfällig sind.

Einer gegen alle. Jeremia wird sich mit der mächtigen Tempelpriesterschaft anlegen, weil die Gottesdienste verlogen sind, weil sie nicht Gott, sondern politischen Interessen dienen. Er wird seinem Volk bittere Wahrheiten entgegenhalten müssen. Denn es ist ein wahrhaft verrücktes Volk. Es hat das Widersinnigste getan, was man sich denken kann, was keinem der Nachbarvölker auch nur in den Sinn käme: Es hat seinen Gott verlassen. Die Assyrer, die Babylonier, die Phönizier und Ägypter: Sie waren stolz auf ihre Götter. Sie pflegten und verehrten sie, oft mit gewaltigen Opfern. Aber die Judäer? Sie liefen fremden Göttern nach.

Ist der Grund dafür der, daß die anderen Götter in Wahrheit nur tote Götzen sind, bunte Bilder, bemalte Statuen, Hirngespinste? Allerdings wird in ihrem Namen Macht und Gewalt ausgeübt, sodaß die Mächtigen und Reichen immer noch mächtiger und immer noch reicher werden. Während diesen Götzen-Göttern Kinder geopfert werden – Jeremia mußte das vor den Toren Jerusalems miterleben! – gehen Recht und Gerechtigkeit für die Schwachen vor die Hunde. Der Gott Israels aber ist auf der Seiten der Schwachen; seine Macht ist nicht das Heer, sondern sein Wort. Und dieses Wort steht für die Heiligkeit des Lebens und für die Menschlichkeit der Menschen.

Der Jerusalemer Königshof meinte, mit seiner nationalistischen Politik eine Rolle im Machtgefüge der Zeit spielen zu können. Überheblich, wie es ein überzogener Nationalismus zu allen Zeiten ist, mußte die Wahnsinns-

politik des Kleinstaates direkt in den Untergang führen. Jeremia warnt, mahnt, klärt auf, läßt sich ins Gefängnis werfen, erlebt wie die Sammlung seiner Worte verbrannt wird - Bücherverbennung auch damals schon - und muß schließlich die brutale Eroberung und Verwüstung Jerusalems miterleben und miterleiden, - ein Einsamer, der gescheitert ist.
Und zu einem solchen Auftrag soll er sich berufen lassen?
Er tut es. Aber unter welchen Schmerzen! Einmal klagt er: »Herr, du hast mich verführt, und ich habe mich verführen lassen. Du bist mir zu stark gewesen und hast gewonnen; aber ich bin darüber zum Spott geworden täglich, und jedermann verlacht mich. Denn sooft ich rede, muß ich schreien; ›Frevel und Gewalt‹ muß ich rufen ... Da dachte ich: Ich will nicht mehr an ihn denken und nicht mehr in seinem Namen predigen. Aber es ward in meinem Herzen wie ein brennendes Feuer, ... daß ich's nicht ertragen konnte; ich wäre schier vergangen.«
Immer wieder hat Jeremia ein Weg durch das finstere Tal gefunden, hat Trost und neuen Mut erfahren. Er hat erfahren, daß seine Einsamkeit, sein Leiden der Ort ist, an dem Gott inmitten der Gottesvergessenheit gegenwärtig ist. Das ist gewiß ein schwieriger Trost und darf nicht zum Hochmut verführen. Auch nicht zur heimlichen Verliebtheit in das Leiden! Dann würde schon wieder das eigene Ich mit seinen Wünschen und Kompromissen regieren. Das Leiden Jeremias war sein Kreuz, das er ohne Abstriche tragen mußte. Die Kraft aber, die ihn dazu befähigte, war die Kraft Gottes selber. Daß er das immer wieder spürte und erkannte, half ihm, nicht zu zerbrechen.

Zum weiteren Verlauf
Jetzt ist von der angefochtenen Situation der Christenheit an der Schwelle des neuen Jahrtausends zu reden. Die Christen, eine »kognitive Minderheit«, sollen in der Nachfolge ihres Herrn und Beispiele wie die des Jeremia vor Augen (besser: im Herzen) in der unübersichtlich gewordenen Welt die Wahrheit Gottes vertreten: Eine Stimme für Gerechtigkeit und Frieden, für die Schwachen und für die malträtierte Schöpfung. Und das in klarer Deutlichkeit, doch ohne jede Überheblichkeit, mit entschiedener Eindeutigkeit und doch im ehrlichen und offenen Dialog. Dabei müssen sie - wie bisher auch schon - mit der steten Möglichkeit des Scheiterns realistisch rechnen. Sie müssen ihre Leiden als den Ort ihres Herrn in der Welt verstehen lernen.
Sei es das große Thema der Entschuldung der armen Länder, sei es das nicht minder gigantische Thema der weltweiten strukturellen Arbeitslosigkeit (und damit Entwürdigung) der Menschen, seien es bedrohliche Beispiele aus dem Bereich der Technologie oder »nur« die Brutalität irgendeines diktatorischen politischen Systems irgendwo auf diesem Erdball - die Christenheit wird allen Anlaß haben, das »Fürchte dich nicht vor ihnen; denn ich bin bei dir« zu hören und zu beherzigen.

Möglicher Schluß

Noch einmal zu Jeremia. Wir haben gehört, wie ihn Gottes Wort nicht losließ, wie er aus diesem Wort immer wieder eine ganz erstaunliche Kraft empfing. Einmal sagte er: »Dein Wort ward meine Speise, sooft ich's empfing, und dein Wort ist meines Herzens Freude und Trost.« Hier stoßen wir auf den Grund seiner Souveränität: Weil er ganz aus Gott lebt, ist er gegenüber den Zeitverhältnissen, gegenüber den Meinungen der Mitmenschen und gegenüber der Gewalt innerlich unabhängig. Er steht ganz einfach auf einem anderen, einem sicheren Boden. Sein Himmel ist ein anderer als der Himmel der Drohungen und verlogenen Versprechungen, der Himmel aus falschem Pomp und voller Waffengeklirr.

Bei aller geistigen Unabhängigkeit aber war Jeremia seinem Volk mit allen Fasern seines Wesens verbunden. Er war doch einer von ihnen! Und er teilte ihr Schicksal bis zum bitteren Ende. Am Ende seines Lebens, nach der Zerstörung Jerusalems, verliert sich seine Spur im Dunkel der Geschichte; über seinen Tod erfahren wir nichts. Geblieben aber sind seine Worte. Er war nicht nur Mahner und Warner, sondern auch Tröster und Verkünder von Heil und Glück. Durch den Untergang und die Leiden hindurch leuchtet ein Licht, das Gott selber ist. Es wird einen neuen Bund geben; denn wenngleich wir Menschen Gott verlassen und uns anderen Sternen zuwenden – warum sollte er das denn auch tun und es uns sozusagen mit gleicher Münze heimzahlen? So ist Gott nun wahrhaftig nicht! Im Gegenteil, er wird uns finden, und die Menschen werden aus seinem Wort leben. Denn dieses Wort wohnt in ihren Herzen, nicht in einem Buch, nicht in einem Tempel. Es wird das Wort der Liebe sein. Wir haben keinen Grund, diesen Glauben preiszugeben. Im Gegenteil: Die prophetische Vision vom Frieden mit Gott leuchtet auch der Christenheit voran, durch alle kommenden Zeiten. Sie ist der Grund unserer Souveränität und unserer geistigen Uabhängigkeit. Des Herrn Wort wird zu uns geschehen: uns als Trost und Quelle aller Freuden.

Kontext

Wenn die Propheten einbrächen
durch die Türen der Nacht,
den Tierkreis der Dämonengötter
wie einen schauerlichen Blumenkranz
ums Haupt gewunden –
die Geheimnisse der stürzenden und sich hebenden
Himmel mit den Schultern wiegend –

für die längst vom Schauer Fortgezogenen –

Wenn die Propheten einbrächen
durch Türen der Nacht,

die Sternenstraßen gezogen in ihren Handflächen
golden aufleuchten lassend –

für die längst im Schlaf Versunkenen –

Wenn die Propheten einbrächen
durch die Türen der Nacht
mit ihren Worten Wunden reißend
in die Felder der Gewohnheit,
ein weit Entlegenes hereinholend
für den Tagelöhner

der längst nicht mehr wartet am Abend –

Wenn die Propheten einbrächen
durch die Türen der Nacht
und ein Ohr wie eine Heimat suchten –

Ohr der Menschheit
du nesselverwachsenes,
würdest du hören?
Wenn die Stimme der Propheten
auf dem Flötengebein der ermordeten Kinder
blasen würde,
die vom Märtyrerschrei verbrannten Lüfte
ausatmete –
wenn sie eine Brücke aus verendeten Greisenseufzern
baute –

Ohr der Menschheit
du mit dem kleinen Lauschen beschäftigtes,
würdest du hören?

Wenn die Propheten
mit den Sturmschwingen der Ewigkeit hineinführen
wenn sie aufbrächen deinen Gehörgang mit den Worten:
Wer von euch will Krieg führen gegen ein Geheimnis
wer will den Sterntod erfinden?

Wenn die Propheten aufständen
in der Nacht der Menschheit
wie Liebende, die das Herz des Geliebten suchen,
Nacht der Menschheit
würdest du ein Herz zu vergeben haben?

(Nelly Sachs, Wenn die Propheten einbrächen. Aus: Ausgewählte Gedichte, © Suhrkamp Verlag, Frankfurt a.M. 1963, Seite 25 ff.)

Die Autorinnen und Autoren

Pfarrer Heinz Behrends, Göttingen; Pfarrer Wolfram Braselmann, Rehburg-Loccum; Dekan Dr. Ludwig Burgdörfer, Landau; Pfarrer Erhard Domay, Landau; Pfarrer Bernd Giehl, Wiesbaden; Pfarrer Helmut Gröpler, Neuruppin; Pfarrer Ulrich Haag, Aachen; Pfarrer Ralf Handelsmann, Kutenholz; Pfarrer Dr. Wolfgang Herrmann, Holzappel; Pfarrer Reiner Jansen, CH Frenkendorf; Pfarrer Dr. Klaus Johanning, Schwerte; Superintendent Hans-Jürgen Kant, Wernigerode; Pfarrerin Ingrid Keßler-Woertel, Moormerland-Veenhusen; Pfarrer Dr. Reinhard Kirste, Nachrodt; Pfarrerin Jutta Konowalczyk-Schlüter, Bremen; Pfarrer Hans Jürgen Milchner, Hunteburg; Pfarrer Bernhard Petry, Herzogenaurach; Pfarrer Jürgen Rogler, Nürnberg; Dekan Dr. Traugott Schächtele, Freiburg; Pfarrerin Bärbel Schäfer-Goetz, Freiburg; Pfarrerin Gudrun Scheiner-Petry, Herzogenaurach; Pfarrer Christoph Schmidt-Ehmcke, Münster; Pfarrer Dieter Schupp, Kaiserslautern; Pfarrerin Micaela Strunk-Rohrbeck, Rahden; Pfarrer Hartmut Stuber, Korntal-Münchingen; Pfarrerin Gerlinde Wnuck-Schad, Landau; Pfarrer Helmut Zeilinger, Freiburg; Pfarrerin Ute Zöllner, Marburg

DIE LESEPREDIGT - 1999/2000
Eine Handreichung.
Herausgegeben von Friedrich-Otto Scharbau (VELKD).
Lieferung IV/1+2.
568 Seiten. Loseblattausgabe.
DM 79,–/öS 577/sFr 74,–
[3-579-03058-2]

CD-ROM
DM 79,–/öS 577/sFr 74,–
[3-579-03059-0]

Printausgabe mit CD-ROM im Paket:
DM 138,–/öS 1007/sFr 124,–
[3-579-03057-4]

DIE LESEPREDIGT jetzt auf CD-ROM

Ich bestelle **DIE LESEPREDIGT** als

☐ Loseblattausgabe [3-579-03058-2]
DM 79,–/öS 577/sFr 74,– **einzeln**

☐ zur Fortsetzung

☐ CD-ROM [3-579-03059-0]
DM 79,–/öS 577/sFr 74,– **einzeln**

☐ zur Fortsetzung

☐ Loseblattausgabe + CD-ROM im Paket
[3-579-03057-4] DM 138,–/öS 1007/sFr 124,– **einzeln**

☐ zur Fortsetzung

Datum/Unterschrift

Mit dem Jahrgang 1999/2000 bietet Ihnen **DIE LESEPREDIGT** einige hilfreiche Neuerungen. Neben der gedruckten Ausgabe steht **DIE LESEPREDIGT** zukünftig auch als **CD-ROM** zur Verfügung und bietet damit zahlreiche Vorteile:

➡ **komfortable Suchfunktionen**

➡ **kreative Bearbeitung der Texte**

➡ **Aufbau einer Predigtbibliothek**

➡ **zusätzlich vier Predigten außerhalb der Perikopenordnung**

➡ **Auslieferung in einem Jahrgangsband**

Sie können auch bestellen unter:
Tel. 0 52 41 / 74 05 41 oder Fax 0 52 41 / 74 05 48
E-Mail: info@gtvh.de oder Internet: http://www.gtvh.de

Gütersloher Verlagshaus

Bitte freimachen

An die
Buchhandlung

Name/Vorname

Straße/Hausnummer

PLZ/Ort

Bestellung für Ihre Buchhandlung.
Falls keine Buchhandelsadresse zur Hand, bitte einsenden an:
Gütersloher Verlagshaus, Postfach 450,
33311 Gütersloh